U0067380

臨床督導

Clinical Supervision: A Competency-Based Approach

專業知能本位督導模式

Carol A. Falender and Edward P. Shafranske 著

高慧芬 譯

Clinical Supervision: A Competency-Based Approach

Clinical Supervision

A Competency-Based Approach

By Carol A. Falender and Edward P. Shafranske

獻給我們的配偶和子女：Martin Zohn 及兒子 David 和 Daniel；Kathy Shafranske 及女兒 Kristen 和 Karen，感謝他們永遠不斷的支持與耐心。此外，也要感謝那些挑戰及啓發我們的督導師、學生、實習生及受訓學員們。

作者簡介

Carol A. Falender 博士（Ph. D）是 Pepperdine 大學兼任教授及加州大學洛杉磯分校心理研究所臨床教授，她目前仍是美國心理學會委任的社區心理衛生計畫訓練部主任，這份職務她已擔任逾二十年之久。她也曾是聖約翰健康中心訓練部主任、首席心理師及研究部主任達九年之久。她擔任美國心理學會第三十七部門（兒童、青少年及家庭服務部）祕書一職，是加州心理學會教育及訓練部主席、洛杉磯郡心理學會專業倫理委員會的長期委員，亦曾獲得加州心理學會教育及訓練部年度優秀督導師的榮譽，並四處演講，提供諮詢，貢獻於學術研究及臨床專長上，此外，Falender 博士也是一位執業的臨床師及臨床督導師。

Edward P. Shafranske 博士（Ph. D, ABPP）是心理學教授，榮獲 Charles and Harriet Luckman 傑出兼任教學工作的研究生（1997-2002）。他同時是 Pepperdine 大學臨床心理研究所博士班所長。Shafranske 博士是美國心理學會第三十六部門（宗教心理）主席，擔任美國心理學會代表委員會成員之一，並為加州心理學會教育及訓練部主席。過去他擔任過《宗教和心理臨床實務》學報（*Religion and the Clinical Practice of Psychology*）的編輯、《心理學百科全書》（*Encyclopedia of Psychology,* APA 2000）的副編輯，與即將出版的《心靈導向的心理治療》（*Spiritually Oriented Psychotherapy,* APA）之共同編輯。除了學術和研究活動外，Shafranske 博士在加州爾灣提供私人臨床心理治療服務。

致謝詞

在此要向美國心理學會圖書部（American Psychological Association Books Department）的許多專業人士致上謝意，他們對本書的進展及出版貢獻良多。首先要感謝 Lansing Hays 在寫稿進展全程中，不斷鼓勵著我們。由於他的支持，我們才能把許多督導可能使用的效能評鑑工具納入本書。執行編輯和我們同心協力修改手稿，使它臻至完美；尤其感謝 Ed Meidenbauer，他對手稿提出創見及明確建言，使本書保有完整風貌且更臻完美。接下來我們要對內部及外界審稿人致謝，他們所提供的實用意見均納入本書中。此外，我們也要對製作編輯 Daniel Brachtesende 先生表達謝意，他仔細修改我們的寫作，使其精鍊，和我們一同努力使本書得以出版。Anne Woodworth 對本書也有相當貢獻，接納我們對封面設計的建議。尤其要感謝 Gary VandenBos 及 Julia Frank-McNeil 的領導及全心奉獻，號召出版團隊致力於心理執業相關書籍的出版，支持美國心理學會的宗旨。最後要感謝本書所使用的量表、圖表及數據資料的作者及出版社慨允我們使用。更有無法一一道盡的同僚、教授、督導師及受督者，他們帶動著我們的成長，並以多樣化的方式嘉惠於本書所提出的觀點。

目錄

附錄

01 第一章 臨床督導之實施

臨床督導是心理學家訓練及養成教育的基礎（ASPPB Task Force on Supervision Guidelines, 1998; Russell & Petrie, 1994, p. 27）。它提供經驗基礎，促使心理學家整合及應用所學的知識、技能與價值觀。臨床督導是專業經驗的一個重要面向，它身負兩項重要功能：確保治療師提供給個案的心理服務是健全完善的；並提升發展治療師的專業知能。以下是我們對臨床督導的定義：

> 督導是一種獨特的專業，其教育與訓練的目標在於透過人際合作過程，發展專業工作。督導涉及的過程有：觀察、評估、回饋、促進受督者自我評鑑，及透過教導、示範及共同解決問題等途徑獲取知識與技能。此外，藉著辨識並表彰受督者的才華與長處，建立起受督者的自我效能。督導確保臨床諮詢以專業方式進行，並運用專業倫理準則、法令規章及專業執業，以保護並提升個案福祉、心理專業及社會大眾的福利。

我們認為有效能的督導是建立在三個互有關聯的主軸上——即
4 **督導關係、探究歷程及教育訓練**。這三個主軸透過協商整合，能相輔相成，亦能危及彼此。督導關係提供督導師與受督者雙方發展合作關係的基礎，共同承擔起督導歷程中的責任。我們認為督導關係結盟，應維護督導師和受督者之間所形成的關係品質和本質之結果。探究歷程指的是促進受督者清楚了解治療歷程及提升受督者察覺其專業及個人貢獻之整體過程。而教育訓練提供多樣的學習策略，包括量身訂做的教導、觀察及角色扮演，以便適應受督者，提供其知識，發展其技能。上述三大主軸代表下列多項的整合：專業知能、人際技巧、個人優勢和價值。

每個主軸須下苦功鑽研，方能確保個案福祉及高品質的服務，達成訓練的目標。這些都是極重要的責任，而唯有在稱職督導的基礎上方能完成。督導無疑地是獨特明確的專業活動，展現多樣個人及專業方面的知能，此能力需要進一步透過督導專業訓練加以了解、整合與開展。

本書呈現專業知能本位督導模式的方法，強調專業知識的理論與實踐。在既不簡化督導又能兼顧督導領域的專業地位，我們可肯定地說督導需要獨特的能力，此能力可透過學習獲得，並藉由整合與應用特有的知識、技能、態度和價值觀來提升受督者的臨床能力。此外，我們也在此呈現督導及臨床治療工作上寶貴的四大價值——**健全完善的關係、倫理價值基礎、欣賞多元化及專業知能導向的專業工作**。最後，我們提倡督導的一種新態度——即鼓勵受督者把自身的長處和實力帶進教育與臨床的訓練中，用正向心理學理論充實學習歷程，朝向更高的自我效能邁進。

本章將討論督導知能及其預期功效，評論專業知能本位督導及其他不同督導方法，包括前述賦予歷程生命的四大價值，最後以討論本書整體架構作為結語。

專業知能

我們依據 Epstein 和 Hundert（2002）的看法，將專業知能定義為「在心理與諮商日常執業中，能習慣且明智地運用溝通、知識、技巧、臨床推理、情感、價值觀及審慎思考，全心奉獻給所服務的個人及社區之福祉」（p. 226）。此外，我們把專業知能看成是能夠在規定情況下勝任並達成特定訓練要求及表現的能力。因此專業知能既非純指專業知能，也非褊狹的專業行為而已；而是心理及諮商專業者之有關各層面所應具的堅實能力。Roe（2002）將專業知能的「投入模式」（input-model），即心理師及諮商師的養成教育課程，與「輸出模式」（output-model）區隔開來，因輸出模式強調心理師及諮商師特有的角色和功能。Kitchener（2000）曾對「具含專業知能」下此結論：「要求心理師、諮商師及受訓練學員擁有專業知能似乎比較容易些，因為要對『具含專業知能』下定義實在很難。同樣地，指出心理師及諮商師所欠缺的專業知能比較容易，但若要具體指出他們所擁有的精湛純熟專業知能反而比較困難」（pp. 154-155）。雖然如此，我們仍認為督導應具備的專業知能需要確實地被辨識出來，接受評價且發展成長。從輸出模式的觀點來看，督導具體的能力應由多種臨床能力匯集而成，展現出完成專業工作所需的知識、技能、價值觀和情感。在此，專業工作指的是如心理測量、家庭治療、認知行為治療等，而這些能力需要輸入模式相關的專業督導及專業訓練。本書接下來的章節裡，督導工作須和完成臨床工作的其他要素協調，提升覺察力並建立更高層次的專業知能。

在臨床訓練中，所謂專業知能的評價是指與外界訓練要求一致的專業能力。雖然研究生及有執業證照的心理師有義務和職責提供優質、有專業知能的服務，但兩者之間仍有不同的權衡標準，對研究生的要求標準不同於對有執業證照的心理師或專家的標準。「專

業知能本位督導」欲建立和發展專業訓練相關的專業知能，專業知
能須明確具體且可測量出來。如一年級研究生實施心理測驗的專業
能力為「能夠按照指示語實施測驗，並正確地計分」，之後，專業
6 能力會擴展為「解釋心理測驗分數的能力」，最後進展到「撰寫簡
潔優質的心理測驗分析報告」，「專業知能本位督導」的觀點認為
具備高度具體性和可靠性才能正確評估出一個人的能力，這是整體
籠統評估做不到的。過程中的形成評鑑及累積的總合評鑑重視具體
明確的知識、技能和價值導向的發展目標，這些均應明載在訓練契
約中或同意書內。

督導成效

一般而言，督導謹慎監督著受督者，確保他們在個案服務、教育奉獻及心理專業訓練三方面的專業知能與品質。其中最重要的工作是監督受督者的言行舉止，確保所有行為妥當合宜，符合專業倫理，並提供個案高品質的服務。因此**品質保證是督導工作裡最重要的道德責任**。相較之下，教育訓練和評鑑功能則次之。此外，督導提供的結構和框架幫助受督者學習如何應用知識、學理及臨床歷程來解決人類的問題。督導提供的經驗彌補了學術理論及研究訓練的不足，將轉化的實用知識技能用來奠定專業知能臨床工作的能力。事實上，融入專業社群成為專業人士，應與臨床專業知能的發展並肩而行。督導提供了一種關係，使專業價值、專業承諾與專業身分在其中成形，而專業發展的目標與規劃也在其中浮現。督導除了能提升臨床專業能力外，尚具有其他成效，如提升角色同化、自我評估及自我效能。當受督者一路從大學實習課走到實習心理師、實習諮商師的位置，再進入研究員的訓練，取得心理師、諮商師證照，督導工作最後的成果是支持受督者完成專業發展的整個歷程，將其內在身為心理師、諮商師應有的能力引領出來，確保他（她）能夠

承擔起專業的角色，對社區及專業領域有所貢獻。

訓練合約或同意書的正式結構可以結合評鑑，提供受督者及督導師過程中所需的形成回饋及最終的總結回饋。督導師對受督者的能力及是否準備就緒來承擔接下來的訓練或專業發展，將給予正式的評估及查核。**督導師對受督者能力的評鑑和把關是督導另一項重要的功能**，也構成了督導師對受督者的責任，進而推展到對教育訓練機構、心理專業領域及社會大眾的責任。此外，評鑑有進一步的功能，即督導師、學術單位及訓練機構藉著督導歷程給予受督者有益 7
的回饋，確保受督者有充分的準備來面對現有及未來的要求。

督導工作本身提供了法定的訓練，不可避免地，受督者的經驗將塑造他（她）未來在督導過程中行為準則的基礎。督導不僅是臨床訓練上不可或缺的專業訓練，更是整體專業發展之集大成者。個人受督經驗將影響著受督者的態度、技能的發展，支持有意義的自我評估，努力追求終身專業知能的增長。下面我們來談臨床督導歷程的各種做法。

臨床督導的模式與做法

追溯專業文獻時，我們發現督導正逐漸受到心理專業的肯定，並確認它具有獨特可貴的專業能力，然而系統學派提到臨床督導的各種做法數量之多有如過江之鯽（J. M. Bernard & Goodyear, 1998; Falender et al., in press; Watkins, 1997b）。有的督導方法重視人際互動：「一個典型的人際互動，目標在於督導師幫助受督者，使後者在助人專業知能上更有成效」（Hess, 1980a, p. 25）。有的方法則強調發展專業治療知能須透過「人際一對一的關係，督導師幫助受督者發展其專業治療能力」（Loganbill, Hardy, & Delworth, 1982, p. 4）。有些方法則著重在個案身上，採教導方式，目的是要受督者更加了解個案的心理動力（Dewald, 1987）。更有些方法強調督導的多樣角色。它把督導工作看成是一種經營管理，督導師在關係脈絡中教導並提升受督者的能力（Peterson, Peterson, Abrams, & Stricker, 1997, p. 377）。儘管督導已建立了許多理論和知識體系，我們卻發現不少督導師並未受惠（ASPPB Task Force on Supervision Guidelines, 1998; Scott, Ingram, VItanza, & Smith, 2000）。他們的督導行為可能來自自身內在的模式，即過去自身接受督導的經驗，認同於過去的督導師，或受惠於來自心理治療諮商教學中的知識。雖然這種非正式的「訓練」有其內在缺失，並受到潛在限制的局限，但此法卻是
8 督導專業一直使用的訓練方法（Tipton, 1996）。

原本，接受學院訓練的心理師、諮商師藉著在醫院及精神診所實習的機會，得到受督的經驗，接受醫院裡心理治療師運用其專長督導訓練他們。這種督導工作大量借重臨床理論並採用心理治療為基礎的方法。這類督導方法在某種程度上奠基於未經檢視的假設——臨床知能可立即轉移應用在督導情境中，對監督個案及提供訓練均能應付自如。早期的督導工作強調督導師的權威，建立一種師傅—學徒的督導關係模式（Binder & Strupp, 1997b, p. 44）。自從 Ekstein 和 Wallerstein 所寫的《心理治療之教學與學習》（*The Teaching and Learning of Psychotherapy,* 1958）一書出版後，督導的重心從對個案心理動力教導式的諮詢，轉移到受督者心理內涵及歷程上。督導從教導模式轉變為受督者抗拒、焦慮和學習的經驗歷程（Frawley-O'Dea & Sarnat, 2001, p. 34）。此轉變也將督導帶到與以往不同的兩個重點——即個案的心理動力和受督者的心理動力，且督導工作以教導方式或歷程導向的方式進行。

此時，沒有經驗的督導師仍倚重自身過去的受督經驗作為執行督導的主要對策，他們並未受惠於其他可供選擇的督導觀點，其訓練永遠留存著先前督導中所含的錯誤經驗（E. L. Worthington, 1987）。這種傳承促使專業工作一代代延續下來，但督導工作的特殊本質及歷程卻因而模糊不清，人們無法認識到督導專業需要接受

特別訓練的必要性。心理專業從 1950 年的七千五百名從業人員擴展到2000年八萬四千名從業人員（American Psychological Association [APA], 2002d），心理治療歷程、研究與成效的調查在在推動著心理專業的進步（Bergin & Garfield, 1994），主動建立「證據基礎的執業」（evidence-based practice）（Chambless & Hollon, 1998; Clinical Treatment and Services Research Workgroup, 1998; Task Force on Promotion and Dissemination of Psychological Procedures, 1995）。經驗證明成效逐漸受重視，心理學，尤其是諮商心理學，把注意力轉向臨 9
床訓練，重點放在督導歷程和成果上，此類文獻迅速增長且脫穎而出。過去二十年間，引進不少督導模式欲針對督導歷程做更嚴謹的調查及更完整的描述，改進督導訓練品質。

與 J. M. Bernard 和 Goodyear（1998, p. 16）一樣，我們發現可依下面兩大原則把督導方法分類：該方法是否為心理治療理論的延伸？該方法是否專門為督導發展出來的？我們稱後者為「歷程基礎模式」（process-based approaches），它有助於我們深入了解諮商及治療歷程，有鑑於此，我們加入發展模式的討論（developmental models）（Loganbill et al., 1982; Stoltenberg & McNeill, 1997; Stoltenberg, McNeill, & Delworth, 1998; 同時見 Watkins, 1995b），下面所討論的各方法內容並不是固定不變的規定。

心理治療本位督導方法

督導本身原本就融合了臨床學理及技巧，這告訴心理實務界每個重要的心理治療理論均已發展出相合的督導模式，如心理動力理論（Binder & Strupp, 1997b; Dewald, 1987, 1997; Ekstein & Wallerstein, 1972; Frawley-O'Dea & Sarnat, 2001; Rock, 1997）、認知及認知一行為理論（Friedberg & Taylor, 1994; Fruzzetti, Waltz, & Linehan, 1997; Liese & Beck, 1997; Milne & James, 2000; Perris, 1994; Rosenbaum & Ronen, 1998; Woods & Ellis, 1997）、個人中心理論與存在一人本理

論（Mahrer & Boulet, 1997; Patterson, 1997; Sterling & Bugental, 1993）、交互主體理論（intersubjective）（Bob, 1999）及系統治療、家庭系統治療等（Breunlin, Rampage, & Eovaldi, 1995; Liddle, Becker, & Diamond, 1997; Liddle, Breunlin, & Schwartz, 1988; Storm, Todd, Sprenkle, & Morgan, 2001）。心理治療理論可利用多種不同的方式融入督導歷程，理論透露出督導應納入觀察、選擇及討論的臨床資料，及這些資料所涵蓋的意義與其中的關聯。如認知－行為心理治療師關心可觀察到的認知和行為；而心理動力治療師則對治療師本身的情感反應及主觀經驗更感興趣（Frawley-O'Dea & Sarnat, 2001; Liese & Beck, 1997; Rock, 1997）。訓練重點放在具體並與有學理基礎的介入策略相結合的技巧上，Woods 和 Ellis（1997）以理情行為治療的觀點為例，鼓勵受督者學習做一個服膺理情行為治療理論及實踐的導師──「主動、直接且具說服力，時時監控著自己不合理的想法並予以駁斥，做個好榜樣」（p. 112）。系統督導在評估督導歷程與關係時，是以整個系統中的角色及功能來考量。反之，敘事學派的交互主體（intersubjective）則著重探索個案、受督者及督導師三方面所建構的實相對話（Bob, 1999）。總之，凡是在治療上有效的做法都會轉用在督導上，如認知－行為治療的技巧（中心議題的設定、家庭作業、簡要總結等）均直接運用於督導中（Liese & Beck, 1997, p. 121）。

事實上，將心理治療模式觀點及技巧納入督導工作是再自然不過的事了。因督導師的臨床學理導向建構了他（她）的實質世界觀，直接影響著他（她）對產生優質學習的看法（J. M. Bernard & Goodyear, 1998, p. 18）。心理治療本位督導模式（psychotherapy-based approaches）的優點之一是，治療過程中所用到的臨床技巧會顯現在督導關係動力中，因而產生一致化的概念。然而此督導方法也可能讓督導工作陷入進退維谷的困境；最初，臨床技巧似乎是提供了學習一個良好成效的啟發，且有清晰的一致性，但若僅使用臨床技巧而忽略其他項目的話，將會限制督導工作中面對多樣責任的能力。簡言之，督導目標與心理治療目標不同，因此督導學理及學習策略勢必依其獨特狀況量身訂做，方能達到臨床督導及訓練的目標。

發展督導模式

發展督導模式（developmental approaches）是階段理論（meta-theoretical）（Watkins, 1995b），可用在各種不同的理論學派中。每一階段代表著專業發展序列上的一階；新進治療師順階而上，成為經驗豐富的名家大師。有的發展模式階段是「停滯不前、困惑與整合完成」（Loganbill et al.），有的是「興奮和預期的焦慮、依賴和認同、生氣勃勃和主掌大權、擁有專業身分和獨立」（Friedman & Kaslow, 1986）。有些發展模式強調技巧的進步（Grater, 1985），有的則注重情感特質（Friedman & Kaslow, 1986），或兩者並重（Hogan, 1964），內容包含受督者的覺察力、動機及自主性（Stoltenberg et al., 1998）。Stoltenberg（1981）與Stoltenberg和Delworth（1987）等人創立「整合性發展模式」（the integrated development model, IDM），後經 Stoltenberg 等人修改，是目前內容最完整的發展督導
模式（摘要見表 1.1）。此模式考慮並納入受督者及個案的各項因 11
素，如：受督者對個案在認知及情感上的察覺；個案的自主性、個別性及獨立性；努力、熱心及長時間投入的動機等。發展督導模式的發展順序為：受督者的自主性增加，由於對自身的自我察覺轉向對個案的察覺，最後到達獨立運作的階段。督導師隨著受督者的進步，也躍升到相應的發展階段。欲評估受督者發展階段的詳細內容，請見表 1.1 及 Stoltenberg 等人所製的「受督者程度問卷」（The Supervisee Levels Questionnaire）（McNeill, Stoltenberg, & Romans, 1992）。雖然發展軌道確實存在，但從另一觀點來看，受督者將自身優點帶入訓練裡，因此針對個別受督者先入為主的假設未必有效。下面我們根據經驗，整理出督導發展模式概要，因它是非系統

1.1 Stoltenberg、McNeill 和 Delworth 發展督導模式：受督者發展階段特徵

階段	受督者的表現	督導師應表現的行為	提升階段妙方
第一階段	・高度焦慮 ・動機強 ・依賴督導師 ・注意自身技巧並把重點放在遵循指導方針的表現上 ・害怕他人的批評和評鑑	・支持受督者，給受督者指示和規定 ・提供明確的結構，用正面回饋來鼓勵受督者 ・盡量少用直接面質 ・受督者所接的個案問題不可太嚴重，嚴重性應適中 ・應開始著手觀察及角色扮演 ・先將理論暫擱一邊，強調並鼓勵思考，形成對個案的看法及理解，發展學習技巧並監督自身技巧的發展，留心個案對治療介入的反應 ・第二階段的受督者能成為最好的第一階段督導師	第一階段晉升第二階段 ・鼓勵受督者有更高的自主性 ・逐漸減少明確的結構 ・鼓勵受督者使用更多新技巧，而非只用熟悉的技巧 ・將重心放在個案身上及其反應與經驗的歷程上
第二階段	・正處於「嘗試與痛苦折磨」階段 ・處於「依賴與自主」的掙扎期 ・自信與動機擺盪不定 ・重心放在個案身上 ・對個案懷有更多同理心 ・深入了解自身的局限及限制 ・善用自身於介入上 ・理論與觀念無法整合 ・對評鑑感到焦慮並受其影響	・用支持和結構化來平衡受督者漸增的自主性 ・在可行的範圍內，提升受督者的自主性及自信心 ・引進反移情並省思其作用 ・處理督導關係及防衛、移情、自我及情感的問題 ・將理論和想法概念貫通成一體 ・使用並挑戰具有催化作用的介入策略，激發並提升覺察力 ・協助受督者了解並確認自身的優缺點 ・接受去理想化的受督者 ・使用觀察督導法及觀看晤談錄影督導法 ・鼓勵受督者對同一事物或現象做不同的理論及概念思考	

1.1 Stoltenberg、McNeill 和 Delworth 發展督導模式：受督者發展階段特徵（續）

階段	受督者的表現	督導師應表現的行為	提升階段妙方
第三階段	・在危機風暴後，保持冷靜 ・顯示穩定的動機及行動力 ・對自身的自主性有十足把握 ・把焦點放在個案、治療過程及自身身上 ・治療核心具有專業認同 ・不會為殘餘的懷疑吞噬 ・能接受自己的優缺點 ・能表現出高度的同理心及體諒 ・善用自身於治療介入策略上 ・治療的考量結合了個案資料、個人反應、理論及經驗 ・對學理的應用保持彈性，但這對受督者是一大挑戰 ・精準的同理心，在客觀性及處理反應、情感和思考過程中千錘百鍊 ・對自身的優缺點有深刻的洞察力 ・以自信非防衛的態度面對自身的缺弱	・審慎評估受督者在重要項目上表現的一致性 ・朝向整合各領域的方向邁進 ・持續審慎監督受督者 ・強調受督者的自主性及成長 ・避免過度結構化或侵入式的督導情境 ・建立支持性的督導情境 ・面質受督者 ・注意自身與受督者關係的同步歷程及反移情 ・帶領受督者做自我探索及發現 ・用富同理心、無偏見的態度與受督者互動，鼓勵他（她）做新的嘗試及探索 ・提供意見嘉惠受督者的專業發展及求職	第二階段晉升第三階段 ・鼓勵受督者在各領域上維持穩定的積極性 ・在各領域的理解思考及行為做法上均能保持自主性及彈性 ・鼓勵受督者建立實至名歸的專業身分 ・鼓勵受督者發展對各個領域的體悟 ・鼓勵受督者評估個人經驗與事件對其專業生涯之影響

總結自 Stoltenberg, McNeill, & Delworth（1998）綱要。

化的個人觀察，尚須進一步的經驗查證，方能確定其有效性及用途。

此外，發展督導模式也對下列不同的對象提出建議：督導師發展模式（Stoltenberg et al., 1998; Watkins, 1993; 見表 1.2）、實習治療師的主管發展模式（Lamb, Anderson, Rapp, Rathnow, & Sesan, 1986; Lamb, Roehlke, & Butler, 1986）、實習治療師及博士後研究員發展模式（Kaslow & Deering, 1994; Kaslow & Rice, 1985; Lamb, Baker, Jennings, & Yarris, 1982; Lipovsky, 1988）。督導師發展模式與受督者發展模式有許多雷同之處，兩者都是階段理論，依順序發展到一固定終點。Stoltenberg 等人（1998）、Watkins（1993）、Rodenhauser（1994）與 Hess（1986, 1987b）清楚呈現督導師發展模式。Watkins（1993）也曾提出督導師在發展歷程中會面臨的重要問題，如能力問題（有能力？無能力？是否有能力勝任督導師一職）、自主性問題（自主性與依賴性，自身表現出的獨立程度）、認同問題（對督導師角色已有認同或困惑不定）、自我覺知問題（對督導師角色及歷程覺察的程度，有自我覺知或無自我覺知）。督導師應在上述問題上持續改善。剛上任的督導師在角色震驚的衝擊下，感覺自己像是個冒充督導師的假冒者，之後情況會逐漸好轉，由恢復期進入角色強化、角色認同直到最高的精熟階段。雖然 Watkins（1993）這個推論未經實驗證實，但他認為精熟度高的督導師有以下特質：對督導工作有更深層的認同、技巧更為精熟、專業知能強、有自我洞悉之明、自主性強、更有能力促進受督者的成長、受到受督者的青睞、能更有效處理移情、反移情、專業界限及督導關係的衝突問題。

我們深信新進督導師在督導初期有強烈的不安全感，顯示出下列行為，如嚴苛無彈性，傾向把事情嚴重化，並在不諒解、熱心和過度督導之間翻轉。但當督導經驗日漸豐富後，督導師的自信逐日漸增，對督導的專業認同感也確立，他（她）開始承擔責任，對自
15 身專業發展模式和督導模式的預測性產生應有的判斷力。在督導師深耕專業認同及經驗的同時，其內在與日俱增的安全感會反映在下

1.2　督導師發展模式

理論創立人及名稱	理論內容及階段			
	階段一	階段二	階段三	階段四
Hess（1986）	起始期： ・剛從受督者的角色轉換為督導師的角色 ・對問題缺少洞察力 ・對他人的回饋及批評敏感且在意 ・督導的重心放在教導受督者上	探索期： ・自信且自認有高效能 ・評鑑能力強 ・在督導師的角色上出現過與不及的現象	穩定發展期： ・督導身分確立 ・對督導師角色有強烈認同感 ・喜歡參與 ・督導的重心放在與受督者的督導關係上 ・更重視學習目標的完成	
Stoltenberg, McNeill, & Delworth（1998）	・扮演有權威的專家角色 ・以近代督導師為典範 ・焦慮感高 ・偏好結構性的回饋方式	・仍有許多困惑和掙扎 ・行動力不穩，呈波動狀 ・過度把重心放在受督者身上 ・幾乎失去焦點 ・想把受督者當成個案對他（她）做心理治療 ・繼續找尋自己自在的區塊	・行動力穩定一致	・承擔起有整合力的督導大師角色
Watkins（1993）督導師複合模式	角色震驚期： ・經歷「假冒現象」 ・覺察出自身的缺弱 ・對督導師一職缺少認同並感到不知所措 ・對他人的批評和回饋敏感在意，可能表現出退縮甚至攻擊受督者的情形	恢復與轉變期： ・認同督導師的角色 ・認識自身的長處並欣賞它們 ・自信漸增 ・對專業身分逐漸有認同感 ・對自我有更真實合理的評價	確立角色期： ・自信大增 ・對自己的專業技能有更真實的評價 ・發展更完整的專業身分認同感 ・能確認出自己移情及反移情的部分	爐火純青期： ・有協調一致、整合得當的專業認同感 ・冷靜沈著且具真實感來面對督導工作 ・能接受自己的錯誤

 1.2 督導師發展模式（續）

理論創立人及名稱	理論內容及階段			
	階段一	階段二	階段三	階段四
Rodenhauser（1997）	．不自覺地認同過去的督導師或想追趕上他（她）	．努力建立自己的想法及看法	．結合期，開始理解到督導是一種關係	．加強知識，並把它融入具預測性、可行的教育模式中
Littrell, Lee-Borden, & Lorenz（1979）	．建立督導關係及專業界限 ．使用督導角色來催化目標的設立	．督導師負責督導管理及結構 ．此時督導師的角色是教師及諮商師（或治療師）	．受督者負責設立督導的結構化 ．鼓勵受督者自身評鑑，而督導師僅供諮詢	．受督者獨當一面

15 列行為中：對學習抱持著更開放、更渴求的態度，允許受督者做更多投入與參與，對受督者有更大的同理與包容，表現出更多熱忱，結合學理、實踐、經驗與價值體系各層面，予以貫通，深信督導發展永無止境；即使是扮演良師益友，居領導地位的資深督導師也持續在自我進步及自我發展的進程中，同時啟發著周圍的專業人員。

發展督導模式重視多元文化諮商能力及多元文化督導（Carney & Kahn, 1984; D'Andrea & Daniels, 1997; Leong & Wagner, 1994），如本書第六章所述的「種族覺察認同」（racial consciousness identity）（Helms, 1990; Sabnani, Ponterotto, & Borodovsky, 1991）及心理診斷特殊技巧（Finkelstein & Tuckman, 1997）。這些模式反映出督導訓練需要調整，以確保多元文化督導知能之重要性。

發展督導模式對下列兩部分有卓著貢獻：建立督導工作中角色與角色期待的一致；鼓勵督導師表現出受督者需要的適當行為。雖然發展督導模式吸引人且具有「實證效度」（Sansbury, 1982），但它未經確實經驗證實。而檢閱督導整體文獻時發現（Ellis & Ladany, 1997; Stoltenberg, McNeill, & Crethar, 1994; Watkins, 1995b），其中僅少部分的研究方法健全，其餘則有各種研究方法上的問題，如樣本人數過少、冗長的督導評量表、評量均為自評式、統計不一致及不充分的研究模式（Ellis & Ladany, 1997; Ellis, Ladany, Krengel, & Schult, 1996），可說是一場糊塗。Ellis 和 Ladany（1997）寫道：「過去十五年督導研究的品質是不及格的」（p. 492），他們認為「發展督導模式的理論及其核心命題未經測試」（p. 493），而督導的歷程應比發展模式所宣示的更為複雜，除了督導本身的影響外，受督者的人格與經驗可能具有同等甚或更大的影響力。

發展督導模式除了欠缺確實的研究支持外，另有其他實際的考量限制了它在臨床上的應用，如未呈現訓練層級自身及彼此間的同質性，也未將不同領域的經驗、訓練及督導傾向的差異性納入考慮（如，臨床心理及諮商心理各階段受訓學生、實習醫師、精神科住院醫師、受訓社工師及家庭婚姻治療師等）。同時，發展督導模式
忽略了臨床工作中重要的因素，如整合治療計畫的實證研究、隱喻 16
的使用、非口語溝通、發展評量策略、參照文化及多元文化的思考架構等（M. T. Brown & Landrum-Brown, 1995; Wisnia & Falender, 1999）。甚至督導過程中不容忽視且甚為微妙的部分，發展督導模式也未做出省思，如對精準自我陳述的回應、扭曲陳述或對個案—治療師要求的回應等。

然而，研究顯示某些督導行為確實與發展階段有關。Stone（1980）發現愈資深的督導師對受督者有更多的規劃，這與 Watkins（1995b）的看法不謀而合。Watkins 認為，督導師的規劃觀點會依受督者不同的發展階段而具有不同的功能。Marikis、Russell 及 Dell（1985）發現資深督導師擅長言詞，更能與受督者分享自我並直接教導受督者諮商技巧。E. L. Worthington（1984a）在比較碩士督導師及博士後督導師時發現，兩者最大不同在於督導過程中幽默的使用。他在之後的研究發現，資深督導師比較把受督者的問題看成是情境因素造成的問題，而非個人特質所引起（E. L. Worthington, 1984b），不同於新手督導師趨於簡化的觀點，資深督導師發展出

精確、複雜性高又適合督導領域的基模，這些發現均十分有價值（Mayfield, Kardash, & Kivlighan, 1999）。新手督導師專注在具體細節上，反之資深督導師聚焦於與治療相關的抽象層面（Kivlighan & Quigley, 1991）。McCarthy 等人（1994）發現，資深程度與教育程度對督導品質的影響不大，Rodolfa等人（1998）也認為，取得專業證照時間的長短與督導風格及執行無關聯。根據Ellis和Dell（1986）的看法，督導能力的提升與督導實施無關，即實施督導並不能確保督導能力提升，厚植實力須靠專業訓練及縝密複雜的認知活動。此結論僅根據少數未經複製且研究方法有缺陷的研究。

截至目前為止最引人注目的發現可能是——幾乎沒有任何理論和實證調查能夠確定，督導對受督者專業發展所產生的影響性，及它對個案滿意度或諮商結果的衝擊為何（Holloway & Neufeldt, 1995），雖一般假設皆認為它們之間有直接的關聯。Watkins（1995b）強調 E. L. Worthington（1987）對臨床效能遺失環節的結論，他說：「督導專業仍忽略著下列問題：個案的轉變、複雜巧妙
17 的影響策略，及理論巧配與誤配的問題」（Watkins, 1995b, p. 668）。
然而此結論被Goodyear和Guzzardo（2000）駁斥，他們提議督導和諮商結果的明確關係，可從以下兩個層面來了解：影響受督者和個案工作結盟的特定督導歷程（Patton & Kivlighan, 1997），與治療師—個案工作結盟相關的治療結果（Horvath & Symonds, 1991）。雖上述兩點尚需更多錘鍊，方能面對督導複雜的挑戰，但督導發展模式已證實，它有足夠潛力清楚勾勒出專業發展對治療結果所造成的一般及特有的衝擊。

歷程本位督導模式

歷程本位督導模式（process-based approaches）也被稱為「社會角色督導模式」（social role supervision models）（J. M. Bernard & Goodyear, 1998）。此模式對督導角色、工作任務及督導歷程等要素

做完整細膩的描述，並對督導歷程所發生的事物有統一的分類。其主要目的是要在督導歷程和結果的評估上提供可靠有效的過程，尤其有關受督者和督導師在工作任務及期待的一致性上。其他歷程基礎督導模式尚包含生態－行為模式（ecological-behavioral model）（Kratochwill, Lepage, & McGivern, 1997）、精微諮商模式（micro-counseling）（Daniels, Digazio-Rigilio, & Ivey, 1997）及經驗學習模式（experiential learning model）（Milne & James, 2002）等，均提供專門訓練以提升督導師的能力。下面引用 J. M. Bernard（1997）及 Holloway（1995, 1997）的說明，來闡釋上述各模式的督導歷程。

區辨督導模式

J. M. Bernard（1997, p. 310）創立區辨督導模式（the discrimination model），提供訓練中的督導師「一份簡單的地圖」，協助他們思考介入策略。其中最重要的三部分是：**介入技巧**：所有諮商是有目的且具治療性的人際活動；**思考技巧**：使受督者能理解個案所呈現的資料並思考回應對策；**個人化技巧**：受督者的個人特質，如人格、文化等（見 Bernard, 1997, pp. 310-311）。Lanning（1986）增添了另一項——**專業督導行為**。Bernard（1997, p. 311）認為原有的模
式已包含了此項目。區辨督導模式的另一個重點是督導師扮演的三 18
個角色：教師的角色（督導師決定提升受督者專業知能所需的訓練內容）、諮商師的角色（督導師促進受督者探索自身人際及內在真實面，面對並處理其中的問題），和諮詢者的角色（督導師鼓勵受督者視自身為資源人物，「信任自己在與個案合作中的看法、洞察力和感覺」）（J. M. Bernard, 1997, p. 312）。區辨督導模式明確為督導訓練目的而設計（J. M. Bernard & Goodyear, 1998, p. 30），提供方法，找出受人青睞的督導作為，並評估出受督者需求與督導師回應間的一致相合性。至於不一致的例子有：當受督者需要理解個案問題時，督導師卻採教師的角色，給予診斷，未能催化受督者對個

案問題的理解。區辨督導模式雖未建立充分的實證研究，但它簡潔有力的風格，倒是一個以受督者需求來看督導師角色的有用工具（Ellis & Ladany, 1997, p. 467）。

系統督導模式

Holloway（1995）採用「系統方法，它強調督導師和受督者為一奠基於督導關係多種相關連結因素的學習聯盟」（p. 6）。她同時列出七種有助督導歷程和成果的連結因素：督導歷程的核心因素是督導關係，它指的是「人際結構」（即權力及參與面向）、不同階級的關係（即參與者之間關係的發展）、督導契約（即對督導工作的期待、督導功能等）」（p. 42）。其他相關連結因素包括：個案、督導師、受督者、治療機構、督導功能及督導任務等。上述因素彼此互動密切且影響著督導關係。

Holloway 運用系統督導模式（Systems Approach to Supervision, SAS）分析督導師與受督者在督導會談中的逐字稿，並透過回溯訪談法示範了上述七項連結因素之間的影響性，使人對「督導是一共有分享的互動現象」（p. 117）有更深入的認識。她把重心放在參與者互動關係及他們之間共享的互動意義之重要性上（p. 118）。本模式提供方法來仔細檢視並評估有影響力的互動及建立專業知能
19 成效。系統督導模式注重督導關係中協商出來的受督者獨特的個人需求，而發展督導模式則看重不同層次的專業知能。

督導歷程本位模式之功用

督導歷程本位模式在促進督導歷程相互連接力量的了解上，提供了思考工具。在某種程度上，它成功地界定出督導的個別要素，並提供實證研究可使用的模式。心理治療基礎模式和督導歷程本位模式均清楚表達出，督導在發展臨床能力及完成督導目標的過程中，充斥人際及其他內容的複雜性，因此更加肯定督導是一獨特的

專業領域，它需要的能力必須經專門訓練方能獲得，不能因身分為臨床治療師、教授或研究人員，就可自動具備督導的專業知能。

督導工作之現況

無庸置疑，當今督導工作已受肯定為一專業領域，雖心理學門基礎訓練準則早已明確要求設立督導制度（APA Committee on Training in Clinical Psychology, 1947, 1965a, 1965b; Hoch, Ross, & Winder, 1966; Lloyd & Newbrough, 1966; Raimy, 1950），但直到1990年代督導才被正式確認為一專業知能（Association for Counselor Education and Supervision, 1995; APA Committee on Accreditation, 2002; Dye & Borders, 1990; Holloway, 1995, pp. 104-106; Peterson et al., 1997），近二十年間才出現大量督導文獻。在 1980 年之前，查詢心理資料庫（Psyc INFO），輸入「督導」一詞時，只有三十二筆資料（APA, 2002C），而近十年卻有一千二百七十九筆資料出現。

雖然督導在理論、研究及實務上均有長足進步（J. M. Bernard & Goodyear, 1998; Hess, 1987b; Holloway, 1995; Watkins, 1997b），它也漸受肯定被視為是自成一家、具獨特能力之專業，它所涉及的專業責任及義務的問題也廣為周知（APA, 2002e; ASPPB, Task Force on Supervision Guidelines, 1998; Saccuzzo, 2002），但直至今日，督導的養成教育及訓練仍呈現欠缺不足的狀態。臨床督導至今依舊是心理師執行的專業工作的一部分，其中38.3 %的督導師為大專及研究所教師（隸屬於美國心理學會第十二部門）（Tyler, Sloan, & King, 2000）；另經常提供督導的48 %的督導師是美國心理學會第二十九部門的成員（Norcross, Hedges, & Castle, 2002），但大部分心理師都沒有受過正規督導訓練（Scott, Ingram, Vitanza, & Smith, 2000）。
Rodolfa等人（1998）也發表過類似的研究結果。在他們的研究裡， 20
僅 42 %的督導師在博士求學階段受過極少量的督導訓練，另有 25 %督導師是在機構實習時接受督導訓練。ASPPB檢視過督導訓練情況後，在發表的「督導工作小組準則」（the ASPPB Task Force on Supervision Guidelines, 1998）上指出：

> 眾所皆知督導在保護社會大眾使用心理服務及心理師養成訓練上扮演重要的角色；但令人驚訝的是心理機構與專業組織尚未建立碩士層級的督導訓練及督導師訓練的標準，如督導師資格、督導內涵及評鑑等。僅少數督導師接受過督導的正式課程，大部分的督導師是以自己的受督經驗爲藍本，來執行督導工作，然而督導歷程的複雜性及其本身目的之多樣性，均不容督導採用過於簡化的指導綱要。（pp. 1-2）

於是一個奇怪的現象發生了：督導工作在心理及諮商專業領域日受重視，但督導師的訓練與支持卻未見相應配合的更多努力（見 Milne & James, 2002, p. 56）。顯然心理及諮商專業領域應實施更多督導訓練及養成教育，以確保臨床督導的專業知能，維護個案福祉並確保他們得到的心理及諮商專業服務品質，同時也回應新一代心理師及諮商師的訓練要求。我們認為專業知能模式提供了一個達成上述使命的可行模式，藉由透過健全嚴格的檢視，提升專業效能。

臨床督導專業知能本位督導模式

所有督導模式都以提升及發展督導專業知能為目標，然而專業知能本位督導模式卻提供清晰的架構與方法，來啟動、開發、完成及評估督導之歷程和成果。專業知能本位督導模式與專業知能本位教育中的其他創新法一樣，它把重心放在真實世界中應用知識技能的能力上，並以表現出來的成果作為評鑑學習者及訓練機構的標準（U. S. Department of Education, National Center for Education Statistics, 2002; Urch, 1975; R. A. Voorhees, 2001b）。此重心隨著健康照護專業與日俱增的責任制而受到更多重視，包括證據本位方案（evidence-based protocols），並配合最近醫學研究所教育檢定委員會（Accreditation Council for Graduate Medical Education, 2000）及美國醫學專門委員會（the American Board of Medical Specialties）（引自 Leach, 2002）在問題本位評量所做的訓練方案。

心理專業知能本位督導訓練方案雖已開發出來，但使用率不高 21
且評鑑不足。Fantuzzo（1984）創立「精熟方案」（MASTERY method）；而 Fantuzzo 和 Moon（1984）；Fantuzzo、Sisemore 和 Spradlin（1983）；Sumerall、Lopez 和 Oehlert（2000）；Kratochwill 和 Bergan（1978）；Kratochwill、Van Someren 和 Sheridan（1989）；Stratford（1994）為心理評量、面談技巧及臨床心理通才訓練發展出「專業知能本位訓練草案」（competency-based training protocols）。對某些臨床督導師來說，專業知能本位督導模式初看之下並無新意，因臨床訓練一直把重點放在專業知能的開發上，但細究時發現此學派條列出明確的督導歷程應用項目，深具啟發性，對許多訓練方案而言，可說是十分新穎。下面將討論專業知能本位督導模式的理論、程序和引導督導歷程的最高原則。

專業知能本位督導模式之程序

概念學習模式（conceptual learning model）為專業知能本位督導
模式奠基。圖 1.1 說明督導三大領域——知識、技能及價值三者發 22
展軌道間的相互關係，解釋它們是如何發展、凝聚成專業知能，展現專業知能並接受評鑑。圖中最底階為個人特質、價值觀及人際能力，臨床專業知能在此基礎上於焉開展。往上的第二階——學習經驗是研究所教育及人生歷練，如職業及義工服務等，均有助於建立專業知能所需之知識、能力與價值。臨床訓練整合各類學習經驗，其中的知識、技巧、能力及價值交相互動，形成大量的學習，在督導的監督下練習，聚合成臨床專業知能（比較 R. A. Voorhees, 2001a,

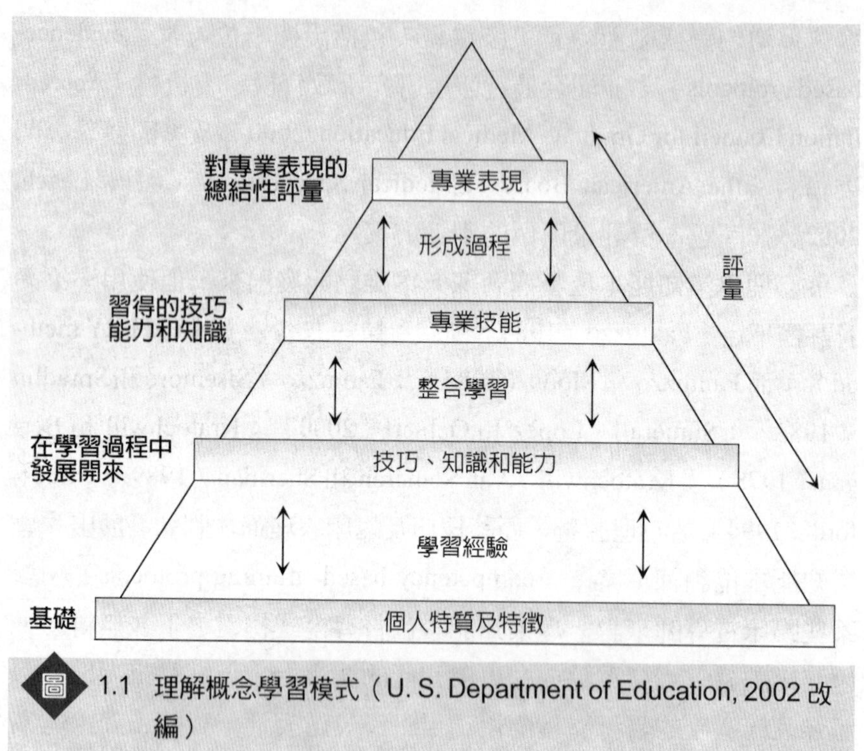

圖 1.1 理解概念學習模式（U. S. Department of Education, 2002 改編）

p. 9）。而評量包含形成性評量及總結性評量兩類；形成性評量在綜合學習期間內持續進行，強調自我評量及外界回饋須達成一致性。當督導師及受督者兩人都一致認為受督者已具有充分的專業知能時，正式的總結性評量即已展開。專業知能應在準備妥當的情況下接受正式評量，而不是依照既定的時間表進行。整個訓練期間都應強調督導師與受督者兩人的合作評量及受督者的自我評量。正如專業能力的定義為「符合外界的標準，個人有充分勝任的表現，且此能力將不斷提升」，在心理臨床訓練上，專業能力的標準已清楚明確地訂立，協助督導師和受督者發展適當的學習活動、專業表現的目標及評量歷程。

建立督導目標

專業知能本位督導模式提供明確詳實的學習目標，讓督導師及受督者審慎思考並鋪設達成目標的過程。此階段的工作重點在於找出匯集成整體專業知能的單個知識、技能及價值。實施專業知能本位督導模式的第一步是揀選出督導訓練之核心，並配合多種考量，如機構所需的臨床服務要求及專業文獻，以確保培養的能力與當今臨床工作有密切關聯。一旦決定訓練重心後，接下來就要找出形成此能力應具備的知識、技能及價值，例如首次晤談需要傾聽技巧、專注、診斷及察覺多元化的能力、風險評估及人際關係能力等。將這些專業能力分解成明確又可測量的單位，有助於界定出能力的組成要素（比較 Bers, 2001, p. 29），並幫助督導師及受督者專注於特定的要求，如首次晤談的會談技巧。然而有些受督者擅長與個案建立關係，有些則善於運用問話來診斷案情；將能力拆解成單個要素，針對各要素給予精準的回饋及學習策略來強化受督者的優點，傳授及發展欠缺的知能與技巧。鼓勵受督者評估自我的發展，觀察自身的行為並提出報告，以上做法均能帶動形成性評量。

雖然訓練的目標是整體適用，但我們建議針對個別受督者進行評量且督導目標是由督導師及受督者雙方共同設定。專業知能本位督導模式在設計上，著重受督者個人能力的開發，而非依據發展階段指定的督導目標，因我們從經驗中獲知每個人學習專業知能的能力有很大差異；專業知能學習是個異質性高且連續不斷的過程。其過程是以個別受督者的專業知能為目標，督導師依不同受督者的個別需要提供適當的訓練，其中訓練目標、學習歷程及評鑑形式均涵蓋在正式的督導契約中（見本書第三章）；而督導關係建立在督導與訓練目標的契合一致性上，為個案問題及即將展開的學習歷程建立重心與焦點。

個案管理與督導學習歷程

決定專業知能及設定目標和期望後，受督者開始提供個案專業的服務，利用過去所學的專業教育、臨床訓練及現場指導（包括教學、示範、現場觀察、實作演練等）所汲取的知能，督導工作由此展開。這階段督導工作的重點是要確保個案得到妥善的照顧及增進受督者的學習。在督導師的協助下，受督者將敏於觀察，對治療互動有更深入的省思，更加了解自身在人際互動的影響力及在治療會談中內在的主體經驗。這是督導師和受督者兩人共同的探索，他們分享並討論彼此的觀點心得，包括互動的本質及教導受督者觀點的理論及文獻。有效能的督導在過程中將催化受督者無防衛的探索，鼓勵他（她）透過明智審慎的問題，省思自身能力並做自我評量。督導師示範的探索歷程成為受督者洞察自身的管道，不會將探索視為批評的舉動。過程中，督導師仍須謹記他（她）有責任確保個案得到優質的心理服務，他（她）須辨識受督者是否有能力照顧到個案的需求。事實上，有的受督者有能力提供優質治療，有些則否，仍須借助督導師的教導。

專業知能本位督導模式的重點是辨識出能發展可測量的治療專業知能之學習歷程。Milne 和 James（2002）從 Kolb（1984）的「經驗學習模式」建立督導模式，與專業知能本位模式相互呼應。Milne 及 James 認為「在結構性的學習環境裡，技能與理解能透過四種方式獲得——省思、建立概念、計畫及實作經驗」（Milne & James, 2002, p. 57）。受督者採取行動，不斷省思，進而對自身行為做法、知識根源及思考理解有更多了解，從而掌握更多行動所蘊涵的深意，透過計畫來協助未來的行動。其目的是要受督者積極參與學習的整個過程，包含經驗、省思、理解、計畫和實驗；**學習過程正是臨床訓練與督導的核心點及經驗學習的重要元素**（見圖 1.2）。而督導師利用多元的教育方法來幫助受督者「完成此經驗學習歷程」

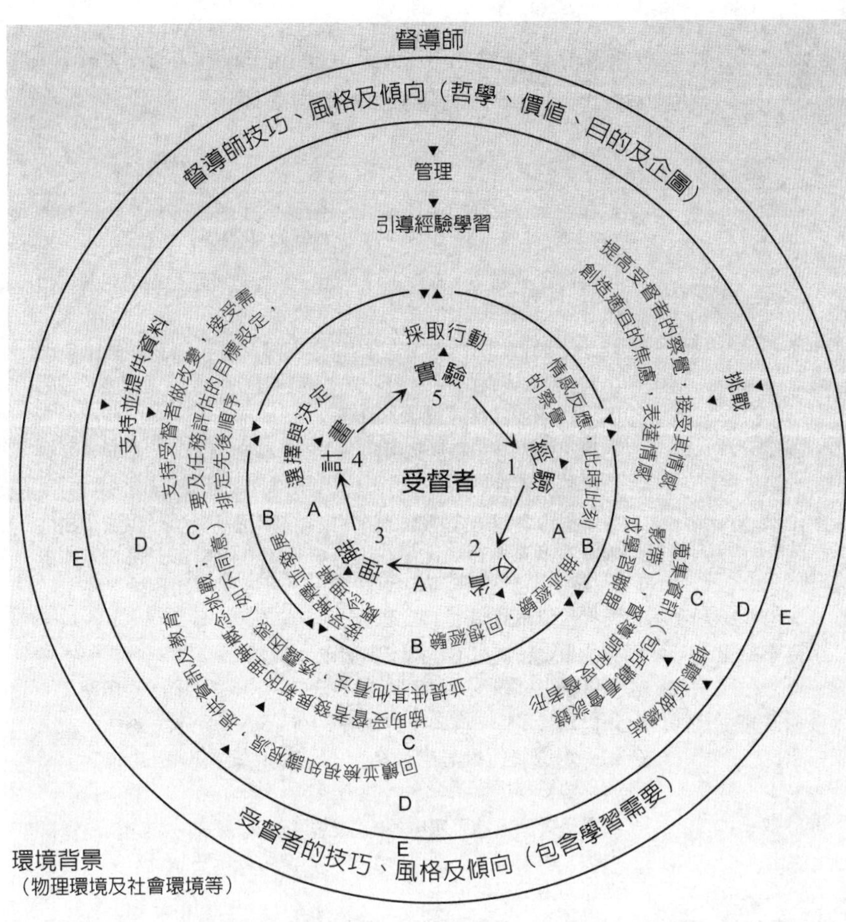

採自 D. L. Milne 和 I. A. James（2002）所著 "The Observed Impact of Training on Competence in Clinical Supervision," *British Journal of Clinical Psychology, 41,* pp. 52-72, 2002, British Psychological Society，獲許可印行。

圖 1.2 效能督導的經驗學習模式

（p. 57），並鼓勵受督者平衡地使用介入策略；在此所謂的教育方法，包括授課、角色扮演及示範等（見表 1.3）。

學習歷程始於受督者接案的當時，督導師「協助他（她）省思治療會談中所發生的事，並策劃下次會談的內容。當受督者嘗試新行為和不同想法時，即代表新實驗的產生；上述整個歷程可能在一

26

1.3 教學及督導歷程評鑑（Process Evaluation of Teaching and Supervision, PETS）中督導師的行為表現

督導師	行為表現
1. 管理	組織並管理會談的流動，如「今天我要和你談……」、「我們來談下一個話題」、「今天你想談些什麼？」
2. 傾聽	積極傾聽及觀察，默默關注，能了解傾聽既不是口語回饋，也不是非口語回饋
3. 支持	給予一般性口語及非口語的肯定回饋，表示同意及鼓勵，如「對」、「同意」、「好」、「做得好」、點頭、微笑、朗朗大笑，表達同理、溫暖及真誠
4. 總結	對資訊做總結，釐清其中關聯，增進理解，如：「讓我看看是否了解剛才你所說的……」、「所以你已經做了……」
5. 回饋	提供受督者口語或書面回饋（包含正負面意見），以減少或加強受督者某些行為、想法或情感，如「你設立主題的方式很好」、「這兒你又讓他離題了」、「這個行為實驗很棒」、「你可以用實驗來加強這部分」
6. 蒐集資訊	查詢事實和資訊不是為了測試和鑑定之用，主要目的是要確認受督者的問題所在，如：「她幾歲？」、「那時你怎麼處理？」
7. 檢視理論的知識根源	善盡監督之責，檢視受督者專業知能並予以評價及發出問題，如：「這兒你會怎麼做？」、「Beck 會有什麼建議？」、「你會給什麼作業？」
8. 挑戰	讓受督者深入地思考自身的觀點並提出辯駁——如同檢視資料根源一樣，如：「還有什麼其他方法可以處理此事？」、「有更好的方法嗎？」
9. 提供資訊及教育	督導師給受督者一般性的理論資料，而非私人性的，如數字、事實、理論、規劃、想法及方法等。使用傳統教學法，發布指令，告訴受督者應做的行為，強調重點，如：「你在這時應做的是……」、「若嘗試在一次會談裡治療焦慮症的做法是……」、「處理這情況的方法是……」
27 10.引導「經驗學習」、示範、角色扮演及其他方法	督導師利用實用可行的學習活動，協助受督者積極發展專業知能，如示範正確的做法、練習角色扮演、完成學習任務及分派行為練習作業等
11.自我揭露	意即督導師談論自身的經驗、限制及目標等，如：「我一直覺得這種個案很難處理……」、「我希望能在這方面改善自己的表現……」、「我發現自己很難……」
12.不同意	督導師給予受督者口語及非口語直接否定駁斥的回應，此舉並非針對受督者個人意見而來，只是要掌握事實

1.3 教學及督導歷程評鑑（Process Evaluation of Teaching and Supervision, PETS）中督導師的行為表現（續）

督導師	行為表現
13.觀看治療會談錄影帶	觀看受督者與個案的治療會談錄影帶
14.其他	督導師的經驗難納入上述各項，難決定的隱晦層面，觀察不到的行為或不為人贊同的行為，如社交閒談、開玩笑、器材準備或文書工作等

至多次督導會議中完成。體驗階段、省思階段、概念形成理解階段可能在計畫及實驗定案前會重複多次，整個流程將提升受督者在治療工作上的技巧、知識及價值觀的學習，逐步形成其專業知能。 25

此外，專業知能本位督導模式也提供督導師催化整個學習歷程，即評量介入策略的平衡程度並用教學及督導歷程評鑑表（Process Evaluation of Teaching and Supervision, PETS，見表 1.3）來評量受督者經驗學習的程度（Milne, James, Keegan, & Dudley, 2002）。例如只用傾聽和支持策略的督導師所得的評價不佳，因以上兩種策略無法 28
激勵受督者積極參與經驗學習活動。專業知能本位督導模式不但具有評量「經驗學習訓練草案」效能的方法，更可將督導師專業知能拆解成可測量的行為單位，而最重要的是，它能精準明確訂出提升受督者專業發展所需的專業知能及程序。

形成性評量及總結性評量

在督導工作裡，評量是一重大責任，它促使接案品質、個案管理及學習歷程持續進行。形成性評量採正式或非正式方法進行，如探查受督者接案表現的效能。此外，觀察法及其他測量工具均可提供可靠有效又有用的評量回饋；受督者的反省能力也是一種形成性評量，如受督者省思治療過程中自我因素的影響程度。相較之下，總結性評量要比形成性評量正式，因督導師要確保對受督者、學校、訓練機構、專業領域及普羅大眾的保護職責。總結性評量通常針對受督者在規定能力之勝任度上評定等級，並寫下受督者在訓練目標上所達成的程度和範圍。通常，督導師是在期中及期末給予總結性評量，納入正式的訓練紀錄文件中。專業知能本位督導模式在訓練過程中強調明確清晰的目標，並界定出欲培養的專業知能所需的必備知識、技能及價值觀，將訓練目標、活動及評量程序連貫成一體，有極高的一致性。

我們建議督導師在做評量時，應配合綜合性回饋及對受督者優缺點的描述，因專業發展是建立在個人價值及優點的基礎之上；不可諱言，專業訓練及實施仍受到受督者個人特質、長處及價值觀的影響。Seligman（2002）發展出與心理學門工作及臨床訓練有關的二十四個優點，如好奇心、熱愛學習、無偏見、堅持不懈、誠實及
29 公平等。我們認為這些優點都將影響臨床教育歷程及專業知能的發展。在督導師給受督者回饋意見及評鑑讓他（她）反省思考時，應同時注意到受督者帶進臨床工作及訓練機構中的個人優點及價值。

除了督導師的回饋意見相當重要外，受督者發展自我評量的能力也同樣重要。反省式的自我評量也符合心理學門嚴謹的態度——對所有影響到臨床歷程之因子加以評量。Schön（1983, 1987, 1995; 見 Bevan, 1991）曾談到治療師應培養「行動中的反省力」（reflection-in-action），各方湧入的多元資訊，包含個人管道，均有助了解治療過程及受督者在過程中的貢獻。我們鼓勵受督者的反省能力，藉由它，受督者思考如何獲取知識，這種探索有助於後設認知（metacognition）的發展，使受督者明瞭他（她）如何在治療會談及督導中理解及建立概念的過程，幫助受督者對自身理論傾向與偏見進行必要的自我檢視，因偏見和理論傾向會封閉其他知識和實務的來源。此外，受督者也應針對自身價值、優點及臨床經驗對自我意義的部分進行省思。Hoshmand（1994）提出下面的建議：

> 督導師可用下列方法催化受督者的省思，如鼓勵受督者進行有聲思考並向自己提出問題或在觀看錄影帶治療會談時，找出重要的選擇關鍵時刻，愼思選擇決定的理由，評估它與當時環境需要的配合度及對互動的衝擊，並用事後增長的智慧及領悟來考量其他可能的選擇。受督者利用此過程建立配合環境的思考及行動庫。省思式的自我提問能找出治療上的推理歧視，並檢討隱藏在內的謬誤想法（Arnoult & Anderson, 1988）……省思是自我觀察及自我監控的形式之一，爲知識個人化的重要內容，將自身納入理解中（Hamacek, 1985）。由此可知，心靈省思習慣的發展與著重全人的全面教導及學習相伴而行。（p. 182；同時見 Hoshman & Polkinghorne, 1992; Neufeldt, Karno, & Nelson, 1996）

上述的探索有助於受督者更了解他（她）在治療歷程中的貢
獻，鼓勵他（她）在行動中思考，促進自我監控，在治療工作上表 30
現得更為深思熟慮及具專業素養。

督導師和受督者運用專業知能本位督導模式訂定出發展專業知能的訓練目標，包含自我評估能力及反省能力。而在治療及督導環境中一起省思、理解、計畫並做不同的實驗與嘗試，督導師使用不同的技巧來增進受督者的學習，並確保個案的福祉。

心理專業實際應用的最高價值

許多價值影響著督導工作，從中我們挑選出四個最高價值——健全完善的關係、嚴格的專業訓練、恪守專業倫理及堅持多元化。上述四點是人類科學之心理專業及臨床專業知能不可或缺的最高價值，影響著督導歷程的各個層面，應予以重視。

健全完善的關係

眾人深信治療師與個案的關係對治療過程及治療結果有相當的重要性；督導師和受督者之間的關係亦然（J. M. Bernard & Goodyear, 1998; Bordin, 1983; Ellis & Ladany, 1997; Holloway, 1995; Ladany, 2002；見本書第二章）。唯有在緊密工作聯盟的環境中，與臨床訓練有關又必然會發生的個人及專業挑戰才會被揭露出來，予以支持處理及面對。

健全完善的關係（integrity-in-relationship）指的是健全完善的督導關係狀態及道德廉潔兩者結合的意義。任何關係中的敗壞，如逾越專業界限，忽略專業責任，都會危及督導關係的完整及督導成果。同樣地，如果督導師及受督者未能積極建立並維護督導關係的健全完善（如考量所有有益於治療工作的因素），那麼督導過程將瓦解且一事無成。健全的督導關係有益於督導工作聯盟的發展，雙方建立合作、互信、支持並達成對個案及對受督者的責任。

31 恪守專業倫理

心理及諮商學門不僅是一門深受價值約束的科學，其治療工作及探索方法也由信仰及價值塑成。心理師及諮商師心懷理想，欲藉專業服務來「改善個人、機構組織及社會的狀況」（APA, 2002a, Preamble），與心理及諮商專業之所以成為專業的價值一致（Sinclair, Simon, & Pettifor, 1996），反映出心理及諮商專業組織長久以來對人類幸福的投注，呈現在知識面及個人提供的直接服務上（APA, 2002a）。

督導在塑造專業倫理、價值及原則上占有重要的地位，督導提供的環境鼓勵專業心理師及諮商師對所獻身的專業價值有深入的認知與了解，這份強調顯現出心理學在實踐上以價值為基礎的本質，如面對沮喪個案時，鼓勵他們懷抱著希望並挑戰他們承擔更多自我的責任，這些做法既是道德行為也是技術性的介入。

在此臨床訓練之後，受訓學員才會建立起進入心理學門的個人意義。此後學員對專業承諾感將更加深厚，並感謝有此機會深入探討自身價值。在此，我們並不是建議督導師要冒著對受督者提供心理治療及諮商的風險，我們只是表達一個事實：探索價值觀是與心理及諮商專業訓練有關，須銘記在心——「價值影響著人類所有的決定」。專業訓練部分的典範也出自於我們的價值觀點，理應清楚表達出來，正如我們鼓勵個案這麼做一樣。督導不僅強調並示範了專業倫理與專業知能之間的緊密結合，如同一體兩面的錢幣；專業倫理需要專業知能的執行，而專業知能也需要專業倫理的指引。專業督導引領著心理及諮商專業認識到價值已深深編納進專業知識的思路中；臨床工作的實例在在顯示出專業倫理應用之斧痕。

堅持多元化

欣賞多元化（appreciation of diversity），一言以蔽之，即心理專業對所有人類權利和尊嚴的尊重（APA, 2002a, Principle E）。美國心理學會用明確的措詞把此概念定義如下：

> 心理師尊重所有人的尊嚴、價值及每個人所擁有的隱私權、
> 機密權及決定自我的權利。心理師了解須運用特別策略來保
> 護個人及社區的自主決定權與幸福。心理師了解且尊重因文 32
> 化、個人及其他不同因素所造成的角色差異，如年齡、性
> 別、性別認同、民族、種族、文化、出生國別、宗教、性傾
> 向、殘障、語文及社經地位，同時在治療這些人時，會將上
> 述因素納入考慮。心理師也會盡力減少這些因素所帶來的歧
> 視與影響，絕不受他人歧視的影響或寬恕他人歧視的行爲。
> （APA, 2002a, Principle E）

上述原則乍看之下似乎不難達成，但它也像多數原則一樣，說是容易做卻難。因此堅持多元化，欣賞多元化，若嚴謹要求，事實上，是極具挑戰的工作。欣賞多元化，在基本涵意上，代表解構了「不可逃避的信仰架構」，即把給予我們現實感和認同感隱祕支架的信仰、想法和道德感解體（C. Taylor, 1989）。解體即「去除論題的神祕，撕開其外表，展現它內在獨斷的階層與前提假設」（Rosenau, 1992, p. 120）。以本書而言，解體意即對心照不宣、用一致態度或見解來看待人性一事，採反客觀主義者的立場。我們堅持認為個人身分是由社會所建構出來的，是一個人出生及隸屬的文化所給予的特權。當我們遇到不同與差異時，常把它看成是隸屬於他人內在的差異（如「他們是不同的人」），而不能察覺到其實這是因我們自身的內在差異建構所致。Gadamer（1962/1976）曾說：「在最終的分析裡，所有的了解都是自我了解」（emphasis in original; p. 55）。以此後現代的觀點來看，在欣賞多元化之前，應認識到「所有人都是『多元文化的產物』，所有的互動都是跨文化的互動，所有的生命經驗都有我們自身的文化觀點，且不斷被自身文化的觀點所塑造」（APA, 2002b）。

在心理治療領域，欲了解他人經驗應具備的重要態度就是「欣賞多元化」，它使心理及諮商專業人員洞察自身觀點中與生俱來的限制及偏見，進而對文化差異和個人差異有更深入的了解與尊重，並能正確評估心理測量與介入程序的使用是否合適。督導的主要責任和挑戰是積極支持受督者發展多元文化的專業能力，確保心理及諮商專業工作，執行符合文化多元化之標準（見本書第六章；APA, 2000b）。我們在參考文獻後，列出多元化專業能力的內容，包含督導師和受督者雙方的自我察覺、在個案治療和督導中的相互作用
33 過程及其所有多元化因素的綜合體。它需要覺察力、知識，也要有能力欣賞個案、受督者及督導師三者間的觀念、價值、偏見、期待及世界觀之互動，它能融入並執行適合且具敏察力的心理測驗、介

入策略及技能，並考量機構、社會及社會政治的廣大環境。

鑑於「美國今日民族及種族上的多元，此刻尤其需要發展多元文化專業知能，反映文化的心理專業服務更為迫切急需」（APA, 2002b），正如美國國家衛生局局長所言：「為了提升效能，精神疾病的診斷與治療應配合塑造個人形象及個性的所有特質，若不了解這些特質及其影響力，則會出現可怕的後果」（U. S. Department of Health and Human Services, 1999）。

嚴格的專業訓練

一般人對心理師及諮商師有不同的看法，有人把他們看成是受過嚴格訓練的專業人員（Academy of Psychological Clinical Science, 2002; Raimy, 1950）、專業人員兼學者的身分（Peterson et al., 1997）、臨床專業技術人員（Belar & Perry, 1992）、地方性的臨床專業技術人員（Stricker & Trierweiler, 1995），或有專門技術的專業人員（Peterson, 2000）。一般人雖對心理師有眾多看法，但對心理專業特質，大家有一致的看法，即心理專業工作有專門技術在內，專門技術與心理相互結合，「兩者對傑出的臨床心理訓練之貢獻均同等重要」（APA, Committee on Accreditation, 2000e, p. 3）。我們認為具有專業知能的心理專業展現出最高價值，而督導的主要目標之一是把實務經驗提供給受督者，協助他們學習如何把專業知能與專業工作做有意義的結合，下面是 Holloway 和 Wolleat（1994）的一段話，我們亦深有同感：

> 臨床督導的目標是將專門技術與心理執業結合在一起，因此臨床督導是心理工作中最複雜的部分。能力卓越的督導師不僅要精熟於心理領域，也要擅長於個案服務及受督者的發展，不僅要理解參透知識庫的連結，更須同時將它運用在個案中。（p. 30）

身為臨床教育者的督導師站在任務的最前線，他（她）不僅教導受督者專門技術的知識及執行，同時也藉著下列方式，示範如何系統性地把專業技術應用在專業情境中：個案諮詢、督導、專業文
34 化（見 Kanfer, 1990）及參與心理治療機構應用性研究（Borkovec, Echemendia, Ragusea, & Ruiz, 2001）。透過這些途徑，督導師重申他（她）對專業的專門技術訓練之重視，其中最重要的是將「科學家的懷疑精神與態度」（Shakow, 1976, p. 554）慢慢灌輸給受督者；由此，觀察技巧、批判思考及測試假設全都融入個人對治療過程的理解中。

本書結構

督導工作的目標在於協助受督者發展專業知能的專門工作，內含多樣專業知能、態度及價值觀，並維護個案權益、信守專業倫理及獻身專業服務。接下來的章節裡，我們將嚴謹地檢視督導理論、實證文獻及專業知能本位督導模式，另指出文獻不一致處及須進一步探索的問題。

本書各章主題均為精選督導工作中最重要的基礎：優質督導的內容、卓越的專業知能、督導歷程中的個人因素、治療與督導關係之結合、督導多元化專業知能、專業倫理、法律責任，及個案管理與評量，最後討論提升督導需要面對的現有挑戰。雖然這些主題因結構原因，分別安排在不同章節裡，但在真實現況中，它們密不可分，如專業倫理須和多元化結合，治療及督導一定要考量個人因素。

全書強調並展現在督導及治療中專業知能的互動性，督導關係裡展現的專業知能與受督者在治療師所使用的專業知能是一致的，如多元化專業知能及謹防工作聯盟的濫用等。我們從督導及臨床實例中說明專業知能的重要性。書中**受督者**與**訓練學員**為同義詞，包含第一年實地安置的不住院心理師、實習心理師或持研究生獎學金

者。

雖本書為心理及諮商專業人員所寫，但專業知能本位督導模式 35
可成功應用在所有實用心理、健康、精神醫學、社會工作及心理諮商專業領域裡。智慧結晶的成果不會來自虛無，它是人類貢獻的精華，本書亦然，書中呈現以心理及諮商專業學術根基為底，加上作者兩人身為督導師、教育者、學者、臨床治療師及受督者多重歷練凝結的光彩生輝。在您閱讀本書時，不妨停駐，從您個人的督導經驗來思考心理及諮商專業學術文獻及我們的建議，唯有如此，您才更能體會及領悟到過去的得與失及未來能給予他人的助益。

02

第二章

優質臨床督導之內涵

研究優質臨床督導師及不良的臨床督導師十分重要，使我們了 37
解優質督導應具備的重要內涵並以它為架構，為專業知能界定其定義。本章將檢視目前心理及諮商專業文獻，為高效能優質督導師下定義，了解受督者眼中「高效能」及「低效能」督導師的決定因素，並區分優質治療師及優質督導師的特點。本章將呈現上述主題有關的文獻總結，及描述分析優質督導的內容因素，如化解衝突、自我揭露、如何做良師益友、文化、性別及專業安排等。本章末尾將詳細解說區辨良莠督導的知識，如何嘉惠治療工作及優質督導專業知能之開展；這些資料十分實用，因「專業心理師及諮商師近一半的專業訓練是透過督導完成的」（Bent, Schindler, & Dobbins, 1991, p. 124）。

曾有人說：「理想治療師」的人格特質也就是「理想督導師」的人格特質（Carifio & Hess, 1987），包含同理心、尊重、真誠、明
確具體、自我揭露、有自知之明、忍耐、能力強（Raimy, 1950）。 38
但McCarthy、DeBell、Kanuha和McLeod（1988）對此持保留態度，他們的理由有二：⑴缺乏實證證據；⑵優質督導師把督導和治療切

分得非常清楚，不將兩者混為一談，更不願在督導中提供諮商治療（Carifio & Hess, 1987），因不同成果目標須由不同技巧來配合。話雖如此，優質督導師在督導歷程仍會使用治療的某些特質，如同理及真誠（Stout, 1987）。

許多有關督導品質的研究，其缺點與多數「受督者發展」主題的研究相同（Ellis & Ladany, 1997），如完全依賴受督者自陳式的研究，缺點是「有效督導未必在督導當時令受督者滿意或喜歡」（Ladany, Ellis, & Friedlander, 1999），而「喜歡」可能是影響受督者填答的因素。因此，缺乏重要實證數據的支持結果，研究結論充其量只能算是暫時的結論。本章述及危害督導的因子與心理及諮商研究及文獻結果一致（Henderson, Cawyer, & Watkins, 1999; Neufeldt, Beutler, & Banchero, 1997; Worthen & McNeill, 1996），即督導中最重要的兩個層面——支持性關係及工作聯盟。

優質督導之研究

支持性關係

優質督導的相關研究讓我們認識到優質督導關係的概況（Henderson, Cawyer, & Watkins, 1999; Worthen & McNeill, 1996），而督導關係正是督導專業知能中最重要的決定因子。根據 Ekstein 和 Wallerstein（1958）的看法，心理治療的藝術是透過與督導師的關係轉化而來。Ellis 和 Ladany（1997）在廣泛評述研究方法後下此結論：「督導關係的品質是成功督導的后冠，具有至高無上的價值」（p. 495）。督導關係的許多特質在上述定義裡被視為治療結盟的重要成分（Stein & Lambert, 1995）。優質督導關係結合了催化態度、行為及實踐於一體；在督導態度和行為上，督導師能同理並了解受督
39 者經歷的困難與掙扎。而所謂的「催化」指的是督導師和受督者之

間所建立的工作團隊一體感（Henderson, Cawyer, & Watkins, 1999）。催化的行為中包含了同理（Carifio & Hess, 1987; Nerdrum & Ronnestad, 2002; Worthen & McNeill, 1996）、溫暖了解（Hutt, Scott, & King, 1983; Martin, Goodyear, & Newton, 1987）、確認感和肯定感（Wulf & Nelson, 2000）、接受（Hutt et al., 1983）、親和專注（Henderson et al., 1999）、尊重受督者的正直及自主性（Henderson et al., 1999; Hutt et al., 1983）、欣賞其優點長處（Heppner & Roehlke, 1984）並保持不批判的態度。受督者給予高度評價的督導師具有以下特質：有彈性、真誠（Carifio & Hess, 1987; Nelson, 1978）、熱中事物、經驗豐富、目前仍定期接案、有幽默感，且會在督導中顯現出幽默（E. L. Worthington, 1984a）。

另一個督導師被人看重的能力是催化受督者學習的技能（Henderson et al., 1999），如對受督者經驗的認識及抱持開放的態度允許受督者全面自主。此外尚有專門知識與技術（Allen, Szollos, & Williams, 1986; McCarthy et al., 1994）、技能（Hutt et al., 1983）、理論性、技術性及概念性的知識（Watkins, 1995b），及分析督導事件的重要能力（Henderson et al., 1999）。催化學習的具體做法有：鼓勵、探索及實驗與做新嘗試（Worthen & McNeill, 1996）、鼓勵受督者揭露自身行動、情感、態度及內在掙扎（Hutt et al., 1983; McCarthy et al., 1994）、了解受督者個人特質及督導關係動力（Gandolfo & Brown, 1987），且知道自我揭露的適當時機使受督者的經驗正常化（Worthen & McNeill, 1996）。

Nelson（1978）表示，督導最重要的部分是對督導的興趣，它比督導經驗和知識都來得重要，另一個優質督導的辨識條件是督導的經驗；經驗持續愈久，與受督者接觸次數愈多，督導品質則愈佳，而且往往在不良督導的磨練之後，優質督導才會出現（Allen et al., 1986）。

評量是優質督導另一個受重視的要素。評量指的是一事先認定的程序，督導師和受督者針對彼此同意的目標所結構而成的經常性回饋，其中具體的回饋有：建設性的批評、定期回饋（Henderson et al., 1999）、對彼此期望的表現、雙方對督導目標及關係的表達（Leddick & Dye, 1987），及建設性的面質（Gandolfo & Brown, 1987; Henderson et al., 1999; C. D. Miller & Oetting, 1966）。

善用理論基礎或在具普遍性及有整合力的理論架構內工作，也是重要的督導技巧之一（Allen et al., 1986; Kennard, Steward, & Gluck,
40 1987; Putney, Worthington, & McCullough, 1992）。此督導技巧指的是將督導師和受督者兩人認同的重要理論作為督導基礎，使理論、督導師和受督者配合得當，與個案的成長結合為一體（Steinhelber, Patterson, Cliffe, & LeGoullon, 1984）。

Putney 等人（1992）曾提出不同理論對督導關係可能產生的影響，如認知—行為學派的督導師被視為諮詢者的角色，他們比人本學派、心理動力學派或存在學派的督導師更重視技巧與策略的運用；相對的，人本學派、心理動力學派和存在學派督導師則較重視概念理解的關係模式。

督導強調個人成長甚於技術成長（Allen et al., 1986），優秀的督導師在受督者身上培育出成就感、想像力、尊重、內在和諧和智慧（P. D. Guest & Beutler, 1988）；受督者則較喜歡把重點放在自身習得與心理治療「藝術」有關的層面（Allen et al., 1986）。

或許督導師和受督者對於優質督導的內容看法不同，但雙方一致認為，在選擇實習機構的最重要原則之一，是該機構提供的督導數量及品質（Stedman, Neff, Donahoe, Kopel, et al., 1995）。Rotholz 和 Werk（1984）則持不同看法，他們認為受督者喜歡督導師給他們更多的自主性，而督導師卻喜歡認知—結構性的督導行為。督導師認為優質督導的基礎應建立在給受督者的回饋上，但受督者則看重在支持催化成長的督導關係中，督導師所給予的直接督導（E. L. Worthington & Roehlke, 1979）。某些情況下，受督者對督導關係的期待低，甚至比他們對督導關係的感受還要低，然而督導師所給予的同理了解、無條件關愛和全面關係，卻遠超過受督者的預期（J. C. Hansen, 1965）。

督導工作結盟

高滿意度的督導裡一定有強固的工作結盟關係（Ladany et al., 1999），因此有能力建立堅固的工作結盟關係應是督導的專業知能之一。**工作結盟是一團結的關係，雙方有共同的目標及工作任務**（Bordin, 1994）。督導含有強烈的情感結合，如信任、尊重、關心及較少的角色衝突及角色模糊，暗示著督導關係比較容易化解衝突（Ladany & Friedlander, 1995）。當受督者做更多自我揭露的行為時，表示他（她）與督導師的工作結盟愈強（Ladany & Lehrman-Waterman, 1999）。Goodyear 和 Bernard（1998）引述 Patton 和 Kivlighan（1997）研究有關督導工作結盟品質及所遵循的治療模式，發現它們與督導師對受督者的最終評價有關。

曾有一些研究者企圖評述督導風格，Lochner 和 Melchert（1997；32%回收率）在談到認知風格特點和心理治療概念理解態度時表示，督導師是否為任務導向（常用於新入門的受督者身上）或充滿友善、支持及溫暖，都必須依受督者的理論傾向而定。行為學派傾向的受督者喜歡任務導向的督導師；反之心理動力學派或人本學派傾向的受督者則喜歡友善、支持又溫暖的督導師。

雖然 Lochner 和 Melchert 最後的結論是督導風格乃是多層面的結合體，含括所有風格的內涵，但 Friedlander 和 Ward（1984）仍將督導風格細分為三大類：**吸引力**（attractive）、**人際互動敏感度**（interpersonally sensitive）及**任務導向**（task oriented）。首先「吸引力」包括積極正面和支持意涵的要素，如友善、溫暖、信任、開放與彈性等。「人際互動敏感度」結合知覺和直覺的層面，包含投入、奉獻、省思、創新及機智，而「任務導向」即目標導向，規定式教導式的重點，實用、具體、完善周密、可予以評價的。認知一行為學派督導師為任務導向，心理動力學派與人本學派督導師則為人際敏感度導向；此外，督導風格也與其他風格變項有密切關係，如自我揭露的變項（Ladany & Lehrman-Waterman, 1999）。

Cherniss和Equatios（1977）將督導風格劃分成五種：洞察力導向：由督導師提出問題，促發受督者獨立解決問題。情感導向：督導師鼓勵受督者分析自身在治療過程中的情感回應，並處理這些回應。教導—諮詢風格：督導師針對個案動力及治療技術提供受督者建議、忠告及解釋，此法最為受督者喜愛且為社區心理健康機構最常使用的風格。受督者對專制權威型及自由放任型的滿意度均很低。Cherniss和Equatios（1977）的結論是：優秀的督導師將融合多種風格，並採用大量的洞察力、情感及教導諮詢導向。

42

受督者發展模式與優質督導構成要素緊密結合，根據受督者發展模式，新進受督者喜愛督導師直接的教導，以技術為基礎又有高度結構感的訓練；相對地，資歷久的受督者則較看重含有反移情多面向又有理論基礎的概念，並把重心放在個人發展及專業發展上的督導師。拙劣督導師對受督者的發展階段不清楚，或對受督者的發展技能感覺遲鈍，視若無睹（Magnuson, Wilcoxon, & Norem, 2000）。

督導師鍾愛的受督者類型

督導是雙向過程，受督者的變數也大大影響了優質的督導工作。多數研究都是從受督者的角度來看督導師，但仍有少數研究是從督導師的角度來看受督者，藉此發現督導師評為有效、令人滿意且對督導有貢獻的受督者個人特質——尤其是對督導做出回應及有效應用督導的部分。此外，受督者的角色界定被視為是角色融入（role induction），是引導受督者進入督導歷程的重要元素（Vespia,

Heckman-Stone, & Delworth, 2002）。善用督導的受督者特徵已鑑定出來且經過督導師及受督者雙方的評定，如新手督導師評定為最高分的項目為「適時請求協助」，而資歷較久的受督者則把「表現出成長意願」列為最高分的項目。對實習心理師而言，「積極參與督導會議」是最好的表現，對督導師來說，「當督導師擔心個案福祉時，受督者能依照督導師的指令行事」為受督者最佳表現。Vespia 等人從非實證的事後檢定（post hoc）研究資料分析中指出，督導師和受督者之間的評分有差距，如在「邀請回饋」及「表現出對自己內心動力的了解」兩項上，受督者的評分高於督導師。根據 Henderson 等人（1999）的研究，只有受督者認為評鑑有助於發展優質督導，但是督導師並不同意此看法。Vespia 等人的督導師使用評分表（Supervisor Utilization Rating Form）結果顯示以下兩項被看重：「說出受督者的行為將對督導有正面影響」及「受督者與督導師觀點不同實因雙方發展階段不同所致」。

Kauderer 和 Herron（1990）的研究指出，督導師對具有以下特 43
質的受督者評價最高：獨立、自我肯定、過程中積極參與、有節制的自我探索、尊重督導，並將督導與心理治療區分開來。然而上述研究有研究樣本人數過少及研究時間過短的缺點。

以下是經督導師確認，對高效能督導有助益的受督者行為：受督者能將課堂上學到的知能運用在治療及了解個案上；當受督者對個案有情感回應時，他們能夠了解自己的回應；受督者能運用自身的回應於治療中；受督者能與個案、同事及督導師建立良好的關係；受督者有彈性；受督者遵守專業倫理規範（Henderson et al., 1999）。Efstation、Patton 和 Kardash（1990）從受督者的評分項目中，找出「建立密切和諧關係」及「重視個案，以個案為重」兩項為督導關係裡最重要的項目。對督導師而言，除了上述兩項之外，他們另外增加了一個重點，即「認同督導師」。

Wong 和 Wong（2002）指出，督導師過於專注於自身需要受督者的支持和讚美，並為此憂心忡忡，他們列出督導師評列為正面的受督者行為，如「受督者仰慕我的治療處理方式」、「受督者努力遵循我的指示」、「受督者信任我，而且從不曾懷疑過我」（p. 8）。Wong 和 Wong 警告這會讓受督者變得溫馴順服。

不同學科領域的不同看法

雖然不同學科領域對優質及劣質督導有些共同一致的看法，但它們之間也有不同的看法與意見，例如：在住院醫師的訓練裡，獲得最高評價的督導行為有：⑴允許住院醫師發展他（她）自身對個案經驗的看法及敘述（Shanfield, Matthews, & Hetherly, 1993）；⑵若逢治療上有高度爭議性的困境，督導師會主動予以輔導（Shanfield, Hetherly, & Matthews, 2001），並坦承關切之情（Shanfield et al., 2001）；⑶督導師同理受督者並對他（她）表達同理之情（Shanfield, Mohl, Matthews, & Hetherly, 1992）。

Liddle、Davidson和Barrett（1988）認為，家族治療督導師的專業知能和受督者滿意度有密切的關係，且優秀督導師尚應具備下列能力：在「概念理解」及「回饋技巧」上成為受督者的典範；輔導受督者成為獨立自主的專業工作者；能夠建立督導結構，包括閱讀和分析治療會談；協助受督者調整治療模式，以符合個案案情需
44 要；提供符合受督者技巧及經驗層次的督導；訓練受督者做合理的自我評估，了解自身的長處及缺弱點；提供個案諮詢；具有彈性。

實證研究的結果

Ellis和Ladany（1997）在檢視督導研究的研究方法後，提出下列結論：實證研究結果確認優質督導與劣質督導間確實存在著差異。設定督導目標具有潛在的重要價值。督導師和受督者對督導有

著不同的見解。實際督導與理想督導之間存在著差異。大體來說，過去十五年來督導相關的研究品質不佳，未達標準（Ellis & Ladany, 1997）。

多數督導研究均以受督者的自陳報告為主，卻鮮少研究針對督導與治療效果之間的關係或其他受優質督導積極影響的變數，正如 Holloway 和 Carroll（1996）所說：「失去這個觀點（即督導對治療結果的衝擊），有點像僅從『充實父母』的角度來辦親職教育一樣」（p. 54），完全忽略了受督者滿意度與受督者效能之間的區別。Goodyear 和 Bernard（1998）曾以顧客對甜甜圈工廠滿意度為比喻，他們說：「當我們詢問受督者是否對督導滿意時，他們給我們的答案讓我們對其督導經驗的營養價值毫不知情，一無所獲」（p. 10）。或許滿意能與喜歡、愉悅、人際關係或其他變項結合，但卻與治療效能及受督者成長無關。Goodyear 和 Bernard 進一步指出，資料顯示若督導師喜愛某位受督者時，督導師會給他（她）很好的評價，而受督者也會比較喜愛這位督導師且給予較高的滿意度。

最糟糕的督導師

引發困擾互動的督導風格

問題層出不窮的督導對督導過程及受督者有顯著的負面影響。Kadushin（1968）描述問題重重督導中的互動模式或「遊戲」（games）的雛形，每個互動現象均含有適應困難模式在內，有點像雙人舞蹈一樣，受督者的行為引出督導師的不當行為，最後終於導致專業界限的踰矩。下面提供實例給讀者參考：受督者誇讚督導師有敏銳的洞察力，藉此諂媚督導師，督導師在被尊為「全知者」的自滿及情感勒索下，無法執行督導工作，更不可能矯正受督者。受督者力邀督導師喝咖啡，共進午餐，藉此把督導關係改變成朋友關係。受督者所提到的文獻及理論對督導師而言完全陌生，受督者想藉此改善權力差異，導致兩人共謀勾結或督導師掩飾自身的不足。受督者提到自己個人親身經驗或專業體驗，如使用毒品、撫育子女、公共服務工作等，完全把自己放在專家的地位。在督導會議中，受督者連珠炮地詢問督導師長串問題，致使督導師無法進行任何個案討論或其他互動。受督者把督導師看成是精明能幹的父母，全力依賴他（她）提供建議及輔導。受督者小心翼翼、一絲不苟地將督導師的建議付諸實施，事後受督者抱怨這些建議根本行不通，致使督導師極力辯護，置己於不利地位，讓督導偏離主題。受督者表示有幾位督導師同時給他不同的意見，相互矛盾，因此十分困擾，導致督導師防衛自己的立場，進而攻擊其他督導師。受督者猛力批評自己所犯的錯誤，督導師為了消除受督者的疑慮，挺身而出，支持並誇讚受督者，刻意對其錯誤避而不談，怕因此引發他（她）更大的不安和憂慮。受督者提到自己的困境，向智多星的督導師求助。督導師很想幫忙，但若真如此做，將會越界把督導變成治療。受督者和督導師持不同意見，督導師認為這是受督者的防衛心理作祟。受督者和督導師意見不同，督導師認為這是受督者抗拒的表現。受督者向督導師提出問題，督導師卻答非所問。受督者向督導師提出問題，督導師把提問行為詮釋成「抗拒行為」。

以上的例子明確指出督導關係及專業界限中易犯的錯誤及隱藏的弱點。Kadushin（1968）曾討論督導師參與上述心理遊戲的損失，這些遊戲是督導過程中出現的問題，圓滿解決它們意味著督導全面的勝利；在督導研討會中討論並處理這些問題是頗富意義的工作。
46 待它們出現在真實督導中，就能辨識及處理，對督導師和受督者雙方而言，確認問題、解決問題均是有效的工具。

眾所公認的拙劣督導師

研究結果顯示，優質督導師的反面未必是拙劣督導師的特質，因兩者各有其獨特特質（Hutt et al., 1983）。Magnuson 等人（2000）描述拙劣督導師（為 E. L. Worthington 1987 年所用的詞語）的分類原則時，指出以下五點：不平衡的督導：未把督導經驗的所有要素納入督導中，而所專注的細節過於細瑣，無法涵蓋重要主題。督導與受督者發展階段不合：督導師根本無視於受督者的發展需求。督導師無法忍受不同意見或任何差異：督導師不允許受督者有不同的想法或風格。督導師所表現出的個人特質及專業特質均為負面示範：尤其當督導師未接受過督導訓練或對督導工作毫無準備時，這種情形更常發生。督導師的表現顯得冷漠、懶惰、不投入、缺乏對督導專業的承諾。**拙劣督導的問題涵蓋了三大層面——組織－行政層面（organizational-administrative sphere）、技術－認知層面（technical-cognitive sphere）與關係－情感層面（relational-affective sphere）**。在組織－行政層面的督導問題有：對所負的專業責任之期望與標準均不明確，也未評定出受督者的需求。技術－認知層面：督導師被視為沒有專業知能，不可信靠的半調子。關係－情感層面：督導師給受督者過與不及的肯定與矯正回饋，沒有提供受督者安全的環境，忽略受督者的發展需求，將自身個人議題強加在受督者身上，刻意迴避與受督者之間已發生的問題。以上均違反了美國心理學會「心理師專業倫理準則及行為規範」（Ethical Principles of Psychologists and Code of Conduct）中準則 A——不傷害（do no harm）（American Psychological Association, 2002a, p. 3）。雖然 Magnuson 等人的研究仍屬初步分析，卻提供了溝通的方向——優質督導。

其他研究也列出拙劣督導師的特點，如下：缺乏有效的教導策略；沒有提供角色典範；漠不關心、冷漠；沒有能力或能力不夠；沒有時間進行督導或受督者根本找不到督導師；不同意受督者的理論和觀念；過於「非指導性」（nondirective）或過於含糊；與受督者有個性衝突；過於重視行政管理的問題且花很多時間在這個問題上；缺乏專業知識與技能（McCarthy et al., 1994）。任意取消或中

止督導會議；看來心不在焉（Chung, Baskin, & Case, 1998）；大部
47 分時間督導師都在談自己私人的問題或全神貫注在自身的問題上（Allen et al., 1986; Ladany & Walker, 2003）。獨裁專制，要求受督者順從；懲罰受督者不同於自己的言論。放任與專制的督導風格都會影響受督者的滿意程度（Cherniss & Equatios, 1977）。

拙劣督導師把注意力及重心放在受督者的缺點上，沒有彈性、僵硬偏執、無寬容（Watkins, 1997c）；貶低受督者（Allen et al., 1986）；間接迂迴，不鼓勵受督者自主，也不培養其獨立性（Wulf & Nelson, 2000）。不良督導經驗中最重要的缺陷是督導關係，通常受督者覺得督導師不信任他（她），督導師只會批評而非支持。相對地，在督導師這部分，未能找出督導衝突關係的問題所在，不主動探索問題，表現遲緩（Hutt et al., 1983），再加上督導師防衛心強，無心提升督導專業知能（Watkins, 1997c）。

拙劣督導的分析

有些研究者分析低效能、拙劣督導所發生的重要事件及模式。Nelson 和 Friedlander（2001）研究從受督者的眼光來看督導歷程中的危害因子，他們將這些因子分為三類：惡劣督導關係的促使因子、陷入僵局因子及惡化因子。惡劣督導關係促使因子有：督導師冷淡疏遠、督導師過於忙碌、對督導關係不投入。陷入僵局因子有：受督者年齡、經驗和知識與督導師相當，使兩人陷入權力爭奪中，角色衝突惡化。在此所謂的角色衝突也可能是專業界限衝突，例如督導師想和受督者結交為友，想向他（她）傾吐內心私密或向受督者探詢意見，或兩人因性別、文化導致不同的世界觀而造成誤會。惡化因子包含督導師告訴受督者機構內部的爭吵與內鬥。

有些研究透過負面事件來看劣質督導。Ramos-Sanchez 等人（2002）發現，21.4%的博士班實習心理師和碩士實習生表示，督導歷程中曾經驗過負面事件（28%回收率），其中包含督導師嚴厲

惡劣的批評及批判態度，他們與督導師的工作結盟關係薄弱且對督導的滿意度低。Gray、Ladany、Walker和Ancis（2001）在分析負面 48
事件時，歸納出以下四項重要負面事件：在個案案情分析上，督導師鄙棄受督者的觀點，逕自採用自己的觀點；督導師在督導受督者前，不做任何準備；做不適當的自我揭露；督導重心放在受督者的負面事件上，而非他（她）可改進之處。

受督者表示在產生不良後果的負面事件之後，對自己、督導師及督導關係均呈現負面的感受和想法。即使受督者希望能和督導師討論這些事件（有時受督者首先發難，主動提出負面事件），但他們依然覺得有些情怯。Veach（2001）認為，拙劣督導師會把「受督者的不佳表現視為產生不良後果的負面事件加以處理」。

另有些研究針對督導過程中的重要事件或有關督導關係、專業知能、情感自覺與獨立自主的關鍵重點（Ellis, 1991a），結果顯示重要事件有：受督者對督導師言聽計從；受督者採取防衛警戒姿態；受督者嚴格檢視自己的表達並加以設限；受督者脫離督導師，宣告自由；受督者以積極助益型思考（proactively thinking）來催化提升督導品質（Gray et al., 2001）；受督者表面上附和督導師，但實際上陽奉陰違（Moskowitz & Rupert, 1983），例如假裝聽從督導師的建議，但私下用曲解或隱瞞過程或結果的方式來應付督導師。

督導的負面事件對個案也會有不良影響；負面事件常發生在人際關係及互動風格、特定督導任務或完成督導責任等議題上，本書第八章會進一步詳加討論督導內的種種問題。

優質督導之內容

化解衝突

Moskowitz 和 Rupert（1983）討論督導衝突來源時，談到 38%

接受調查的受督者反映曾與他們的督導師有過重大衝突。有些是督導風格的衝突，如督導方向和支持問題等，比較容易解決，若是雙方使用的治療理論學派不同，則較不易解決，最困難的應屬個性衝突的問題，這也是受督者最常抱怨的一個問題。許多研究顯示受督者比較希望由督導師來確認衝突情境，提出與受督者討論（共一百
49 五十八位受督者接受採訪，其中 86%表達上述希望），僅 13.9%受訪者希望督導師在確認出問題後，等候受督者主動提出來討論。五十二位實習生中，四十位表示他們曾主動和督導師討論過他們之間的衝突問題，其中超過一半的問題獲得改善，僅少部分未得改善，未改善的原因有：督導師認為衝突的問題是受督者的個人問題，或當督導師行為未能依照受督者的期待做改變時。

事實上，督導師在找到衝突問題時，應主動提出問題與受督者討論，效果較好。而更重要的是督導師在面臨受督者的不滿、抱怨及負面回饋時的因應。通常督導師會變得自我防衛，反過來指控受督者或勃然大怒。若在此時，督導師能卸下防衛，平靜地面對彼此的不同處，才是化解衝突的重要做法。若能在督導研討會或督導同儕支持團體中練習無防衛地回應負面回饋，將是極佳的角色扮演活動。

受督者的自我揭露

高效能督導不可或缺的要素之一是，督導師有能力與受督者建立良好的督導工作結盟關係。Ladany 和 Walker（2003）認為，督導中的自我揭露對督導的情感結盟有直接影響，因在自我揭露時，彼此分享著信任；其次督導師的自我揭露行為亦成為受督者良好的示範，鼓勵受督者做適當的自我揭露。Ladany、Hill、Corbett 和 Nutt（1996）報導在他們的研究中，平均有八起受督者不做自我揭露的情況，而牽涉其中的問題，其嚴重性僅屬中等，通常與以下原因有關：受督者對督導師有負面感受，因此不願做自我揭露；受督者不

願告訴督導師有關他（她）個人私密的問題；受督者擔心督導師對他（她）有不好的評價，因而作罷；受督者認為自己在臨床治療上犯下錯誤，因而心生畏懼，不敢談論；受督者認為一般性的臨床觀察心得無須提出來分享。90%接受調查的受督者未向督導師透露他（她）內心對督導師的負面感受；此外，受督者視為過於私密、不重要或負面的訊息，因恐督導工作結盟關係不夠堅實，無法承擔而未做揭露。Yourman 和 Farber（1996）在其研究中也發現，39.8%的受督者樣本中（回收率為 35.2%）未將他們在治療中所犯的錯誤告訴督導師，發生比例占一半以上。此外，30%受督者樣本即使知道督導師犯了錯誤，也不會透露讓督導師知道，50%受督者只透露督導師想聽的事，59%受督者表示從不會或甚少公開自己內心對督導
師的負面感受；只有在討論反移情和受督者滿意度時，才能促使受 50
督者增加公開透露的行為，因反移情和滿意度是保護因子。

在另一個研究裡，91%的受督者表示，他們的督導師至少做過一次自我揭露（21%回收率），揭露的主題多與私人問題、治療經驗及治療過程的掙扎有關（Ladany & Lehrman-Waterman, 1999），而其中 73%督導師至少做過一次個人私密的自我揭露。此外，Ladany 和 Lehrman-Waterman（1999）反映出督導的其他問題，如督導浪費的時間、督導師將自身需求強加在受督者身上，及角色轉換的風險等。研究也顯示若督導師自我揭露以下議題，將對受督者有助益，如督導師對個案的情感回應，在治療過程中督導師的努力、掙扎與成功，督導師對督導關係的看法，督導師普遍性的專業經驗及從他人經驗中所提煉出的忠告等。Reichelt 和 Skjerve（2002）的研究結果顯示，督導師和受督者看待督導事件的一致性低，原因是督導師常用教誨方式來教導受督者、督導師的意圖不明或意見過於強硬堅決、在個案討論上避談受督者的情感反應等。相對地，督導師和受督者也有高度共識的看法，如以受督者為中心的做法（trainee-centered approach）、直率的督導風格及探索受督者想法等。未來的研

究應加強探討及確認下列議題：預防衝突、化解衝突及自我揭露，以便了解催化因子。

Ladany 和 Melincoff（1999）的研究指出，98%督導師會隱瞞某些資訊，不讓受督者知道，74%督導師隱瞞對受督者專業表現或治療能力的負面評價，原因是這些表現在受督者專業發展上是自然的情況。此外，若督導師覺得受督者尚未準備好接受負面評語時，他們會選擇用婉轉的方式來處理。另有 67%的督導師不願揭露私人領域的私密問題，其實這種保留十分符合督導的專業界限。綜合來看，隱瞞的主題排行榜如下：督導師對受督者專業表現的負面評價（56%）；受督者的私密問題（37%）；督導師對自我效能的負面評價（32%）；訓練機構的內幕（27%）；督導師專業及臨床治療的相關問題（22%）；督導師的外在儀表（18%）；對受督者專業表現的正面評價（11%）；督導師深被受督者吸引（10%）；督導師對個案的反應及督導師督導其他受督者的經驗（4%）。

值得注意的是：督導師往往對受督者正面及負面的評價均採不透露的方式和做法，但事實證明更多評價性的回饋反而對受督者是
51 有益的。此外，文化也是自我揭露的一個重要因子。Constantine 和 Kwan（2003）認為，個案－治療師雙人組的考慮也可適用於督導師－受督者－個案三人組身上，並提出「不可避免的自我揭露」（inescapable self-disclosures, p. 584），如在移情－反移情不經意的自我揭露和膚色的問題，逐漸讓治療師做更謹慎的自我揭露；同樣地，對個案（或受督者）更多的察覺和評估也會導致謹慎的自我揭露。

良師益友式的引導

引導受督者進入專業領域的諸多方式中，良師益友式的引導得到的評價最高。Johnson（2002）為良師益友下的定義為「一位前輩提供知識、忠告、挑戰、諮商和支持給正努力要成為某專業領域正式成員的後進」（p. 88）。此人是導師、顧問、角色典範，且通常沒

有受過正式的督導訓練，而他（她）與督導師最大的不同處是，良師益友是受督者自己尋找來的（自願性質），不含督導的法定特質或需要評分的要素，且通常良師益友式的引導持續的時間比督導來得長久，有些督導師最後也成為受督者的良師益友。Koocher（2002）鼓勵大家不要用「被提攜的後進」來看受督者，應當用「受良師照顧的人」較好，避免被刻意的男性化。總而言之，這些受良師益友照顧的後進在專業認同、專業發展及滿意度上均能迅速增長。有趣的是，臨床心理系所學生較其他心理系所學生得到良師益友引導的比例較低（53%比 73%）（Johnson, Koch, Fallow, & Huwe, 2000），雖然良師益友制在商學管理界常見，但心理學博士得到的良師益友協助及指導要比哲學博士來得少（Clark, Harden, & Johnson, 2000）。

良師益友的凌虐言行（Tepper, 2000）、功效不彰（Johnson & Huwe, 2002），甚至負面影響（Eby, McManus, Simon, & Russell, 2000），讓人逐漸注意到它未曾被注意到的黑暗面，因這些良師握有很大權柄，在與後進關係上有造成不平衡凌虐關係之可能。障礙或功能不良關係指的是徒勞無益或充滿衝突的關係，令雙方或一方苦惱痛苦不堪，導致最後利用、傷害或專制暴虐。良師與受督者之間的關係扮演著多種角色，因此良師益友的倫理規範顯得特別重要（Johnson & Nelson, 1999）。目前在這方面的共識有：良師應具備更多支持心理專業的訓練、準備及附加在此功能上的價值，如在學
術殿堂，學生需要少數族裔教師成為其良師益友，但這些教師並未 52
獲得獎勵，仍須像其他教師一樣完成委員會或研究的責任與配額（Dickinson & Johnson, 2000）。Johnson 和 Huwe（2002）認為，預防功能不佳良師制的策略有：建立良師文化、評估新進教師成為良師的可能性、聘任新教師的標準為檢視應聘人員提攜後進的技巧、良師訓練及監督、給予身為良師的教師應有的獎勵，及建立處理不佳良師的清楚結構。

文化

在優質督導及劣質督導研究中，文化的角色完全被忽略，僅一例除外，曾有一小型實驗研究，探討督導中的重要事件，研究對象是十八位少數族裔學生，在美國心理學會認可的實習單位內實習，地點是大學的諮商中心（Fukuyama, 1994a）。當要求督導師和受督者雙方提供他們所認為的正面和負面督導事件，並指出有助於專業成長的機構及環境狀況時，答案紛紛浮現：受督者喜歡督導師開放、支持、不刻板、不落窠臼。在與困難個案工作時，督導師能展現信念，尤其是面對文化問題時，能提供與文化相關的特定督導，並能面對及處理受督者及個案的文化涵義，協助受督者透過此多元文化機會及經驗，增長專業知能與知識。至於負面督導事件有三：督導師對文化具體的特有規範缺少了解，如將文化中常見的行為解讀成反移情；督導師所使用的文化表達令受督者反感；當受督者和個案來自相同的文化背景時，督導師反而質疑受督者對個案行為的解讀不符合文化適當性。

McRoy、Freeman、Logan和Blackmon（1986）在研究督導師和受督者對文化的觀點時發現，督導關係中跨文化的障礙有語言障礙、歧視、偏執、自我防衛、意見、背景與人生閱歷的不同，及對文化差異沒有任何概念與了解。28%的專業督導師及16%的受督者表示，他們確實曾遭遇過這些問題。

在此我們強烈建議請專業督導不可漠視文化及多元文化的問題，應加以處理，它不但是專業知能的一環，更與少數族裔個案、少數族裔受督者及少數族裔督導師有密切關聯（McNeill, Hom, & Per-
53 ez, 1995; Wisnia & Falender, 1999）。督導應被發現、探索與批判思考的態度帶領，而非政治正確性（Stone, 1997）。督導專業知能應包含對多元文化心理學及諮商學的尊重及堅實的知識基礎，彈性也許是對抗刻板的最佳方法，因刻板本身就是由於缺乏彈性所致（Ab-

reu, 2001），彈性因此可能與開放的認知結構有關，種族歧視和差別待遇由故意或無意的無知或誤會所導致，在祕密地滋長著（McNeill et al.）。我們須坦承影響著心理學及諮商學理論及介入策略與技巧的歐洲中心論（McNeill et al.），是我們用來處理文化議題的一個標準。Constantine（1997）在她的研究中發現，30%博士班實習心理師及 70%督導師從未修讀過多元文化或跨文化諮商課程，正如 J. M. Bernard（1994）所建議的——督導的最低要求是督導師應和受督者一樣，須具備多元文化知能，本書第六章對此議題有更詳盡的討論。

性別

Allen 等人（1986）曾探討性別差異的多項範圍，證實督導的整體品質與督導師的性別無關，其中的性別差異包含：較少鼓勵女性受督者取得權力或承擔權力（Nelson & Holloway, 1990），較鼓勵女性受督者把重點放在人際往來，而男性受督者的重心則在個案身上（Sells, Goodyear, Lichtenberg, & Polkinghorne, 1997），一般而言，督導仍有性別刻板的遺痕（J. M. Bernard & Goodyear, 1998）。一般人對優秀女性督導師的期待是「無條件積極關懷，附帶加上智性及個人挑戰」（Porter & Vasquez, 1997）。

男性受督者最喜愛的督導特質是和評鑑與同儕觀察有關，他們同時也看重督導技術層面。他們認為若督導師需要受督者彼此競爭，以取得督導師的注意力，則此類督導師最不可取。除此之外，尚有「從不教導實用技巧的督導師」及「不鼓勵受督者探索並試用新治療策略的督導師」同登黑名單之首（Allen et al., 1986）。對女性受督者而言，沒有性別歧視的態度和不帶性別歧視的治療才是理想督導。女性受督者的黑名單則有：「使用性別歧視語言的督導師」、「強調傳統性別刻板角色」、「因受督者的性別而不著痕跡地貶抑其價值」，及「侵犯個人隱私」等項目。此外，女性主義成員唾棄的督導師特質有：過於直接、要求受督者服從在督導師意旨之下，把受督者的問題、掙扎和擔心看成是病症證據，推動性別歧視及做具有性別歧視的解釋（Porter & Vasquez, 1997）。

54 令人青睞的督導形式

Goodyear 和 Nelson（1997）在編輯過去受人青睞的家庭治療督導形式時，比較督導師和受督者眼中的高效能督導形式，結果呈現在表 2.1。

Nelson（1978）的研究結果也顯示，「觀看治療錄影帶」和「督導師現場指導」是取得受督者治療資訊最受歡迎的兩種督導形式，但最能夠教導治療技巧的方式則是「受督者觀看督導師現場治療個案」及「督導師與受督者組成治療團隊，共同治療個案」。心理治療訓練機構的主管將「督導師與受督者共組治療團隊」列為最具效能的督導方式，接下來依次為「現場督導」、「觀看治療晤談錄影」、「聆聽治療錄音帶」，最後則是「閱讀受督者的報告」（Romans, Boswell, Carlozzi, & Ferguson, 1995）。受督者則反映喜愛「督導師示範」、「觀看治療錄影帶」、「現場督導」，但最不喜歡「討論」（Gonsalvez, Oades, & Freestone, 2002）。Milne 和 Oliver（2000）發現，儘管所有的研究受試者（100%）均善用個人督導，但他們對彈性高的團體督導仍感興趣（43%受試者曾使用過），及
55 希望能與督導師共同治療個案（占 29%的受試者），但基於以下理由，使得這些督導形式未能實施：督導師抗拒改變、忽略能力較差的受督者，及需要更多時間和協調工作。

目前受督者和督導師最常用的督導形式，卻不是他們給予最高評價的督導形式；雖然「督導師和受督者共同治療」是治療訓練主管的鍾愛，「個別個案諮詢」卻是督導師和受督者最常用的督導形式（Romans et al., 1995）。分析這情形發生的原因有二：督導形式的主題甚少被探索研究過；研究結果未與個案治療成果連結。如果

表 2.1 督導師和受督者眼中高低效能的督導形式

督導師的高效能督導形式排名	受督者的高效能督導形式排名
1. 督導師和受督者一起觀看治療晤談錄影帶	1. 督導師和受督者一起觀看治療晤談錄影帶
2. 督導師現場督導受督者，直接用電話指導受督者	2. 督導師現場督導受督者，直接用電話指導受督者
3. 受督者加入單面鏡後方的治療團隊	3. 督導師與受督者一起出現在治療晤談中，共同治療個案（為受督者喜愛程度排名第三）
4. 督導師做現場督導並利用治療中間休息時間提供受督者諮詢	4. 受督者加入單面鏡後的治療團隊（同樣被受督者評定為第三喜愛的督導形式）
5. 團體督導	5. 督導師現場督導並利用治療晤談休息時間提供諮詢（被受督者評為第五喜愛的督導形式）
6. 個案諮詢（超過85 %的督導師和受督者選擇此項，喜愛程度占第十四名）	6. 團體督導（最常使用的督導形式，是受督者喜愛名單的第九名）
7. 督導師為受督者示範特定的治療技巧（被督導師評定為最不喜愛的督導形式）	7. 個案諮詢（受督者喜愛名單上的第十名，與 McCarthy 等人〔1988〕「個別督導最好」的迷思結論不謀而合）
8. 督導師與受督者一起研讀治療晤談逐字稿（是督導師和受督者最不喜愛的督導形式之一）	8. 督導師為受督者示範特定的治療技巧
9. 督導師現場督導，用耳機指導受督者（是督導師最不喜愛的督導形式之一）	9. 閱讀與個案有關的讀物（為受督者最不喜愛的督導形式之一）
10. 做家庭雕塑（即家庭成員用確實的身體定位來顯現象徵性的家人關係）	10. 督導師和受督者一起研讀治療晤談的逐字稿（是受督者最不喜愛的督導形式之一）
	11. 家庭雕塑（受督者最不喜愛的督導形式之一）
	12. 用耳機現場指導受督者（被受督者評為最差的督導形式）

督導師和受督者使用觀看治療錄影的督導形式，結果顯示個案出席率更高，給予更多承諾及消除了問題行為，則觀看晤談錄影將會風行。Ellis、Krengel和Beck（2002）的發現與上述看法一致，他們的研究顯示，過去大家相信督導師在單面鏡後的觀察、觀看治療錄影及聆聽治療錄音會引起受督者嚴重的焦慮，進而影響到受督者的表現，但事實並非如此。諮商師教育及督導學會（Association for Counselor Education and Supervision, 1995）所制定的「諮商督導師專業倫理準則」（Ethical Guidelines for Counseling Supervisors）（未被美國心理學會採納），將治療錄影及錄音界定為照顧個案的標準專業做法，為保護個案的最高層級做法，最好的間接學習方式，透過現場督導擴大承擔未來更困難個案之可能性。現場督導和觀看治療錄影讓督導師可以立即提供回饋給受督者，親身貼近受督者與個案的語言及非語言行為，做出督導介入和治療介入（Goodyear & Nelson, 1997）。

Breunlin、Karrer、McGuire和Cimmarusti（1988）把複雜的觀看治療錄影督導形式加以整理，刪減其中情感和認知過程，提供受督者以下的行動綱領：督導師訂定出與受督者發展相關的督導目標，並以此為督導核心；將內在歷程和情境脈絡連結起來，讓受督者情感在治療會談後便能抒發表達出來；選出錄影中受督者有能力改變且需要改善的部分觀看；將治療師會談的觀察心得與既定目標做比較，適當修改目標；在鬆懈與焦慮間尋找一適當點，讓受督者保持適度的激勵，但不至於被太多壓力擊垮，有足夠的激勵活化著受督者。

雖然團體督導的優點常為人稱讚，但它仍不是督導的主要形式（Marcus & King, 2003），僅65%接受調查的研究實習機構提供團體督導（51%回收率），其中僅有73%的實習機構花時間做團體歷程的工作（Riva & Cornish, 1995）。團體成員間友好的情誼促進團體感情的學習（Marcus & King, 2003），然而很少研究致力於鑽研團體督導及個人督導在督導方法上的不同（J. M. Bernard & Goodyear, 1998），也甚少對督導成功因子做深入研究。有一個案顯示團體凝聚力和受督者個案諮詢都是團體督導的優點（Werstlein & Borders, 1997）。Riva和Cornish（1995）提出成功督導可能與團體凝聚力、領導風格及探索治療因子有關；此外，團體督導的優點尚有時間金錢的精簡、專業知能及受督者對督導師的依賴少、受督者可比較自我評價與同儕評價。團體成員對每位個案有多種看法，團體督導讓他們能接觸更多個案，示範如何給予回饋，促進成長。且督導師能在不同情境下觀察受督者，催化他（她）的冒險精神及行動技巧（J. M. Bernard & Goodyear, 1998）。團體為新手受督者提供了一個安全基地、反省空間及一面鏡子（Scanlon, 2002）。Enyedy 等人（2003）也列出阻礙團體督導的因素：如受督團員間相處的問題、受督團員與督導師的問題、受督團員的焦慮及負面情緒、協調與組織的問題或時間控制的問題。若要發揮團體督導的效果，首先要催化積極的團體互動和回饋，處理多樣化問題，它可能會因而影響到團體歷程，進而影響到提供團體的時間及流程的結構，並將團員焦慮正常化。團體督導是頗受好評的督導形式，絕對需要進行系統性的探討。

知識與應用的結合

優質督導中有各種不同能力層級的督導師，享有各種不同程度的支持，即使是經驗豐富的督導師亦然。優質督導情境中充滿了和善、希望、樂觀和滋養氣氛及幽默感，它以堅強實力為後盾，牢牢地與專業知能本位課程結合，此課程依照受督者團體及個人的需求而予以適度地調整。心理治療學門最新的資訊、模式、介入策略及不斷吸納當前思潮，加入這專業領域的大家庭，大家同心一志，全力奉獻於專業成長，其中包括專業倫理、法律考量，及心理師與其他心理健康專業人員的角色典範。

優質督導中最重要的發現是督導關係的重要性： 57

- 雙向信任關係、互相尊重及催化三者為強化督導關係的要點。
- 對督導專業獻上熱忱和力量，至為重要。
- 優秀督導師受人青睞的特質有——付出時間、立下神聖的承諾，敏察受督者的發展需要，鼓勵受督者獨立自主及公開討論自身的不適感。

- 良好的督導關係中，督導師和受督者均能自在地談論自身的錯誤，但找出衝突點或不適感的責任是在督導師身上。
- 「面質」值得去做，它澄清期望，給予回饋，是評鑑的一個途徑。
- 督導關係裡，督導師對以下情境的回應及做法非常重要：如何回應不滿與抱怨，如何處理受督者提出的衝突問題或受督者對督導師表達負面回饋等。受督者常反映督導師在督導過程中與人對峙、怒不可遏、防衛性高、指責他人等。督導師應謹慎採用非防衛的態度來接納受督者的意見，並提出彼此不同意見的部分。
- 具傷害性的惡質督導似乎比人們想像的還要普遍（Ellis, 2001; Nelson & Friedlander, 2001; Gray et al., 2001）。Ellis 教導受督者保護自己的權益和義務，才有可能適當地面質督導師或向實習機構主管求助。
- 觀看治療晤談錄影和現場督導大大地提升了督導的效能及所負的責任，我們也建議將督導片段做角色扮演並錄影下來。
- 督導師在看過「拙劣督導師特質」後，若發現自己有這些拙劣特質時，應檢討自身對督導的態度、經驗及所受的督導訓練程度。
- Veach（2001）訂下的準則有益督導師檢視問題之所在——缺少知識、技能嗎？是動機問題、個人能力問題，或移情－反移情問題？文化差異或是行政管理的限制？
58
- 督導師若能得到一些諮詢或有關自身督導風格的督導，則定有助益。
- Veach（2001）倡導督導師應有「督導師同儕團體」，並接受「化解衝突」訓練。
- 督導師要花時間發展適宜的督導並強化督導工作結盟關係（Nelson, Gray, Friedlander, Ladany, & Walker, 2001）。

優質督導專業知能

文獻認為優質督導應具備的專業知能之定義：

- 有能力透過支持、鼓勵及合宜的自主性增進受督者的自我信心
- 有能力示範並發展強固的督導工作結盟關係
- 了解督導的各種形式並精熟各種形式的督導
- 有能力給予回饋及做有建設性的批評，能提供形成性及總結性評量
- 有適應力及彈性
- 在個案案情理解部分能做好溝通，理論基礎堅強
- 有能力將身心保持在平衡安寧的狀態，即使危機當前，也能展現適當幽默感
- 有能力找出與受督者之間的衝突，並提出來與他（她）溝通
- 開放心胸面對自我評鑑、受督者評鑑及同儕督導師的評鑑

03

第三章 強化督導專業知能

數十年來，心理及諮商學門最重要的問題是專業知能及專業知能發展的核心內容，它們決定了心理學及諮商學的課程內容，成為心理及諮商證照和執業的標竿，由**輸入模式**（input model）和**輸出模式**（output model）來決定專業知能的標準。輸入模式著重在培養出有專業知能的心理師及諮商師所需的教育課程，而輸出模式則勾勒出有專業知能的心理師及諮商師在獨立執業時應展現的專業角色及活動（Roe, 2002）。但對這兩種模式而言，督導專業知能均居重要地位，是確保達成上述目標的機制。本章中將談到心理治療師及諮商師和督導師的能力輸入模式及能力輸出模式之範疇，同時也討論優質的心理治療師及諮商師定義之由來、其他學科如何定義「專業知能」、如何評估專業知能、如何定義「有專業知能的心理治療受訓學員」、如何定義「具有專業知能的心理治療師及諮商師」，及成為有專業知能督導師的歷程。對專業知能深入了解是擬定訓練計畫、建立訓練方案、達成督導協議及評估程序上重要的層面。

能力卓越的心理治療師：歷史淵源及現今看法

心理師的專業知能被界定為「將學習到的能力，充分運用於執行工作、職責及角色上的要求」（Roe, 2002, p. 195），指出專業知
60 能與特定情境內的特定工作有關，它整合了知識、技能與價值。Kaslow（2002）表示，專業知能須具備該領域能接受的必要標準成就及後設能力（metacompetencies），或有能力判斷自己的學習收穫，及專業知能所使用的層級（Kaslow, 2002）及次級的專業知能。在此，次級的專業知能指的是「具有整合知識、技能和態度功能的專業知能」，如實施心理測驗或做團體治療。專業知能是良好表現的必要條件，但並非充分條件，至於攸關專業知能能否順利轉化為良好表現的關鍵因素，則維繫在個人身上，如個人的動機及幹勁和情境因素（如社會支持、管理和工具）（Roe, 2002）。

首先，我們來看輸入模式，Weiss（1991）在評述心理學門轉向專業知能本位課程的關鍵歷史時說道：「早在 1949 年博爾德會議時，大家有一共識，即臨床心理師的訓練應有一共同核心，其餘空間則交由各大學負責，訂立各自的特色。綜合全國專業心理學校暨系所委員會（NCSPP）1989 至 1990 年會議的總結，Weiss 表示：「⑴核心專業知能應是課程結構的組織原則；⑵內容本位的核心課程本身不是目的。」（p. 21）

1973 年維爾會議（Weiss, 1991）及米申灣決議，都曾想過要評估心理專業訓練中的「專業知能」項目。米申灣決議對有專業知能心理師的能力特性達成共識，其內容與輸出模式大致相符，如在心理學門中最基礎首要的能力為，「與人建立關係的能力」及「與個案建立及維持治療關係的能力」（Polite & Bourg, 1991），其他專業知能包含：知識（對自我及他人的了解，有心理學門多方面的專業知識）；技巧（表達同理心、吸引他人、安撫人的技巧，使人安心

自在、運用親和力與人建立融洽和諧的關係，及表達尊重的技巧）；態度（保持智性的好奇心、有彈性、科學性的懷疑態度、心胸開闊、不偏執、心理健康、相信改變會發生、欣賞多元性、正直誠實、有同理心、尊重他人、自我了解、人際聯繫）（resolution reported by Polite & Bourg, 1991, from Mission Bay Conference Resolutions for Professional Psychology Programs, 1987）。

將這些概念整合納入專業訓練中，於是產生了美國心理學會
（APA）在 1996 年修訂的「專業心理學訓練準則」，後來正式訂定 61
完成，結合輸入模式與輸出模式，針對專業知能本位評估及課程設計提供機制（APA, 2002e）。美國心理學會對「專業心理系所鑑定原則及指導方針」（Guidelines and Principles for Accreditation of Programs in Professional Psychology）「範疇 B：課程哲學、目標及訓練計畫」（2002e）做了以下的陳述：

> 課程須針對畢業生專業知能期許爲依據，明確說明教育及訓練的具體目標，且這些專業知能須與下列各項原則呈現一致狀態：⑴心理系所課程的哲學及訓練模式；⑵心理系所爲實習生入門執業階段所準備的專業心理學內容。（p. 12）

範疇 B 同時談到：

> 爲了要達到既定的目標，系所須要求實習生具有以下領域適當或先進程度的專業知能、技術、精熟度及知識：⑴心理測驗及診斷的理論、方法與有效的介入法（包含經驗或實驗證實有效的治療法）；⑵諮詢、評鑑和督導的理論和方法；⑶學術調查策略；⑷與上述議題相關的文化多元性及個人多樣化的問題。（APA, 2002e, p. 13）

範疇B中的專業知能一詞是以特定技能和知識領域的觀點加以定義。每個課程依照系所對其畢業生應達之水準和層級加以訂定專業知能標準。Hays等人（2002）的研究發現，經驗證實為有效的治療介入法在專業訓練上卻未被大量採用，正如Barlow（1981）在數年前發出的喟歎，「臨床研究對臨床執業的影響可說是微乎其微。」到實習機構參觀的人總把焦點放在評估專業知能的方法上，以確保能夠訂出心理及諮商系所的成功標準，並為未達成標準的學生準備妥當後續的程序。是否有一套「核心專業知能」來界定心理及諮商學門課程？是否它應具有特殊的特點，融入某一整合課程？這些問題仍在爭議中（Benjamin, 2001）。但對反對專業知能本位教學的人來說，他們害怕專業知能評估會把所有學生引導到完全相同的終點目標或相仿的發展上（Weiss, 1991）。

當心理治療師及諮商師把專業知能當成標準來使用時，他們的構思和評估也從規範本位（normative）轉變為效標本位（criterion-based），因此「專業知能」的多種定義應運而生。輸出模式指定了一套大家公認同意的技能（如範疇B所述），選定一組高階能力、
62 特徵及符合的應有表現程度及參照標準；輸入模式則分析依序增加的工作任務。專業知能能被描述成「複雜、多層領域的建構，包含應用性的技能與精神心理層面的健康」（Procidano, Busch-Rossnagel, Reznikoof, & Geisinger, 1995, p. 426）。Shaw和Dodson（1988）提出「專業知能」的務實詮釋，他們認為有專業知能的心理師應展現以下特質：⑴用理論或觀念架構來指導治療；⑵記住個案的核心議題；⑶熟練地使用介入技巧，以促進行為改變或為即將發生的改變做好準備；⑷了解介入技巧使用的時機；⑸了解自我及自我的角色；⑹了解自身、個案及個案家人及所居社區之文化、種族、性別及其他多元變項。

接下來，要談的是特定專業知能領域，Gould和Bradley（2001）在治療行為理論知識和技巧之外，尚加入了人際技巧及多元文化專

業知能。全國專業心理學校暨系所委員會（the National Council of Schools and Programs in Professional Psychology）（Peterson et al, 1991）訂出六個專業知能領域，後經 Sumerall 等人（2000）加以擴充，並倡導測量專業知能的發展歷程。他們指出：「每一階段的專業知能仰賴著上一階段的專業知能，它們之間有著深深聯繫及支持的關係。」（p. 12）發展並維持高效能的工作結盟關係是專業知能發展歷程中的首要因素。就像研究一樣，在找出問題、獲取資料、組織並解讀心理現象相關資訊等一系列調查模式之後，接著才是評估、介入及使用先進臨床技術，最後才是提升學習者知識、技能、態度成長的教育及催化措施。在此所謂的學習者指的是學生、個案及一般人，而凡指引、組織及控制心理師／諮商師或其他大眾服務，包含督導，均隸屬於專業知能的範圍內。

「專業倫理」是另一個核心專業知能，凡有關解決道德價值、倫理和法律衝突的策略知識與執行，均屬專業倫理內涵。專業倫理的基本知能為發展「個別差異」、「多元文化」及「專業發展」等概念的適當態度。Sumerall 等人（2000）支持此發展概念，因它與發展模式一致，專業知能可在不同時間下確立完成。定義「適任」心理和諮商從業人員專業知能的內涵成為「專業效能」討論的同義字，系所文化依此建制而生（Stratford, 1994）。

對心理專業從業人員來說，比專業知能更需要的是專業訓練中
的完成標準。Robiner、Fuhrman 和 Ristvedt（1993）談到心理學門專 63
業教育聯合委員會所提議的完成標準，其中包含人際功能；有正確專業判斷的能力；能對個人優缺點做正確的自我評估；須接受持續督導、諮詢及教育。同時能夠延伸並擴展基礎評估介入技巧來因應不同環境、人口及問題的需要，遵守專業倫理及法律原則的執業，最後則是發展出重要的專業身分認同——認識到自己是心理師／諮商師，充分察覺且有能力發揮適宜先進的在職訓練（Stigall et al., 1990; 引自 Robiner et al., 1993, p. 5）。委員會提議的完成標準令人激

賞，但仍須將此措施具體實踐。

輸出模式有一理論特別針對工作分析，它將專業知能定義為 MASTERY（Fantuzzo, 1984），以下是各縮略詞的解釋：**M**（**mastering**）精通知識、掌握知識；**A**（**assessing**）專業知能的評估能力；**S**（**setting**）設立專業知能最低標準；**T**（**training**）訓練專業知能；**E**（**evaluating**）評量自身對專業倫理法律的了解程度；**R**（**reviewing**）檢視專業知能層級；**Y**（**yielding**）提供專業繼續教育；MASTERY已成功地用在兒童智力測驗的施測上，工作內容須清楚界定，如同其他專業知能的工作分析一樣，如此便容易找出及評估整套技能，使它與醫學和醫學相關的知能與工作分析相似，可適用於高層次的專業知能。

醫學、牙醫學及相關醫療專業對專業知能的界定

有鑑於心理專業定義了「專業知能」，其他專業領域也各自發展出該領域對專業知能的界定及評估，且精細先進的程度遠超過心理學門，如商業經營（McClelland, 1998）、醫學（Epstein & Hundert, 2002; Neufeld, 1985）、護理（Brady et al., 2001）、牙醫學（McCann, Babler, & Cohen, 1998），及相關醫療專業（American Society for Healthcare Education and Training, 1994）。以上專業均研究及評估專業表現具體能力之範例；許多專業使用綜合的專業知能評量作為核發證照及檢定之用，多數仍以輸出模式為重心。

在醫學方面，除了逐日增強的專業知能外，尚重視醫生的認知歷程，包含臨床推理及判定、解決問題及重大事件（如請醫生根據
64 其經驗找出病人照護上有正負面影響的事件）（Norman, 1985）。對醫師而言，專業知能的定義為「在每日的執業中，能習慣且明智地運用溝通、知識、技巧、臨床推理、情感、價值觀及審慎思考，全心奉獻於所服務的個人及社區之福祉」（Epstein & Hundert, 2002,

p. 2）。

以牙醫師來說，專業知能含職業水準領域、病患評估及其口腔環境的評估、建立並維持健康的口腔環境、重建健康口腔環境、提升健康、行政管理及其他不屬於技術範圍的執業內容。心理及諮商學門的專業知能並未包含執業行政與管理、健保局、保險公司和督導等實用層面。若能仿照牙醫的做法，對心理及諮商從業人員將是一大助益。自我評估是評鑑的內在核心，被視為提升專業知能的工具；在某種程度上，它有計畫地在終身執業中培養著（McCann et al., 1998）。自我評估的另一個價值是，被評項目的表現應與真正執業時專業知能的表現相似。根據此理念，心理執照也可將McNamara（1975）建議的程序，用於觀念評量或測試工作觀念的策略模擬上；此外，同儕檢視也是專業知能評鑑的一種形式。

精神醫師提出受督者最應具備的重要專業知能為「催化心理治療學習歷程的特質」（Rodenhauser, Rudisill, & Painter, 1989, p. 370），這些特質分述於下：一般受督者的基本人格特質，如開放、不偏執、可靠、正直；受督者在與督導師的關係中，扮演著催化者的角色，如有興趣及動機、願意採取主動、熱忱；受督者在與個案的關係中，扮演催化者的角色，如人際的好奇、彈性及同理心；受督者是學習理論及內容的催化者，如智性開放、不偏執、好奇、對抽象理論的容納能力；受督者是治療和督導歷程及知能學習的催化者，如低防衛、接受回饋、忍受曖昧不明狀態（Rodenhauser et al., pp. 370-371）。

專業知能評估的方法學及測量

Sumerall 等人（2000）曾說：「每個人所使用的學派模式可能不同，但在建立專業知能前，須確認核心的專業知能，發展評量工具及訓練計畫，以獲得此核心專業知能」（p. 14）。Roe（2002）

建議每位心理師及諮商師應建立專業知能檔案，包括核心專業知能、次級專業知能、知識、技術、態度、能力及人格特質。在此檔案中，專業知能屬於高層次整合性工作，而知識、技能和態度則是較基礎的元素。

專業知能被形容成「一標準過高、難以達成的移動浮標」（Robiner et al., 1993, p. 5），因心理訓練素有貶低評鑑及心理診斷的傾向，使得專業知能本位課程難上加難（Falender, 2000）。而評鑑及心理診斷正是心理實習生普遍的缺弱處（Lopez, Oehlert, & Moberly, 1996），使用可測量、可操作的量化評量及效度來提升專業知能之評估。

醫學專業已給我們不少分析專業知能的範例和方法——反省和哲思是其中最古老的方法，它對問題解決及先決能力的洞悉與價值尤為彰顯，卻難融入系統性研究或專業知能分析的正式方法學中。工作分析法（task-analysis approach）是定義專業知能的傳統方法，但它有樣本群的問題，即所納入的專家群不具足夠代表性。關鍵事件法（critical-incident approach）在臨床醫學檢驗上成效甚佳，但無法直接應用到心理治療及諮商，因它所探討的都是典型極端的個案。再加上它的程序紀錄，僅記載發生行為而已，並未針對專業知能行為做紀錄（Norman, 1985）。

臨床專業知能測量須具備的必要特質有表面效度、內容分析、可信度、並存性、可預測性、建構效度、金錢與時間可行性，及符合測量目的與計畫等（Neufeld, 1985）。應採用多種技術的方式，提升效度，以達到最佳效果。至於應採何種技術或方式，可依下列三原則：評鑑對象的主觀看法；執行評鑑者的主觀看法；評鑑的專業知能，其內容及獨特性（Sumerall et al., 2000）。舉例來說，專業職務評鑑雖提到所需的時間，卻缺少評分的可信度或單個職務的評鑑。但合理可信度早在工作樣本評分中建立完成，尤其當督導師和受督者持相同理論導向時（Dienst & Armstrong, 1988）。

受督者到底應具備哪些專業知能呢？答案是分析目前表現優異的受督者之專業知能，以此為基礎。Peterson和Bry（1980）曾對心理學門專業知能範疇做過研究，他們請心理及諮商學教授寫出表現 66
優異、表現平平及表現不佳三類學生的特質。表現優異者擁有四項特質：責任、散發的人際溫暖、智力敏銳度及經驗累積的特質，如自信、專業知能、自足、成熟和奉獻。非行為導向督導師將「人際溫暖」列為受督者最重要的專業知能，凸顯出理論與專業知能之間的互動關係。

至於個人特質的角色及個人特質與積極改變之間的關係，卻常被忽略（Herman, 1993）。在此所謂的個人特質是指與個案建立治療關係的能力，和治療師表達同理、關切和幽默感的技巧有關。Shaw 和 Dodson（1988）曾列出新進受督者應具備某些人格特質，以促成他（她）發展成為正式的心理治療師或諮商師。理想上，他（她）應富同理心、關愛人類、體察入微、聰明，能學會特定的專業知能。多數訓練機構為技術導向，僅在甄選申請的過程中重視個人特質，博士班雖在甄選時重視個人特質，但常憑面談、推薦信和讀書計畫做直覺判斷，而非專業知能本位的方式（Procidano et al., 1995）。

在比較心理學門和企業管理評估專業知能的方法時，會發現來自不同領域的企業高階主管先接受已設定的成功標準之評鑑，再依此標準來評估其專業知能（McClelland, 1998）。此外，他們須評估六種情境（正面情境及負面情境各三），並說出他們在每一情境下所說的／想的／做的／感受的，之後分析這些行為並區分技巧高超者與技巧平平者，最後確認及分析兩組的專業知能。此研究得到的結論是：專業知能高超者為成就導向、分析式思考方式、概念理解式的思考方式、有彈性、有爆發力及影響力、主動、積極又有自由。雖這些能力不見得會在所有情境中展現出來，須依工作組織、氣氛及職業種類變化而定，但此法提供了一個確認專業知能的架構，它的重要性勝過特定的技巧。

Moore（1984）曾描述過保險公司的保險員在訓練前及訓練後，用來評鑑自己及督導的專業知能項目，如解決問題、做決定的能力、改變及適應的能力、時間管理能力、計畫組織能力、人際溝通
67 能力、解決困難的能力、自我管理能力、創意的貢獻、人際有效度、工作的專業知識及相關知識、工作品質及工作量。評鑑分數用來提升訓練品質及監測表現不佳的保險員。

上面的例子雖在界定專業知能品質變項上有固定的工作模式，但變項會依工作內容及種類之不同而有所改變，因此我們不能直接將企管結論擴展到心理治療及諮商上來使用。

Morrison、O'Connor和Williams（1991）的研究發現，心理研究訓練課程非常重視治療關係動力、倫理關係及治療晤談。在測驗上則看重智力測驗、人格測量及兒童評估，其次為法律、專業倫理、專業執業準則及敏察文化的治療法，但對督導技術與方法及行政管理問題則非常漠視，由此看出，訓練課程未能反映被界定出最渴望的專業知能。

心理及諮商學門受督者的專業知能

我們關心受督者專業知能評量的兩個重點：⑴受督者在進入訓練前所擁有的知能；⑵受督者在訓練圓滿完成後應具備的知能。為達成上述重點的做法是：首先須定義出受督者在進入訓練前應具備的知能及訓練完成時應具備的專業知能；第二步是發展出評量這些專業知能的測量方法，並改變課程內容以教導這些專業知能（McCann et al., 1998）。但督導師發現專業知能本位評量艱巨耗時，其中的工作包含把整套的訓練程序分割成一系列的專業知能目標及組成要素，若在手冊式治療的情況下，專業知能必須遵循治療手冊的每個治療步驟與過程並加以界定（Lambert & Ogles, 1997）。

另一個分析專業知能的方法是評估其特定的成分要素，首先須決定高效能受督者應具備的專業知能內容，然而受督者的專業知能與目標會因個人發展階段的功能而有所不同，如新進實習生的技巧與目標都應該具體明確——如何思考個案的問題、治療計畫及個案目標等（Talen & Schindler, 1993）。事實上，設立目標是鞏固督導關係基礎及催化評鑑與回饋的歷程（見本書第八章）。專業知能，有的與專業有關，有的則與機構有關；心理評估本身是一般受督者應具備的專業知能，但受督者應具備的心理評估專業知能種類則視機構而有所不同（如神經心理學、人格測驗或發展性測驗等）。

將專業知能整合轉化為課程的方法有六種：⑴評量表上有訓練前、中、後期自陳式報告及督導師對每一專業知能項目的評鑑報告；⑵在訓練契約上，清楚寫出訓練的所有內容與規劃，並以具體可測量的方式列出對受督者的要求及期許；⑶研究所出具受督者專業知能報告書及應提升的專業知能項目；⑷督導的計畫應把重點放在受督者須加強經驗的專業知能部分；⑸訓練期間應有一份正式的整合評鑑，將各專業知能成分要素整合成三、四個重點，以總結性評量進行評鑑；⑹特別凸顯的專業知能或一般的專業知能均要進行正式評量，總結式評量的目的是檢視受督者是否達到完成的標準。

受督者在訓練期間首次的評鑑是由受督者填寫自我評分表，再由督導師填寫督導評分表。所謂自我評鑑指的是，受督者依照訓練機構視為重要的專業知能、經驗和風格等項目為自己評分；自我評鑑的技巧對受督者及督導師來說，都是非常重要的專業知能，因它邁向更高層的自我了解。表 3.1 是與兒童／青少年／家庭工作的實習生訓練前的自我評估表，換言之，受督者在接受訓練前就要填寫它，之後才簽督導合約書，上面載明訓練機構的期許，及受督者應發展、投注心力的特殊領域。

表 3.1 凡被受督者評為 2 或 3 的題項，均應列入督導訓練的優先項目，宜用專門方法提升受督者在該項的能力。督導師和受督者

3.1 受督者專業知能自我評估表

評分等級：
1 有充足能力
2 須協助改進處
3 毫無經驗

計畫：
a.督導
b.觀看治療會談錄影／錄音
c.個案討論
d.其他（須註明）

具備的專業知能	自我評分			
理論及實踐導向： 具體模式：	訓練開始 9/	6 個月後 3/	訓練後期 8/	意見／方法
心理動力學				
認知行為學				
家庭系統學				
問題解決模式				
危機模式				
其他（請註明）				
特定遊戲治療				
時間導向：				
短期治療				
長期治療				
方式：				
團體				
個人				
家庭				
個案人口群： **發展考慮：**				
嬰兒				
幼童				
小學生				
國中生				
高中生				
轉型期青年				
其他				
個案人口群： **多元化考量：**				
文化				

 3.1 受督者專業知能自我評估表（續）

評分等級：
1 有充足能力
2 須協助改進處
3 毫無經驗

計畫：
a.督導
b.觀看治療會談錄影／錄音
c.個案討論
d.其他（須註明）

具備的專業知能	自我評分			
理論及實踐導向：具體模式：	訓練開始 9/	6 個月後 3/	訓練後期 8/	意見／方法
種族				
性別				
性傾向				
殘障				
聽力障礙／耳聾				
其他（請註明）				
心理診斷及評估：				
列出訓練期間所用過的各種測驗，包括人格、智力、神經心理及教育等，並在另一張紙上寫下你（妳）的評價				
其他臨床技術：				
諮詢（請具體說明）				
課程評鑑				
個案管理				
其他				
治療／團隊技巧：				
團隊配合度				
治療結盟關係				
資料蒐集				
診斷分析				
共同治療				
其他				

督導師意見：

本表除受督者評分外，亦可增加督導師的評分欄位，來評鑑受督者在每一段時間裡各項目的表現。本表可依個別系所需要加以修改。

70

兩人須針對每一項目發展出更精細的專業知能，且評估受督者的相關經驗，這做法相當值得。或可使用多階段歷程（multiphase pro-
71 cess）來評估受督者的發展程度，了解他（她）在多方面工作的表現程度。訓練機構也可自行發展受督者自我評量表及督導師評量表，把各種臨床工作分解為多種成分要素，用李克氏三級量表（Likert rating scale）加以評鑑。

此外，應將服務的個案人口群的概念與本模式結合，例如個案是一個家庭，則受督者須考量與家庭相關的理論、實用知識、經驗及寬慰安適等特質（見表3.2孩子／家庭及相關督導經驗評量表）。
72 然而仍有技術覆蓋的問題，如受督者雖在家庭治療和遊戲治療上受了相當多訓練，卻未在有幼小子女的家庭治療方面受過任何訓練。

督導目標

無論是矯正計畫或督導過程，督導師都應有與督導契約相配合的督導計畫，它和欲評量的專業知能、受督者的發展程度及預定目標相關。就以矯正計畫為例，受督者應從過去評鑑或報告中找出明確須補強的缺弱點，並針對此弱點做出因應的處置計畫，其中應有可觀察到的目標及達成此目標的行動計畫。如果目標是加強學齡前有行為問題學童之能力，就應規劃一系列的步驟，如擔任幼童團體的共同領導者、分配到有相仿年齡及行為問題的個案家庭中、閱讀幼童相關文獻及治療介入手冊。另一例為：督導師和受督者的督導目標在於增加治療會談的情感表達及確認情感表達，督導師可與受督者一起觀看治療會談錄影帶，協助受督者辨識未察覺的情感；至於行為計畫，則是由督導師協助受督者確認自身在會談中的情感狀態，並在督導計畫中列出目標達成時的證據。

3.2 兒童／家庭及相關治療經驗評量表

兒童經驗

・兒童的年齡及發展階段
・與孩子連結，建立關係的能力
・接觸兒童發展研究的數量
・發展歷程、發展連續歷程及發展里程碑
・受督者專精擅長的個案年齡層（如青少年）
・與不同年齡層孩子或某一特定年齡層的孩子相處時的安適自在性
・是否易於和兒童青少年溝通
・與兒童青少年工作時是否能保持客觀
・內化兒童發展知識（如什麼是符合發展或不符合發展標準的行為）
・對兒童改變所持的態度（理論模式和執行）
・使用遊戲（模式、理論和個案）
・與個案互動時，對文化及性別的變化感到自在
・廣泛接觸各種問題
・對新狀況的反應（呈現問題及兒童行為等）

家庭經驗

・與家庭的自身經驗
・了解家庭治療訓練理論（須具體）
・專精某一家庭治療模式
・臨床治療現場觀察的經驗
・把兒童整合融入家庭的理解概念中（此種概念整合的經驗及特有的證據）
・能安適地與不同家庭成員建立關係

相關督導經驗

・積極正面的督導經驗、消極負面的督導經驗或混合兩者的督導經驗
・一位有正面影響性的楷模
・現場督導
・常使用錄影或錄音
・督導中感到安適
・對督導歷程的態度
・對督導師的態度
・使用的理論模式
・前任督導師的性別或其他因素

心理及諮商督導師專業知能

雖然心理及諮商學門教育投注大量心血於研究所訓練、碩士班及博士班實習、工作及受督訓練，以培養心理師及諮商師基本的專

業知能，然而不幸地，它卻對督導師專業知能發展歷程與評鑑十分漠視（Association of State and Provincial Psychology Boards, Task Force on Supervision Guidelines, 1998）。彷彿他們認為只要夠資格做臨床心理師及諮商師，就一定夠資格當督導師，再加上每個人都能從自己過去的督導師身上學到一些督導技能，從做中學似乎也就足夠了。但事實證明這些替代方案低估了督導的專業知能，導致最後督導專業訓練「急需一個有系統、引導性的道德觀，不應讓現有的忽視狀態持續下去而癱瘓了督導」（Watkins, 1992, p. 147）。Scott 等
73 人（2000）研究碩士班督導訓練課程時發現，督導訓練的內容方式十分多樣，其中 85%是督導教學課程，34%為臨床課程（占 48%的回收率），79%的諮商系所安排督導實習，但僅 34%臨床心理系所安排了督導實習。在所有督導教學課程系所中，臨床心理系所的學生反映督導專業精熟度缺乏正式或非正式的評鑑方法，其比例高於諮商系所的學生（Scott et al.）。39%有博士班實習的系所提供督導教學研討會，至於沒有提供督導訓練的系所（二百零九個系所中有九十四所回覆），理由為「課程已相當吃重」或「尚無合適的督導對象」（Scott et al.）。McCarthy 等人（1988）對此誤導的迷思做了總結：督導他人根本不需要接受督導訓練。

從臨床心理師轉為督導師是一重大轉變，督導師需要多方面的技巧能力，多元的臨床技能與深度，如督導的普遍經驗、受督者及個案多元化教育及技能、督導的整體專業知能，包含受督者評估、教育計畫及介入、法律與專業倫理、評鑑、建立督導關係及工作結盟關係的能力等。其中有許多技能未被研究所或博士班實習納入系統性訓練中，結果造成取得心理師證照並不代表具有督導專業知能的現況事實，然而許多州要求督導師一定要有心理師證照。

Cobia 和 Boes（2000）寫下督導專業知能的部分要求：

- 督導師精通於受督者的治療領域；

・督導師僅針對自身有充分訓練及受督經驗的專業領域進行督導；
・督導師對自身缺乏專業知能的領域不提供督導。

Nelson 等人（2001）為督導專業知能提供了兩個操作型定義：有能力與受督者建立堅固的工作結盟關係；有能力處理督導關係中的人際衝突。

在心理學門博士後研究及博士實習中心學會（Association of Psychology Postdoctoral and Internship Centers）（APPIC, 2002）贊助的「專業知能」會議上，督導工作團隊提出督導專業知能的最高原則：體認到督導專業知能的達成是持續終身的發展歷程，超越基層的專業知能，到達爐火純青的層級；重視各種形式的多元性及多樣化；重視由專業及個人因素影響所產生的法律及專業倫理問題，如價值觀、信仰、偏見與衝突等；受督者的各發展階段均需同儕評量及自我評量（Falender et al., in press）。 74

諮商師教育及督導學會（ACES）頒布的「諮商督導師專業倫理準則」界定了十一項督導師核心特質（ACES, 1990），分述於下：督導師是優質、有效能的諮商師；具有自己的特點及特質；對法律及專業倫理法規了解甚詳；重視督導關係；有精熟的督導方法及技巧；熟悉督導的發展歷程；對個案案情有清楚的理解概念；能給予評鑑與評量；重視督導紀錄報告的撰寫；重視並從事督導研究。

上述核心特點具體、詳細地描繪出督導師的特質、知識及能力，讓人可以依照個別機構評鑑之需要，將上述內容轉換成評量表。然而評量表中應出現更多相互配合的評量標準，使它能反映出心理訓練演進的互惠歷程。

以發展觀點來看受督者發展歷程：初為受督者時，對自己的表現充滿焦慮，進展到後來關心個案及他（她）所來自的社會背景。有一個多年爭論不休的議題是：督導課程可否在碩士班訓練及實習中修讀，抑或須留待博士後訓練修讀？贊成者表示碩士班需要督導課程訓練，因此將督導課程放入碩士班課程內是合乎邏輯的做法；再加上同年齡受督者因遭遇相近，彼此有強烈的共鳴及同理心，使他們成為高效能的督導師。反對者則指出督導師一定要有相當鞏固的臨床技巧及普遍性的專業知能，如多元文化專業知能、法律及專業倫理等；而碩士班受督者的能力不足；此外優質督導需要融入廣泛的各個層面——計畫、理解、成熟度及降低焦慮等。Stoltenberg、McNeill 及 Delworth（1998）提倡讓受訓中的中級督導師來督導新進的初級治療師。他們表示：「掙扎中的中級受訓督導師與初級治療師是絕配，因中級督導師的保護及支持態度將促使督導師更一致的督導行為」（Stoltenberg, McNeill, & Delworth, p. 163）。但他們警告督導師不能督導自己目前正在學習的專業領域，因這「有點像小聯盟的選手指導大聯盟的選手一樣」（p. 159），我們建議讀者要特別注意到新進治療師的督導相當複雜，不可輕忽。

75

自我評量

心理博士半輩子所學習的知識，其使用期為十至十二年（Dubin, 1972），即他在校所學的知識會在十二年間被視為過時而淘汰，這使得強制要求臨床心理師及諮商師繼續教育及不斷評鑑個人專業知能成為必要。然而，我們也知道研究所的學習要比博士班教育輕鬆許多。在臨床心理師及諮商師取得專業證照後，自我評量變成自我專業知能主要的評量來源（Shaw & Dodson, 1988），即臨床心理師、諮商師與督導師對自身專業知能及專業表現的判斷均來自於自己；不幸的是，我們對判斷自己所做的準備根本不夠。Belar 等人（2001）曾敘述臨床心理師可使用的一種自我評量模式，用此判斷是否準備好使用新型的執業方式。雖此評量模式原為醫療外科手術的服務標準，它可調整運用在心理治療師及諮商師領域，其中內容有：依據目前研究，整理出一系列的專業知能；諮詢專業及相關專業同事、同儕及專業人士；找尋良師益友；將經驗的內容轉化成階梯式的成長因子；設立同儕學習團體。

上述 Belar 等人（2001）的自我評量模式成功地逐步培養出受督者的自我評量原則。Belar 等人同時倡導實施結構化的系列學習活動，協助專業人員擴展工作領域並增強現有的專業知能。他們敦促繼續教育應與有系統、有計畫的學習系列彙整連接，而非凌亂的單個課程。

Borders 和 Leddick（1987）曾編製督導師專業知能自我評量表（見本書附錄 G「督導師專業知能量表」），有關教學風格、臨床晤談實施、諮詢、評鑑、研究技巧使用等均陳述詳細。另有分量表，如治療師技能和督導理解概念和知識、系所管理、介入技巧、督導師互動技巧，本量表可作為督導師或受督者自我評量用。

自我評量（self-assessment）與自我監督（self-monitoring）不同，自我評量指的是以自身過去經驗和教育為基礎，進行全面的判斷，而自我監督則是管理顧問重視的持續過程，是專業知能中的重
要因子。Cone（2001）認為自我監督內含兩大部分——行為的發生 76
及行為的記錄。它能有效地介入特定行為，但若把自我監督看成是評量技巧，將會引發大問題（Cone, 2001），因它通常把焦點放在特定、有限的行為上；無論如何，自我監督是確定自我評量計畫決定因子的第一步。

督導師專業知能評量

雖然訓練機構通常不會正式來評量督導師專業知能，但有它的存在也是好現象（Sumerall et al., 2000）。多數機構採用年度員工考核，或受督者給督導師的回饋等方式，進行對督導師的評量。

從治療師到督導師的轉變之路

督導師角色含有複雜的專業知能，不可小看；然而，治療師轉變為督導師的過程常為人所忽略。下面介紹兩種特別針對此角色轉變而設計的模式：一是Cormier和Bernard（1982）的區辨模式（Discrimination Model）；另一是 Borders（1992）的模式。Cormier 和 Bernard（1982）促請找出督導行為的基準線，或使用特有方式來觀察、處理及進行溝通。在成為督導師的過程中，某些督導師的角色可能特別受人青睞，而其中教師的角色、諮詢者及諮商師的角色尤須注意監控，因過與不及均易導致督導問題及異常現象。

Borders（1992）談到治療師轉換成督導師的過程，認知的必要轉換，她描述了幾種不同效能的觀點。首先，受督者把督導師看成是替代的治療師；督導師做治療師的工作。他（她）在觀看治療錄影帶或聆聽治療錄音帶時，做筆記、詳細記錄個案言行、對個案的心理動力提出假設、設計治療計畫。此時，個案成為督導重心，而非受督者；因而督導師常忽略受督者的反應和問題，使受督者不知所措，完全沒有絲毫影響力。受督者不能了解督導師的命令和指示，因依他（她）來看，這些全無理論及概念的根據。

77 第二種觀點是督導師把受督者當成個案，督導的重心放在受督者私人問題上，彷彿受督者專業表現缺點的唯一理由，是因受督者內在心理動力的問題所導致。由於督導師未對受督者做充分的評量，導致他（她）無法區分受督者已具有的技巧、害怕使用或不確定如何使用的技巧。

第三種觀點是督導師把受督者看成是學習者，而督導師則是教導者，因此督導的策略是「協助受督者更有效地幫助個案」。而督導的重點工作是「了解受督者的需求及滿足這些需求」。在此狀況下，督導師和受督者在發現學習歷程中採取互利共生的立場，因此對個案的利益比較忽略。在此，我們要提出督導師發展的更高層次——即督導師是雙向歷程的協調者，他（她）影響著受督者的行為，同時也被受督者的行為所影響。這個過程與 Bob（1999）的敘事督導過程頗相似，Bob 認為督導是一探討個案、受督者及督導師建構現實面的對談。

為了順利進展成為督導師，Borders（1992）提出以下做法：觀看並與受督者討論治療會談錄影的內容；提出督導計畫；利用督導筆記，結合事件與目標並成功地執行督導；現場觀察及督導；諮商歷程互動關係（IPR）（Kagan & Kagan, 1997）；同儕討論及檢視；高效能督導示範。

督導訓練模式

目前有多種督導師訓練模式（J. M. Bernard & Goodyear, 1998; Borders et al., 1991; Getz, 1999; Powell, Leyden, & Osborne, 1990），課程種類包含技能發展、個人成長及整合性課程。在技能發展課程裡，督導師透過教學及協助受督者達成幫助個案等方式來提升受督者在概念理解及其他方面的技能。個人成長的課程重點是透過受督者對個案的個人回應來提升受督者的領悟力、敏銳度及觀點。整合性課程則將受督者與個案相關的個人知覺及技能匯整在一起（Hart as cited in Getz, 1999）。J. M. Bernard 和 Goodyear（1998）提倡教導式訓練及經驗式訓練。

督導模式已提出督導師的多種主要角色，其中有教師、諮商師、諮詢者（Ellis & Dell, 1986）、催化者、管理者（J. M. Bernard & Goodyear, 1998）、監督者－評鑑者、教導者－建議者、示範者－支持者，及分享者（Holloway, 1999）。Taibbi（1995）提到督導師的進展歷程是從教師、引導者、守門員到諮詢者。Carroll（1999） 78
認為督導的角色和工作內涵有七部分：關係工作、教學／學習工作、諮商工作、監督工作、評鑑工作、諮詢工作及行政管理工作。

結合Holloway和Carroll的觀念成一綜合圖像，即督導是一多層次、多角色，包含上述所有領域及角色元素，其內容有：反省檢討（諮詢）；監督（示範、支持及分享）；建立學徒制（監督、評鑑及給予建議）；將教育融入督導，結合理論和介入策略（教導）；融入對督導發展模式的察覺；在督導師和受督者參與的角色和工作中，提升對督導社會角色模式的察覺；整合多元化、環境、法律及專業倫理考量。

J. M. Bernard和Goodyear（1998）為Bernard督導結構工作坊，提出訓練新進督導師所用的各種後設活動（meta-activity）及體驗性活動。在實驗過程中，她要求受訓的督導師觀看治療會談錄影，扮演督導師的角色，寫字條給執行治療的受督者並安排督導內容，她用區辨督導模式（Bernard, 1997）將活動分成三組：介入策略組、概念理解組及個人化督導組；並依督導師特質分成教師、諮商師及諮詢者三種角色。藉著計畫中的主導發展架構，將重點放在介入策略的適當性上。接下來新進督導師做角色扮演，一人扮演督導師，另一人為受督者，之後兩人互換角色並將督導會談錄音，做日後檢討之用。整個訓練期間共有六次督導會議，主題包含區辨模式、諮商、歷程互動關係（IPR）、精微諮商訓練模式（Microtraining）、現場督導、評鑑和專業倫理與法律問題；此外，訓練還使用錄影帶創新運用法、督導片段及角色扮演，是督導模式及核心問題的最佳入門途徑。

Borders等人（1991）提出一以自我察覺、理論、知識技能及概念理解為主旨的七大課程：督導模式、受督者發展、方法技術、督導關係、專業倫理、法律及專業監管問題、評鑑，及行政管理技能。此課程中的「自我察覺」為其主要優點，因它有機會讓新進督
79 導師將治療工作與信念全面融入課程中；此外，課程納入督導師的發展歷程，例如處理焦慮和個人問題。然而本模式未直接觸及文化及多樣性專業知能的議題。上述模式的課程大綱見 Borders 等人

（1991）的文章。然而本模式相當複雜（Russell & Petrie, 1994）。

Powell 等人（1990）建議另一督導模式，主要內容為透過工作分析發展出督導核心課程，來處理與受督者協商歷程中的問題，使用雙贏典範、給予及接收回饋、評鑑受督者工作與處理督導困難問題等，例如建立信任關係、專業界限、處理人際問題及工作表現不佳的問題。雖然 Powell 等人和 Borders 等人（1991）的督導模式差異甚大，兩模式間也有些相似處。

另一種督導模式是由資深治療師（即受訓督導師）帶領一群新進受督者，督導師準備督導會談資料且錄下整個督導過程。督導過程的重點有二：將督導師發展層次的知識與受督者發展層次的知識並列做比較；協助督導師發展自信與彈性並降低其焦慮。

而團體督導是訓練新進督導師的另一訓練模式，分析團體重複出現的因子，顯示以下結果（Ellis & Douce, 1994）：督導師的內在焦慮；很難做介入策略的選擇及決定；團體凝聚力的內在動力（競爭與支持）；專業責任（個案福祉與受督者成長間的緊張關係）；同步歷程（個案與治療師的發展歷程、受督者與督導師的發展歷程）；爭奪權力；個別差異；性吸引力。上述各因子是督導師參與督導歷程的個別貢獻，對新進者而言，是可貴的經驗與教訓。

Neufeldt（1999a, 1999b）的操作手冊式督導法提供督導結構，讓新進督導師使用，在給予受督者心理情感的支持與發展受督者反省的挑戰兩者間取得平衡。

操作手冊式督導的優點在於增加督導師遵循特定治療方案的能力（Henggeler & Schoenwald, 1998）。Henggeler、Schoenwald、Liao、Letourneau 及 Edwards（2002）曾研究多元系統治療（multi-systemic therapy）的品質保證模式，是否能提升治療忠誠度，尤其把重點放在「督導工作有助於治療師的堅守」這部分（p. 156），80
結果發現督導師治療的專長積極提升了個案家庭的合作關係。

個人因素部分的反移情、督導工作團隊結盟或破裂、督導師的發展歷程均十分複雜。作為受訓督導師的督導師身負多層次工作——個案與受督者的互動、受督者與受訓督導師的互動，及受訓督導師與其督導師的互動，發展精緻層級督導歷程的工作，最後的目的是要達到督導的完滿關係，秉持專業倫理價值的治療，欣賞多樣化及多元性，善盡形成性評量及總結性評量的責任。雖有多種督導模式協助督導師發展專業知能，我們仍然希望此關鍵主題能得到更多注意及研究的投注。

督導師專業知能

- 能建立與訓練機構要求相符的專業知能
- 使用技術技能來界定並清晰表達工作重點及訓練程序中的責任
- 能利用自身的專業知能連結受督者的目標及技巧

04

第四章

處理督導歷程中的個人因素

眾所周知，治療師會動用所有個人及專業資源協助他（她）做 81
好治療工作，這些資源散發的價值「變得如此緊密纏結，以致無法區分它們」（Beutler, Machado, & Neufeldt, 1994, p. 244）。正因如此，臨床心理師更需要了解所有的來源，從有意識的信仰、深深扎根於文化的價值觀，到輕微察覺到的未化解衝突，均大大影響著治療工作，因此了解這些來源至為重要。督導工作的目標之一是協助受督者認識到心理治療過程本身是一個充滿個人價值看法的工作，治療師對人性的價值及信仰將進入並引導著治療歷程的理論及技巧。督導工作同樣也在個人的影響之下，督導師務必要了解信仰、價值觀及個性傾向對個人行為的影響。本章將廣泛討論個人價值及影響因子在治療及督導中的面貌、反移情的現代考量，包含反移情的發展、同步發展歷程，及個人因素與自我揭露的督導處理措施。

價值與心理治療 82

一般人認為心理及諮商工作，尤其是心理治療是一價值中立、客觀的工作，這看法已站不住腳。後現代評論讓人了解所有的見解、構思及行動都建構於文化衍生出的意義範圍內；見解與知識不全是客觀觀察的結果，它們反而像是扎根於文化所建構出來的意義（Lyotard, 1984; Rorty, 1991; Rosenau, 1992）。臨床理論必須包含對人性的洞悉，有人甚至認為這些洞悉「是現代的宗教思想，因它們企圖回應我們內心的不安全感，提供歸納的世界影像，建構出我們面對人生價值、死亡本質及道德依據的態度」（Browning, 1987, p. 120; 同時見 Jones, 1994）。我們整個信仰體系的作用在於竭盡心智來了解及幫助其他人類，因此身為臨床心理師的信念無法與自身其他信念完全切割開來（比較 O'Donohue, 1989, p. 1466; 同時見 Jones, 1994）。這種反對「價值中立」的警告語十分重要，因心理治療及諮商是行為改變的過程，其中必定涉及道德架構及信念價值的重整（Prilleltensky, 1997）。心理治療師進入個案的主觀理念世界，藉著明顯或含蓄的說服方式改變個案對自我的看法、表現出的行為及所處世界的看法（Frank & Frank, 1961 / 1991; London, 1964）。治療行為經常蘊含著價值的轉換，治療師的指引系統往往塑造個案的意義和行為（Kelly, 1990）。心理治療實證研究也支持上述論點，治療師及諮商師的個人和專業價值觀，對心理治療及諮商的執行與表現具有影響性（Beutler, 1981; Tjeltveit, 1986）；研究也證明價值觀對心理治療的成效貢獻甚巨（Beutler, 1979），督導師和臨床治療師／諮商師因此須將個人影響因素納入考量。

反移情

反移情這一名詞廣泛應用在描述治療師／諮商師可能影響到治療的個人反應。從 Freud（1912）開始，心理學門就不斷關注反移情的問題，並提出治療師／諮商師不當運用個人影響力於個案的情形，及治療師／諮商師的主觀對治療歷程所產生的影響。此類影響的來源有：治療師／諮商師對移情的反應（Freud, 1910）、對個案的投射（Heimann, 1950）、對個案及他人的認同（Racker, 1953）、個案與治療師關係的產物——相互主體性的（intersubjective）本質（Natterson, 1991）；總而言之，治療師／諮商師所有的個人信念和價值觀均會對個案造成影響。從這個綜合觀點出發，我們甚至認為治療師／諮商師對個案的了解將受限於個人情緒化的觀點及回應，其中許多的觀點及回應是他們無法察覺到的（比較 Ogden, 1988, p. 22）。而這些觀點與回應在治療過程中扮演了重要的角色，原因有二：它們提供了主觀的臨床資料，幫助治療師／諮商師更能了解個案及治療過程；治療師／諮商師自身未化解的抗拒及情結所產生的限制，導致治療過程受阻，窒礙不前（Freud, 1910, p. 145）。

雖然一般人認為反移情會造成相當大的困難，但也有一個新的看法出現：治療師／諮商師在實施治療的過程中，可訓練自己把個人反應放在次要地位，改採對治療有用的客觀及技術中立的立場。有些心理治療學派，尤其是存在一人本和經驗學派，強調治療師／諮商師的正面角色能催發有治療功能的歷程產生，如治療師／諮商師的真誠、真實自我表達、有節制的自我揭露（Bugental, 1965; Mahrer, 1996; Rogers, 1951; Schneider, Bugental, & Pierson, 2001）。縱使各理論學派對反移情有不同的意見，但大家均認識到治療師／諮商師若將個人反應一展無遺，將有很大的潛在危機；因此治療師／諮商師須了解反移情並約束控制它。

現代心理臨床學術帶有後現代認識論色彩（如Neimeyer & Mahoney, 1995; Stolorow, Atwood, & Orange, 2002），讓人不禁質疑不帶價值色彩的中立及客觀的觀念。反移情誠然可能是所有人類接觸到且無法避免的特點，心理治療工作身處其中，治療師／諮商師或督導師對個案或受督者的了解，也受到無所不在的個人興趣、承諾及個人意義所構成的文化影響（Fischer, 1998; Gergen, 1994; Giorgi, 1970; Polkinghorne, 1988; C. Taylor, 1989）。但仍有學者認為中立及客觀是可以達成的（Poland, 1984），他建議幾種達成中立的治療做法：治療師尊重個案的「本質相異性」（essential otherness）（p. 285）；治療師保持開放的心胸（Franklin, 1990）；治療師相信每個人有權利擁有獨立的個人信念及價值觀（Shapiro, 1984）。另有學者指出治療師的「核心主觀性」（irreducible subjectivity）（Renik, 1993），所有「技
84 術的核心」都有個人的影響在內（Renik, 1996, p. 496），治療師互動也是治療師和個案相互建構（Gill, 1994; Hoffman, 1983）且互為本體性的過程（1991; Atwood & Stolorow, 1984）。

我們對治療／諮商和督導關係中，個人因素所扮演的角色看法與Dunn（1995）對「相互主體性」的看法一致：「治療／諮商（和督導）歷程的形成，源自於治療／諮商（和督導）參與者之間相互的主觀反應所交織成的無法解釋的匯集體。對個案（和受督者）心理的了解應重視此治療（和督導）互動的特殊情境及個人特性（p. 723, emphasis in original）。我們除了認識到治療師／諮商師和督導關係的相互本體性並對它感興趣外，同時也察覺到反移情常以同步發展歷程的形式出現，並對治療／諮商及督導工作結盟關係造成威脅及挑戰。

當雙方以互補的方式牽扯在一起時，也就是反移情發生的時候，它反映了各自心理衝突的匯集與交合（Chused, 1991; Hirsch, 1998; Jacobs, 1986; Johan, 1992; McLaughlin, 1987, 1991; Roughton, 1993）。它由雙方共同建構完成，滿足各自及彼此的需要及動機，也給我們一個絕佳的機會洞察個案—治療師／諮商師（即受督者）—督導師意識到及未意識到組成關係的問題方式。誠如 Tyson 和 Renik 所言，「或許有些反移情是洞察的必要前驅」（1986, p. 706），不僅雙方紛紛捲入反移情漩渦，更透過自身影響力啟動並共同建構了它。以「相互主體性」的互動本質角度來看，反移情的發生不僅普遍而且到了幾乎無法避免的程度。治療和督導的目標不是要消弭反移情（雖然這是一個有價值的目標，但同時也是一項不

可能的任務），反之，它要利用反移情為督導專業關係效命。

反移情會以同步發展的方式出現在督導關係和治療關係中。同步發展歷程（parallel process）原意為治療師／諮商師不自覺地對個案產生了認同，之後又把這份認同複製到他（她）與督導師關係上的一種結果（Arlow, 1963）。從關係（relational）及相互主體性觀點來看時，「**同步發展歷程是由個案、受督者或督導師與其任一夥伴關係開始，然後『擴展』並影響到第二組夥伴關係上，產生相關聯的移情－反移情矩陣**」（Frawley-O'Dea & Sarnat, 2001, p. 172）。不論它來自何處，同步發展歷程有能力把所有人捲入反移情的惡性循環中，且對治療及督導關係造成損害，因此督導師和治療師／諮商師均須提防移情－反移情的動力。 85

在治療師／諮商師督導關係中未察覺的同步發展歷程，將導致治療和督導工作結盟關係破裂，或在不經意中因不良人際模式而產生治療上的問題。雖這方面實證研究不多，Gelso和Hayes（2001）檢索文獻後發現，在反移情影響下所做的決定與行為無益有害，因此有必要對反移情加以管理。近來，有學者針對反移情長遠效果的影響做實證研究（Hayes et al., 1997），發現凡治療效果不佳的個案中，反移情均未得到良好的管理。「因此反移情的數量與治療不良結果成正比」（p. 145），雖然這類實證研究數量仍少，但目前的發現結果建議，若不適當管理反移情，對治療將有不良影響。最明顯的例子是違反專業界限、瀆職及違法行為，均是反移情及治療師／諮商師個人因素管理不佳，造成危害的最佳寫照（見本書第七章）。

督導提供環境來檢視主觀影響的本質，催化受督者洞悉自身的主觀反應並培養能力，將反移情轉化為幫助治療的有益力量。在督導工作結盟關係受損的情況下，督導師應適時提供諮詢，檢視造成影響的個人因素，糾正錯誤，重新建立良好工作結盟。雖此目標遠大，但仍須提醒受督者及督導師：雙方可能都無法達到完全察覺及洞悉自身及對方影響之來源及內涵，總有遺珠之憾，但這未被察覺的反移情有潛在傷害性，尤其在權力差異的關係裡，因此處理治療及督導歷程的個人主觀因素之專業知能十分重要。

處理督導中的反移情

廣義的反移情包含個人所有的反應，狹義的定義則是治療師／
86 諮商師或受督者發自無意識的移情和心理衝突／需求所表現出來的言行，而這些表現將破壞專業治療工作。督導師和受督者均會感受到因吸引、性魅力、競爭、嫉妒、冷漠、疏離所造成的內心衝擊。找出盲點並確認一再發生違背專業界限的互動，了解導致反移情不良影響的關鍵點。在表達得當的同理心、興趣、溫暖和吸引力的同時，可能產生誤會、反移情愛戀、性格衝突或其他錯誤的回應（Celenza, 1995）。這些回應也可能是喬裝的歧視與偏見，此錯誤觀念導致個人抗拒多元化，其偏執態度與專業倫理的要求背道而馳。正因治療關係和督導關係歷程相仿，因此要求治療師／諮商師和督導師自我反省，且留心微妙、但具巨大影響力的個人因素在督導和治療中的角色。下面的討論雖著重在督導上，但也可應用於同儕督導、諮詢、促進自我反省及反移情的自我監控上。

處理反移情是督導的任務之一，這似乎也為受督者歡迎。Yourman 和 Farber（1996）發現，督導師討論反移情與受督者的滿意度成正比，「督導師愈常討論反移情，受督者則愈少有自我封閉的情形」（pp. 571-572）。理論和實證文獻顯示，有些心理專業知能及技術知能為有效管理反移情之能力基礎。Gelso 和 Hayes（2001）指出自我反省、自我整合、同理心、構思能力及焦慮管理能力，都是管理反移情的重要因子，與治療師的優秀程度呈正相關（Van Wagoner, Gelso, Hayes & Diemer, 1991），又與受督者反移情行為的表現呈負相關（Friedman & Gelso, 2000），也有實驗證實這些因子與治療師／諮商師和督導師效能等級呈正相關（Gelso, Latts, Gomez, &

Fassinger, 2002）。督導適合用來增強受督者的構思能力，提供激勵情境以改善受督者的人際洞察力、同理心及焦慮控管能力。

當以下情形發生時，督導師應深入探究受督者的主觀反應並協助他（她）發展管理策略，以減少反移情帶來的干擾：受督者呈報有沮喪、無聊、無法集中注意力、不知所措或惱怒的感覺時；當受 87
督者已偏離正常的臨床行為，且有破壞治療結構的擾亂行為出現時；當治療漫無目標、毫無頭緒，而個案呈現非常少量的行為改變時；當治療工作結盟關係受到威脅時（E. N. Williams, Judge, Hill, & Hoffman, 1997; E. N. Williams, Polster, Grizzard, Rockenbaugh, & Judge, 2003）。另外，在下列情況下，督導師應考慮受督者有反移情的可能：治療不但未產生正面的預期效果，反而適得其反；受督者行為與治療目標不一致；受督者有防衛性行為；受督者有疏離行為。因督導師從一遠離有利的角度來觀察受督者，可能因此能注意到不為受督者了解的面向與歷程。

探索反移情最好能在根基良好的督導工作團隊內進行。在此督導團隊中，個人價值觀及個人因素常被鼓勵要表達出來；反移情檢視團隊成員的個人信念與態度，與多元化專業知能發展的努力呈互補關係（見本書第六章）。在此情況下，反移情的反應應在其他個人及專業影響的背景下接受檢驗。除了鼓勵更多的自我反省外，還有其他處理反移情的介入法，如擴大調查，利用專注技巧，深入了解情感與行為之間的反應及聯繫關係。督導師也可以用自我揭露來示範及鼓勵坦誠與正常化處理反移情的歷程，或觀察治療會談錄影帶，找出受督者情感行為顯現不正常轉變的特殊互動。督導師應直接評估反移情對治療工作團隊關係的衝擊，尤其當治療工作關係受到損害時。此時訓練和督導都應採用後設溝通（metacommunication，見本書第五章）（Safran & Muran, 2000a, 2000b, 2000c）。

督導師在處理反移情問題上最需要注意的是，維持治療和督導之間的界限，不逾越此界限。適當的做法是把重心放在受督者與個案之互動及歷程上，即使可能受督者個人的問題會浮現，但仍須依案子中所呈現的內容來考量它。反過來，若督導師鼓勵受督者探索個人的掙扎與問題，則可能傷害了督導關係的完整性，且未盡到對受督者及對個案服務的職責。在上述情形中，反移情嚴重傷害到受督者的專業成
88 長，此時應採取轉介治療或諮詢，以確保受督者在個人心理治療中得以處理這些問題；但受督者的心理治療師不能與督導訓練機構有關係，如此才能消除反移情對治療過程及治療工作團隊的影響。

自我揭露

在上述的各種個人影響因素中，自我揭露是其中最明顯的一種，且是督導最需要重視的一項因素。在治療師和個案交談中，不可避免地，治療師／諮商師必定會自我揭露，此揭露明顯地有社交、教導、示範及同理支持的功能；在專業工作的正常歷程中，治療師／諮商師和督導師會無意或有意地顯現私密的自我。治療師／諮商師所表現的言行舉止、所做的觀察、所提供的介入法、所選擇的內容，均隱約表達出他（她）內心所持的態度、價值觀及承諾。在廣義的定義上，自我揭露是「治療師／諮商師個人陳述的表達」（Hill & Knox, 2001, p. 413）。公開明顯的自我揭露是治療和督導歷程的重大事件，對治療可能有益也可能有害。但仍應區分「不自覺的自我揭露」（unintentional disclosure）和具有治療或教學目的的「有意自我揭露」，不自覺的自我揭露常是反移情的表露；然而兩種自我揭露都應受到督導師重視。

有意的自我揭露

有關自我揭露的實證研究數量雖少，卻指出治療師所做的自我揭露相當罕見。Hill和Knox（2001）提出研究顯示，3.5%治療介入法採用自我揭露（p. 414），使用的理由有六：為了讓個案有相似

的感覺；示範適當的揭露行為；培養治療工作結盟關係；將個案的
經驗正常化；提供另類思考和行動；因個案要求治療師做自我揭露
（Hill Knox, 2001, p. 414; 同時見 Stricker, 1990）。根據臨床理論，人本
心理師／諮商師會比心理分析學派心理師／諮商師做更多的自我揭
露。非個案的模擬研究（analogue research）及現有心理治療的自然研 89
究結果顯示，治療師的自我揭露常被視為是有益的。曾有一臨床探索
研究發現，個案對自身在治療歷程投入程度之評分與對治療師的幫助
程度之評分，均與治療師自我揭露呈正相關（Hill et al., 1988）；而其
中安撫性的自我揭露要比面質性質的自我揭露對個案的幫助來得大
（Hill, Mahalik, & Thompson, 1989）。

有意的自我揭露反映出存在——人本心理治療學派中的真誠價值，正如策略心理治療學派的技術介入及關係心理分析學派中全面性參與的價值一樣。治療師的自我揭露有其特殊功能：給予回饋，在治療歷程和關係中提供回饋的服務。自我揭露是後設溝通的特色，它是一種自我解釋的形式，建立一種「絕對坦率真誠的氣氛」（Renik, 1995, p. 493），激勵治療師把所了解、所知道的歷程展現無遺（S. Gerson, 1996, p. 642）。Cooper（1998）在倡導審慎使用自我揭露時進一步闡述道：「有時我們需要和個案做有聲思考」（p. 152）。這種評論並不客觀，因這樣的自我揭露只顯出治療師／諮商師整理與個案經驗的手段而已。然而後設溝通能清楚顯現出反移情；尤其當治療師／諮商師清楚描繪出他們認為特別重要的面向，詳細討論造成他們了解的重要想法時。解讀、觀察，甚至同理心，在在揭露了治療師／諮商師的內心，也同樣揭露了個案的內在。Hoffman（1983）下了一個結論：個案是治療師經驗的解讀者，他說：「雖然反移情表面有時是不明智且會造成相當的困擾，但某種程度的自我揭露表白不但不可避免，甚至於值得一試……有時自我揭露是唯一的選擇」（p. 418, 同時見 Aron, 1991）。

Bridges（2001）在重新評估有意自我揭露時，對治療師自我揭

露提出的建議是：「讓個案專注在某個焦點上，依賴個案的資源和專長，示範真誠的情感，與個案分享你對治療情境的看法」（p. 23）。Hill 和 Knox（2001）在探討實證文獻後，對治療中的自我揭露提出以下準則：

1. 治療師／諮商師應盡量少做自我揭露。
2. 最適合治療師／諮商師揭露的主題有：自身的專業背景；而最不適合的主題是性行為及性信念。
90 3. 治療師／諮商師常使用自我揭露來達成以下目的：證明事實、將個案經驗正常化、示範適當的行為、加強治療的工作關係、提供另類思考及採取行動的方式等。
4. 治療師／諮商師避免為自身的需求做自我揭露，因這樣會將焦點從個案身上轉移到自己身上，干擾晤談的流向，造成個案的負擔，讓個案不知所措，造成侵擾並模糊了專業界限，過分刺激個案。
5. 在個案自我揭露後，治療師／諮商師也做出自我揭露的回應，這能誘出個案更多的自我揭露。
6. 治療師／諮商師應注意觀察個案在治療師自我揭露後的回答及反應，利用此資訊來了解個案，決定接下來的介入。
7. 對治療師／諮商師最重要的是向有困難建立治療關係的個案做自我揭露。

從上面的討論可以看出治療師／諮商師會自然而然地做某種程度的自我揭露，尤其是在後設溝通時。有意的自我揭露，在某些治療情境下是適合且有益處的，即便如此，治療師／諮商師仍要考慮到「越過匿名界限」對個案的巨大影響（Hill & Knox, 2001, p. 416）。Bachelor 和 Horvath（1999）在討論治療關係時，做了以下的結論：「治療師的自我揭露，對某些個案而言，有可能提升了治療關係的品質，但也有可能損害了治療關係」（p. 143）。Gabbard（2001）

斷言：「反移情的自我揭露在某些狀況下有益處，但內心情感的分享可能會讓個案不知所措，感到負擔，因而對治療過程造成傷害」（p. 983）。自我揭露確實在使用上需要深思及審慎。雖然重要的臨床經驗將自我揭露當成是一種介入技巧，但對新手治療師／諮商師而言，使用「有聲思考」或自我揭露，只有在督導師的建議及密切監督下才可使用。大部分在督導裡處理自我揭露的問題，已是在受督者自我揭露之後。我們建議受督者要注意臨床理論對自我揭露的意見及建議，如治療師／諮商師和個案間的壓力、自我揭露對治療歷程的影響，及反移情的涉入等問題。若治療師／諮商師有意使用自我揭露來影響個案，進而達成治療師／諮商師個人目標的利益，不僅對治療關係造成損傷，且違反專業倫理，這種行為讓人質疑受督者專業訓練的適當性。

督導師在監控運用個人影響性上，也應留心自我揭露對督導歷程的衝擊，尤其應注意督導師的自我揭露是否產生激勵受督者學習行為的效果。因自我揭露在某些程度來說，建立並維持了督導工作結盟關係，並促使受督者積極參與學習循環圈（見本書第一章）。自我揭露若沒有達到此目的，則應把它視為適得其反、有遺害的行動，它可能只是反移情的需要或因督導訓練不足所致。

不自覺的自我揭露

不自覺的自我揭露反映出反移情在治療歷程及督導歷程所扮演的角色，藉著揭露個人的背景、事實、態度，和對個案或受督者的反應，表達對治療關係或對督導關係與情境的看法，此現象顯現出違背適當做法的強烈感受，及對個人介入的不舒適感，此時督導師和治療師／諮商師可能在自我揭露後感到焦慮、羞恥、不知所措。另一種揭露的情形，是治療師／諮商師和督導師可能在完全不自覺的情況下所做，而且在別人向他（她）反應之後，或在督導晤談、諮詢檢討時，才發現的自我揭露。上述兩種狀況都應把自我揭露看成是有用的資訊。不自覺的自我揭露是了解治療或督導關係中的反移情壓力，減緩過多影響的機會，此外，治療師／諮商師、督導師也會在討論中，不經意地透露出個人生活點滴（B. Gerson, 1996; Gold & Nemiah, 1993; Ulman, 2001），如懷孕、疾病、流產等；對大眾揭露的訊息（如演講、出版及頒獎）；個案和受督者透過非正式的管道所獲得的資訊（如在候診室無意間聽到別人的談話）。在技術上，這些披露雖不是自我揭露，因不是自己有意或無意間透露的消息，但它仍影響到治療關係及督導關係，而且必須在督導中處理
92 它。督導能有效地協助受督者決定透露的事物及建立界限的議題，其目的不是要加重個案的感情負擔，也不是要在匿名假設中與個案保持距離。督導師在受督者接受訓練的一開始，就和他（她）討論自我揭露的問題，非常有價值，因這是每位治療師在其專業生涯中一定會遇到的問題。

自我揭露會在教育及訓練中出現，因此督導師頗具挑戰性的任務是「評量自身自我揭露的本質」，之後的問題則是決定自我揭露的目的及效果。無論自我揭露是有意或不自覺的，它對督導關係、訓練及最終對個案照顧均有衝擊，需要謹慎評估。

處理督導中個人因素的專業知能

個人因素無遠弗屆，伴隨每個介入技術及訓練面向，如影隨形充斥著。因此要分辨臨床了解及介入的精確源頭及將個人與專業來源區隔開來，將非常困難。無論是臨床諮詢或督導，介入的決定都由專業的專門知識所引導，卻會受到人性的影響，因此督導需要留心任何形成治療和督導的個人及專業的因素；因在治療和督導關係裡，到處存在著因反移情影響而造成的錯誤結合。為了保持關係完整的重要性，我們把重點放在督導師身上，他（她）有責任做自我反省，並注意在督導及治療工作中，個人因素所扮演的微妙卻影響甚巨的角色。

督導師會受到自身對受督者反移情反應的影響，正如治療師／諮商師會受到自身對個案反移情反應的影響一樣（Teitelbaum, 1990），再加上督導關係中不對等的權力和地位，使得督導師濫用反移情的可能性加大。雖然關於本主題的實證研究很少，Ladany、Constantine、Miller、Erickson 和 Muse-Burke（2000）發表了他們對督導師反移情質性研究的調查。研究結果顯示督導師有多種反移情來源：受督者的個人風格、督導師未化解的個人問題、個案和受督者之間問題重重的互動、受督者和督導師之間的互動、受督者和督導機構之間的互動，及督導師和督導機構的互動等（Ladany et al., 2000, pp. 106-108）。督導師向研究人員反映歷經多種情緒，且經歷了同步發展歷程。

督導師持續地自我反省，使用同儕督導及諮詢將幫助他（她）更加了解對督導關係產生負面影響的衝突，本章末會列出一些能夠處理個人因素的專業知能。

注意個人因素的衝擊（包含督導及治療關係中的反移情），是督導不可或缺的重要專業知能。督導師若沒有能力注意到反移情反應或忽略不當的個人影響，將會導致督導歷程的扭曲，威脅到督導關係的完整，傷及督導師負起照顧臨床工作及有效訓練的能力。我們認為，凡是沒有能力或沒有意願探討個人因素的受督者和督導師，及任由反移情發生的受督者和督導師，都不適合接受心理治療臨床訓練，更不適合提供臨床督導。

督導師的專業知能

- 了解臨床工作及督導工作以價值為基礎的本質
- 了解理論及實證文獻中有關反移情及它在臨床與督導工作所展現的面貌
- 具有人際技巧及專業技巧，如正直、同理心、關懷、臨床專業知

能、保持專業界限、處理反移情及面對多元化的敏感度等

- 有培養受督者自我洞察、自我整合、焦慮管理、概念理解及同理心的督導行為及技巧；此外，提供反移情資訊和理論，觀察並仔細傾聽個人影響及反移情的出現，用溫和、直接且不批判的態度注意它們的發生，將此發展看成檢視的現象，開放地探索調查，給予回饋做自我揭露，示範回應晤談中反移情的做法
- 監控督導關係及自身的反移情，在適當情況下，取得同儕督導師的督導及諮詢

05

第五章

治療及督導關係結盟

治療結盟關係是心理治療歷程的核心，也是督導關係的重要關 95
鍵。本章將討論結盟關係的相關研究、建構結盟關係、治療及督導結盟關係中斷或受損傷的處理理論與技巧。

過去二十五年來實證研究的後設分析發現一事實：**治療關係及關係中形成的結盟是一個與治療成果有密切關聯的堅固變項**（Bachelor & Horvath, 1999; Horvath, 1994, 2000, 2001; Horvath & Symonds, 1991; Lambert, 1982; Lambert & Barley, 2001; Lambert & Bergin, 1994; Luborsky, 1994; Martin, Garske, & Davis, 2000）。Horvath（2001）針對九十個獨立臨床調查做後設分析後，得到以下結論：「我們針對二十年來的實證研究做分析，其中有不同的治療方式及種類，且研究的成果評估是從治療師／諮商師、個案或觀察者不同的角度測得，但研究結果一致顯示，治療師／諮商師和個案的結盟品質與治療成果有重大關聯」（p. 365; 同時見 Beutler et al., 1994; Binder & Strupp, 1997a）。批評家也指出事實情形與研究結論預估的變化差距不大，如 Martin 等人認為差距的最大估計值為 7%（p. 27; 同時見 Beutler &
Harwood, 2002; Stevens, Hynan, & Allen, 2000），根據臨床經驗判斷， 96

一般仍普遍有此共識——即治療關係的品質嚴重影響著治療成效，治療結盟為訓練的核心重點（American Psychological Association, Division 29 Task Force on Empirically Supported Therapy Relationships, 2002, p. 5）。

Bordin（1979）在擴大 Sterba（1934）、Zetzel（1956）和 Greenson（1967）的心理分析文稿，及Rogers（1957）對人格改變必要及充分條件的認定後，提出：治療結盟是個案和治療師雙方持續創造出來的關係，它有三個互為關聯的面向：**改變的目標和任務；特殊緊密的關係；損害結盟的行為**。結盟是個案和治療師共同朝向改變的目標及治療任務的結果，透過雙方特殊、緊密的關係，彼此的相容性及「他們在分享活動裡的夥伴經驗，藉著活動中表達及感受的喜愛、信仰、共同承諾感與相互了解來產生結盟」（Bordin, 1994, p. 16）。損害結盟的行為指的是個案嚴重違背對治療工作結盟的承諾。Bordin（1979）認為，個案帶進治療裡企圖要解決的問題常會清楚顯現在治療關係裡，成為治療工作的必要重點。若此問題出現在結盟形成歷程中，則表示個案在與人關係建立上有更嚴重的問題，若此問題行為出現在結盟後，則反映個案自我打擊的傾向，且這傾向會在接下來的治療關係中重複出現。治療過程裡，傷害結盟，造成結盟中斷的情形十分普遍，但它們也正好提供了改變的機會，正如Bordin（1976, 1989）所說：「『結盟的工作』成為修復受損結盟的工作，因此也能對自己及與他人的關係有了新的認識」（Horvath, 1994）。

Safran 和 Muran（1998）提出不錯的治療結盟理解概念，他們認為結盟有助於治療，因它「強調在基礎層次上，個案對治療師／諮商師的信任能力及希望能力，信任及希望治療師／諮商師有能力幫助他（她），這是改變歷程中最重要的關鍵」（p. 7）。Safran和Muran 舉出與督導相關的四種影響，作為我們結束結盟的引言：

- 治療結盟的概念強調心理治療／諮商技術因子和關係因子之間相互依靠的關係，意即技術因子的意涵要在它使用的脈絡中才能了解。
- 結盟情境提供了一個合理架構，以彈性方式指引治療師／諮商師做介入。
- 治療結盟關係的中斷是了解個案具象世界的關鍵。
- 了解個案具有不同的領悟力和經驗，凸顯個案與治療師／諮商師協商治療任務與目標的重要性。（比較 pp. 8-9）

影響治療結盟成長的因子同樣會影響督導結盟的形成。Bordin（1983）描述督導版的結盟模式，他說：首先督導師和受督者共同決定督導的目標（如精熟某些技巧、增加對個案的了解、維持服務水準等），並決定達成此目標的途徑與方法。在達成目標分工合作的過程中，督導師和受督者形成情感凝結力和結盟。受督者認為關係的品質是督導關係裡重要的部分，我們也認為關係品質是督導師處理受督者個人因素上非常重要的因素（見本書第三章）。受到高度評價的督導師具有同理心、正直、體恤、關懷、提供自主、不批判的態度、傳達肯定接受的態度，並鼓勵受督者探索實驗。Ladany（2002）討論到穩固扎實的督導結盟在督導歷程及成效上均居重要地位，如在多元文化專業知能訓練的狀況，或處理受督者自我揭露及不揭露行為的狀況。然而「督導結盟似乎是新進督導師或未受訓練的督導師，最常忘記或根本不予考慮的事情」（p. 15）。督導結盟的成長是專業知能本位督導模式最重要的核心，它有崇高的價值支持著，即完整的督導關係。下面我們來談處理治療及督導結盟損傷及中斷問題的理論。

處理督導結盟的問題

無論結盟是從跨理論或泛理論的觀點來看，它都是心理治療成效上不可或缺的重要一環（Safran, 1993b）。結盟是「構成『治療』過程中態度、價值觀、期待、看法及人際互動模式的一部分，個案和治療師的人格變項、治療師／諮商師的技術或缺少技術，都將融入治療歷程，正如河川的支流納入主流河道一樣」（Binder & Strupp,
98 1997a, p. 121）。結盟因此成為督導的重點，尤其對個人因素來說，因個人因素是督導發展裡的重要因素。

雖然治療和督導結盟的形成與維持是個案——治療師／諮商師（即受督者）——督導師共同建構而成，但治療師／諮商師和督導師在催化結盟的發展及成長上，仍承擔主要的重責大任。治療師／諮商師和督導師個人影響力及專業訓練是形成結盟的主要來源；個人影響力（又稱個人因素）如真誠、可靠、關懷、同理及與人發展情感關係的情感連結能力等（Rogers, 1957）。督導師不僅要注意受督者的技術和技巧，更要加強受督者的個人影響力，即受督者特有的優點及人際特長。此外，個人價值觀和態度可能會局限住一個人了解的能力及同理他人經驗與世界觀的調和能力；或因督導師和治療師／諮商師對社會化懵然不知、漠不關心，或因個人因素所產生的不協調，讓個案和受督者感覺不被了解，得到的幫助不大，這也正是要建立多元專業知能的原因。下面將繼續討論處理結盟中斷的學理。

與反移情比較起來，治療師／諮商師對個案的負面反應對結盟關係的挑戰及傷害性更大，尤其在治療初期時尤然。雖然這情況提供了重要資訊，但它危害到治療結盟甚巨；此負面反應可能來自個案和治療師／諮商師人格個性特質（Sexton, Hembre, & Kvarme, 1996）或互動中的不協調所致。有敵意、掌控人格的個案建立正向

結盟的可能性渺茫；而矯揉做作、自戀、反社會及偏執狂型的個案
與工作結盟量表（Working Alliance Inventory）中的結盟總分呈負相
關（Muran, Segal, Samstag, & Crawford, 1994）。這個發現與治療文
獻的發現一致，治療文獻也顯示治療師／諮商師在治療邊緣型及自
戀型人格個案時，催化初期治療結盟的成長及管理反移情（包括負
面反應）時，均遭遇極大困難（Gabbard et al., 1988; Gabbard & Wil-
kinson, 1994）。雖在這種狀況下，可以預期到治療師會有不好的反
應，這種反應也是可以理解的，但若不能適當控制這些反應，加以
改變的話，將會造成結盟的傷害，甚至倉促結束治療的關係。尤其 99
是當新進治療師極需督導關係中的安全及體諒，幫助他們探索自身
反應，學習管理負面反應技巧的時候。

對督導師來說，更棘手的問題是受督者常開啟負面的互動模式，而且不斷增強這些不良模式，彷彿完全沒有認識到自己在這負面互動模式裡所扮演的角色。這些負面互動模式可能因經驗不足或訓練不夠所導致，也可能是因受督者人格傾向或人際關係的問題所引起。依照督導師對個案的專業倫理責任，督導師應主動積極把焦點放在受督者在治療晤談中的治療行為，以避免治療危機的產生。以下是督導師可用來中止惡性循環的方法：清晰教導受督者（指示、命令、說明、指導、傳授）；引導受督者用探索的態度來看問題；鼓勵受督者放下身段；鼓勵受督者跳出防衛的狀態來看問題。新進治療師／諮商師在危險失控、人際焦慮的情況下，會有負面互動的適應不良表現；他們感到持續焦慮、無能，個人影響力此時所發揮的力量遠超過專業訓練的力量，適應不良的行為傾巢而出。面臨持續攀升的焦慮和自我批評，受督者的控制慾可能會變得更強，批判性愈強並與個案更疏離。正如 Ackerman 和 Hilsenroth（2001）所稱的個人負面特質（如嚴苛、不確定感、榨取、批判、冷淡、緊張、心煩意亂、心不在焉等）深深影響了治療師／諮商師的介入，無形中加深了敵意的互動模式，並引導治療師／諮商師表現出負面

的反移情行為，危害治療。此時，治療師／諮商師在技術的應用上也會愈來愈專橫嚴苛，而非彈性地回應個案，治療介入成為治療師／諮商師的自我保護和發動攻擊的工具而已。

下面的方法可以幫助受督者避開此惡性循環：(1)深入了解臨床互動中被激起的內在心智狀態及特質；(2)受督者急欲逃避的心智狀態；(3)受督者所使用的介入及它對互動所產生的影響；(4)替代行為。此外，焦點查詢幫助受督者洞察負面反移情的發生，稍能控制治療結盟的威脅，藉著洞察力、同理和體諒，受督者可能採取不同的做法，提供更適當的反應、更積極的介入法，平息或縮短治療危
100 機。接著，靠督導來澄清反移情的本質，了解自己在過程中的參與，學習面對治療結盟中斷的問題並加以處理。

無論治療關係中結盟問題發生的原因為何，治療師／諮商師的負面反應及反移情都必須要在督導中加以處理。同時記得心理治療工作的艱苦及新進治療師／諮商師身上所背負的壓力，使得他（她）的自我感及身為治療師剛嶄露頭角的一點自信，在每次會談中備受考驗。督導需要提供治療師／諮商師一個安全的地方，讓他（她）探索自身對加之於身的心理要求之回應，深思心理治療領域帶來的負面回應。

處理結盟中斷的問題

心理治療結盟的發展、成長與維持對治療的成功有關鍵性的影響，也可說，治療結盟是治療初期最緊急重要的任務。Horvath（2001）發現，「如果治療師／諮商師在第五次會談仍不能建立良好的治療結盟，則要有成功的治療／諮商結果是不大可能了，因此對結盟的誤判將會危害到治療結果」（p. 171）。治療不僅要在強健穩固的基礎上進行，同時要能成功地化解接下來發生的重重問題，並繼續向前挺進。依照 Bordin 的看法，如此才能幫助個案進步。而結盟的損傷乃是治療過程中自然的現象（Bachelor & Salame,

2000; Bordin, 1994; Safran & Muran, 2000a, 2000b, 2000c）。

而在督導師處理治療結盟的問題時，明顯地擔任了多重的角色——治療師、教育者及評鑑者。首先，督導師要確保個案的福祉，捍衛治療歷程，給予受督者體諒、了解、指導、諮商與監督，評估受督者執行建議事項之能力，並評量他從此經驗學習的能力。治療關係的危機，不可避免地，一定會引起新進治療師／諮商師許多的反應，他們不知所措，別無妙方來處理這逐漸惡化的情況，事實上，他們不知道這些情形並不是專業因素所造成，反而多是因個人因素所形成的不良互動。Safran所做的實證研究及理論研究（1993a, 1993b），及 Safran 和 Muran 合作的研究（1994, 1995, 1996, 1998, 2000a, 2000b, 2002c），與其他學者的研究（Bordin, 1979, 1994; Horvath, 2000, 2001; Safran, Muran, Samstag, & Stevens, 2001），對治療結
盟歷程中斷原因及修復歷程的了解，有相當的貢獻。 101

首先，我們來談兩個前提：治療和督導結盟的威脅是常見的自然現象，並非罕見事件；治療及督導結盟的威脅來自於雙方參與者的個人主觀性，是複雜人際互動的產物。在治療初期，雙方對治療有不同的期待，可能阻礙了結盟的產生。之後，敵意的互動模式迅速發展開來，治療師在無意間擴大了結盟的威脅並使之惡化，終至危及整個治療。新進治療師尤其容易發生這樣的狀況。他們缺少經驗，有表現上的焦慮，又有新專業角色所帶來的人際不適等原因，再加上自身早期人際關係的個人缺陷，在面對個案挑釁時，可能激發出治療師／諮商師的防衛行為，使負面歷程更為惡化。受督者可能在個人及專業方面都沒有準備好有效地面對這充滿情緒且具有強大破壞力的互動。Safran 和 Muran（2000b, 2000c）提出一個可供督導師使用的受督者訓練臨床模式，它既可控制治療結盟的中斷問題，又可直接處理督導結盟的問題。

找出結盟中斷的原因

根據Bordin理念，結盟中斷和問題是由兩大衝突造成：⑴治療的任務及目標；⑵結盟關係的凝聚力（Bordin, 1979; Hill, Nutt-Williams, Heaton, Thompson, & Rhodes, 1996; Safran & Muran, 2000b）。而上述的兩大衝突又反映出兩獨立因素——同意－信心與關係，它們與結盟形成共變的關係（Andrusyna, Tang, DeRubeis, & Luborsky, 2001）。上述兩類情況中，不同意、不了解和不知所措均對合作同理的結盟關係呈負面影響，而結盟關係的破裂隨時可能在治療過程中發生。例如，積極直接的治療方法可能讓個案有被控制的感覺，因而引發結盟破裂（比較 Safran & Muran, 2000a），或在經驗治療中，個案可能無法向內尋求以新的方式呈現其個人經驗，或質疑這類活動的有效性（Watson & Greenberg, 2000, p. 175）。

此外，治療師／諮商師和個案間因信仰、價值觀不同所導致的誤會，將引發協調的問題。治療師／諮商師可能忽略或不經意地貶低了個案重視的事情，或對個案的文化傳統、道德觀、信念及活動
102 漠不關心。再如移情和反移情的發生原因可能是個人因素觸發而生，個案和治療師／諮商師開始覺得彼此步調不一，互相都「覺得對方不了解自己」，致使雙方互萌惡感，破壞治療／諮商關係。這些情況會引發焦慮、不信任，甚至引爆某些個案或治療師／諮商師立即的敵意。隨後相關的情感和想法將激發個人防衛及攻擊反應。反應如冷漠、事不關己的順從表現、不信任與敵意。若再加上彼此對治療的不同期待，將會迅速點燃衝突火苗，徹底摧毀信任和同理，使得參與治療工作的意義盡失，共構不合作的惡性循環，結盟關係因而瓦解。

雖然一般受督者願意向督導師透露他們對個案的負面感受（Yourman & Farber, 1996），但仍有許多受督者擔心督導師的反應與感受。此外，他們也不知道該如何看待及處理治療結盟關係的脆弱狀況。

此時建議督導師採用以下做法來幫助受督者：⑴與受督者合作，找出治療結盟中不協調或衝突的本質；⑵處理受督者負面反移情的反應；⑶提供化解結盟問題所需的支持和指導。督導介入的首要目標在於協助治療師／諮商師從負面反移情的位置轉到中立的立場。督導結盟提供環境，讓受督者啟動足以「鬆動治療關係中的關係結構與布局」（Safran & Muran, 2000b, p. 108），鼓勵受督者對事件及與個案共構的意義做自我省思。這個階段的督導關係，督導師應極力避免使用會引發受督者羞愧的介入法，是非常重要的。因羞愧會阻礙受督者對自我的影響因素做深入自我反省和揭露；督導師若說一些引發受督者羞愧的批評，只會讓督導結盟陷入困境；在受督者檢視個人因素前，督導師需要提供安全合作的環境。

解決結盟問題的第一步，是要直接查詢個案和治療師／諮商師互動及加速負面互動惡化的特殊情境（Rhodes, Hill, Thompson, & Elliott, 1994; Safran & Muran, 1995; Safran, Muran, & Samstag, 1994）。第二步是仔細分析這些因素，督導師幫助受督者了解結盟問題的源頭，並透過督導師的示範，訓練受督者向個案做互動分析。此外，結盟出問題也可能是因為個案的需求問題，如治療師／諮商師要求個案做他（她）不想做的事，或給個案不想要的建議，未把重點放 103
在個案關切的問題上，或未做到個案想要或需要的事（Rhodes et al., 1994）。Omer（1994, 2000）列出治療師／諮商師和個案走入治療絕境的三種情況：⑴治療師／諮商師和個案對個案的問題及困難都抱持著絕望的看法，且用絕望的口氣來敘述它；⑵治療／諮商策略徹底失敗，一切治療全部告停；⑶治療師／諮商師和個案間的互動陷入負面模式。當治療／諮商陷入無效益的負面互動，治療師／諮商師和個案都面臨僵局，隨之而來的是沮喪和挫折，將威脅帶入結盟關係中，造成治療關係徹底崩解，因此治療師／諮商師與個案彼此對抗的行為成為治療結盟／諮商中斷的指標，例如公開表達對彼此的負面情緒或看法，不同意治療／諮商的目標和任務；表面上順服、不對抗，但骨子裡卻消極、無所作為，迂迴使用負面情緒、敵意溝通或對治療師／諮商師的介入沒有任何反應。有時督導師是在個案中斷治療後，受督者在絕境解除稍感輕鬆時，方聽得到受督者沮喪的深度，當然中斷的治療結盟並沒有獲得解決。

督導歷程不能以個案離開治療來決定治療結盟中斷的原因及本質；督導應發展出暫時觀察及解讀的管道，協助治療師／諮商師在治療過程中找出結盟中斷的關鍵點，並檢視中斷的歷程，如同督導師和受督者通力合作進行後設認知一樣。

雖然，在檢視過程中，一定會考量反移情及雙方的個人因素，但更有效且更重要的是，要把焦點放在治療互動的關係層面，因治療師／諮商師須對已發生的人際互動有一迅速了解，如此才能避免重蹈覆轍，重建正面的互動關係。透過對互動的連續分析（如考慮治療師／諮商師的想法、個人特性、情感及行為等），可確定治療關係模式，鼓勵治療師／諮商師從個案的觀點來感受治療互動的經驗，從不同觀點來觀察及體驗事物，培養治療師／諮商師同理了解個案各種行為背後動機的方法，如攻擊、退縮、不合作行為等。督導師也可使用角色扮演、空椅子技巧、專注技巧、自我反省，及幫助受督者了解在個案心中治療會談的模樣。上述雖強調人際互動，但並不表示可忽略個人反應因素及影響力，它們仍是不容忽視的重
104 點，然而反移情的探究須放在穩定治療關係的主要目標中，減少治療師／諮商師的問題行為，同時開始修復治療關係的歷程。

督導後設溝通

督導的第二要務是協助受督者啟動後設溝通的歷程（Kiesler, 1996），因它對修復治療關係至為重要。**後設溝通的涵義是「走出目前互動的循環關係，把它看成是雙方共同探索的焦點，即溝通其間處理的過程及暗中進行的溝通」**（Safran & Muran, 2000b, p. 108, emphasis in original）。此時工作的主要任務和「諮商歷程互動關係」

（IPR）一樣（Kagan, 1980; Kagan & Kagan, 1990; Kagan & Kagan, 1997），IPR 是廣為督導師使用的歷程，鼓勵受督者說出在治療互動中內在的想法和情感。此歷程提供了處理內在動力的管道，而這內在動力不但塑造了治療歷程，更建立了後設認知的技巧，成為後設溝通的要點核心。

Binder 和 Strupp（1997a）談到後設認知的要素時表示，「後設認知就是 Schön（1987）所說的『行動中的省思』，一個人能觀察自身正在參與的歷程，在行動中即興創造出具成效的策略」（pp. 134-135）。在處理治療及督導合作關係的問題時，須強調分析雙方關係及人際互動過程之重要性，不可把它當成移情的解讀而已。過程中，受督者個人的弱點會暴露出來，因此需要督導師的支持，且在使用新技巧上，他（她）也需要督導師的指導。此外，後設認知需要治療師／諮商師把治療／諮商關係提升到另一合作層面，把深入探究的重點放在自身與個案的立即性互動上，雙方都願意分析自身「在治療關係中不斷上演的『此時此地』（here-and-now）適應不良的認知、情緒及行為」（Binder & Strupp, 1997a, pp. 133-134）。

使用後設認知，包含要求個案揭露他（她）的治療互動經驗證實為重要治療合作關係之必要的可行做法。Kivlighan 和 Schmitz（1992）發現，諮商師若增加挑戰個案的次數並重視雙方的關係，可明顯改善不良結盟的問題。後設溝通的過程將造成受督者的焦慮，使他（她）明瞭個人因素對治療的影響；治療師／諮商師的看法和行為也可能會受到個案觀察和批評的影響，對任何經驗、能力和訓練階段的治療師來說，聽到個案批評他（她）不如先前所認為的那麼有同理心、專注、成效及敏銳的洞察力時，都是件難受的事。

修復結盟歷程的階段

105

Safran 和 Muran（2000b, 2000c）提出結盟修復階段歷程模式（repair stage-process model），找出結盟問題核心，探討情感表達

受阻的原因，治療師／諮商師鼓勵個案探索並明確表達自身經歷此問題的經驗過程。此外，結盟問題也可能以退縮撤離或對抗的方式呈現，前者是個案與治療師／諮商師的疏離；後者則是個案對治療師／諮商師公開表達憤怒、憎恨或對治療的不滿（Safran & Muran, 2000c）。圖 5.1 呈現退縮的修復階段歷程（見 Safran & Muran, 2000b，對抗結盟關係及模式的完整解析）。

106 Safran 和 Muran（2000c）為治療師／諮商師與個案重建結盟關係的轉變，提供了令人信服的描述：

> 治療師／諮商師與個案共同建構的不良人際循環，個案若在此時表現出敵意，治療師／諮商師則會以防衛或對立的態度來回應；個案若採迴避或順從的態度，治療師／諮商師則往往以控制性強、專橫的行爲來回應。若個案接受治療師的詮釋，治療師／諮商師則可能會進一步企圖控制個案，並指使他、要求他該怎麼做。這時，治療師／諮商師須明瞭自身內在被喚起的情感，並針對此互動與個案進行後設溝通，停止所有不良認知—人際循環的互動。（p. 240）

由此積極開啟個案探索的歷程，揭露個案與結盟問題有關的想法和感受，包括隱藏在內心對治療師／諮商師負面感受的部分。治療師／諮商師應保持開放中立的態度，把注意力放在個案的經驗及感受上，卸下防衛心。

治療師／諮商師應有接受不同於自身觀點的雅量，要提醒自己主要的目的不是指責誰是破壞結盟的罪魁禍首，而是對個案經驗有同理的了解並改變他們的行為。在此時，治療師／諮商師需要督導師支持，鼓勵他們盡力理解自身的強烈情感，並催化此情感歷程。

下個階段是探索與結盟有關的感想與感受，並一一探究抗拒及阻礙探索的原因與負面情感的表達。個案起初不承認自己的責任，

階段 1
注意結盟問題指標是否出現

個案 1
個案撤離退縮的標記

治療師 1
治療師協助個案把注意力放在他（她）立即的經驗和感受上

階段 2
探索結盟發生問題的經驗

個案 2
個案表達內心不好的感受，其中混雜著結盟問題的標記

治療師 2
治療師催化個案明確肯定的看法

階段 3
探討撤離和退縮

個案 3a
個案揭露內心的封鎖和阻礙

治療師 3
治療師探索內心的封鎖和阻礙

個案 3b
個案探索內心的封鎖和阻礙

階段 4
自信、明確肯定自身堅持的態度及行為

個案 4
個案表現明確堅定

治療師 4
認可個案的自信行為

轉載自 J. D. Safran 和 J. C. Muran (2000). "Resolving Therapeutic Alliance Ruptures: Diversity and Integration," *Journal of Clinical Psychology/In Session: Psychotherapy in Practice, 56*(2), 233-243。版權所有人 John Wiley & Sons, Inc.轉載已獲同意。

5.1 治療結盟問題的解決模式

之後演變為對此拒絕做更深入的自覺，最後是接受它，並與治療師／諮商師溝通內心的願望、需求及感受。

不同治療理論決定了後設認知歷程中的內容及使用的材料（Safran & Muran, 1998）。例如，心理分析學派治療師／諮商師可能對個案的治療互動觀點與源自於他（她）生命發展中重要關係的觀念，且對兩者的同步性感到興趣（Frawley-O'Dea & Sarnat, 2001）。經驗學派治療師會把重點放在「此時此地經驗」中的掙扎；認知心理師／諮商師則聚焦於和個案形成人際互動的基模上（schemas）（Greenwald & Young, 1998）。總而言之，不論治療師／諮商師的理論和技術差異是什麼，結盟修復過程的重點是透過個案和治療師
107 ／諮商師共同合作，了解治療互動本質，這才能重建結盟的堅強基礎。根據作者的臨床經驗，化解結盟問題不僅是維持治療關係不可或缺的一環，更是個案需要治療師／諮商師協助處理的人際關係困難點。對個案而言，修復結盟關係，是一鮮活的學習經驗，更是矯正性的情感經驗，可推廣到其他的關係上。對新進治療師來說，學習後設溝通之道，無畏地面對個案結盟的問題，最後終能成功修復結盟關係，這些經驗均有助於培養重要專業知能的成長。

在受督者處理治療結盟的威脅時，督導師在以下各層面都扮演重要的角色：他提供受督者專業知能模式來解決結盟問題，支持後設溝通及化解問題的過程，尤其重要的是，督導師同理及了解受督者。撇開訓練的問題不談，修復結盟關係的任務對治療成效及督導師對個案所做的高品質承諾，有著舉足輕重的影響。例如儘管治療師／諮商師費盡心力，他（她）和個案的關係仍無法恢復，此時督導師為了保護個案福祉及治療，可啟動某些介入法，例如與個案進行諮詢。雖督導師不能與個案進行後設溝通，他（她）可把重點放在個案的經驗，建立個案與心理治療機構間的結盟關係，諮詢有利的切入點，討論個案對治療的期許，因這主題會討論到結盟的目標及任務等重點，兩者對治療成效都有影響（Horvath & Symonds, 1991;

Long, 2001; Tryon & Winograd, 2002）。在澄清工作之後，接下來的目標是個案與原有的治療師重建結盟，或找新的治療師，開始新的治療，或把督導師當成共同治療師／諮商師。

督導關係中，有時會出現誤解或結盟不當的問題，此時，督導師可使用後設溝通來處理，方式大致與治療師／諮商師相同。這種做法不僅具有修補結盟的功能，更能示範及訓練後設溝通的技巧。若督導師逃避、不處理結盟衝突的話，將會傷害到督導關係的完整性；同時，督導師透過行為，告訴受督者逃避和不回應結盟衝突是可接受的做法。反之，若督導師展現直接回應督導不當結盟的意願和能力，受督者也會在其影響下，逐漸培養身為專業治療師／諮商 108
師處理結盟衝突的倫理態度（Greben, 1985）。總而言之，在治療和督導關係中，都需要留心其中的權力差異，並確保使用歷程探索來提升雙方的了解，而非鞏固掌大權的治療師／諮商師或督導師（相對於個案或受督者）其權威地位。

當個案有困難或問題產生時，新進治療師／諮商師更擔心他們的專業知能不足，及此困境對他（她）評鑑上的影響，這是可理解的情況。事實上，害怕得到負面評價所造成的恐懼，可能在削弱雙方合作關係上扮演了重要的地位（Burke, Goodyear, & Guzzard, 1998）。一旦受督者相信他（她）的地位受損時，他（她）變得相當防衛，大幅減少自我揭露，治療／諮商將毫無成效可言，受督者骨子裡就是對個案採取反擊及報復。但若治療／諮商結盟問題被視為治療／諮商過程中自然發生的挑戰，而不是治療師／諮商師失敗的指標時，在這樣的詮釋之下，治療師／諮商師較有能力完成修復治療結盟的問題。同樣地，督導評價的重點應放在受督者如何面對及處理結盟問題、如何回應督導師的建議，而非結盟問題的發生。然而，最嚴重的情況是，當受督者不願意面對或沒有能力處理結盟問題，又不能接受督導師對修復結盟關係的建議時。當受督者與不同個案工作，重複出現結盟問題時，督導師應對受督者之人際及治療專業知能審慎加以評估，以決定他（她）是否適合心理治療的工作。

治療師／諮商師不良的個人特質，不僅對個案－治療師／諮商師結盟關係造成負面影響，對督導結盟亦然。若以督導中的權力差異角度來看督導結盟問題所造成的傷害，與治療結盟相較之下是有過之而無不及。因個案在治療結盟出問題時，可一走了之，對治療師／諮商師不造成任何威脅，但對受督者而言，督導結盟的問題卻讓他處於危急狀態下。相對地，治療師／諮商師良好的特質將有利於結盟關係的成長，如有彈性、誠實、尊重、令人信任、關懷人、對人感興趣、開放、有自信（Ackerman & Hilsenroth, 2003, p. 1; 同時見 Horvath, 2001）。而 Ackerman 和 Hilsenroth（2003）也列出有利於結盟成長的專業知能，如探索、反省、正確解讀、對價值觀的敏
109 察，及有能力用他人觀點來看事物等。加上治療師／諮商師的關係品質，所建立的督導結盟能讓治療師／諮商師（即受督者）檢視其個人因素及反移情的問題。

督導結盟的中斷與絕境

凡能影響治療關係發展的素質及經驗，也會對督導結盟造成影響，如同理心、關懷、尊敬、治療的專業知能、知識及雙方對督導目標任務看法的一致性等。同樣地，專業知能不足或人際／專業行為疏失也會威脅到結盟的成長。督導工作結盟量表（Working Alliance Inventory）（Bahrick, 1989，本書附錄B）是一有用的自陳式量表，評估督導結盟的因素（如督導任務、緊密關係及督導目標），此量表尚需更多調查以建立起信度及效度。

Ladany等人（2000）的研究報告裡談到，受督者雖然認為督導師的反移情在開始時會破壞督導的合作關係，但到後來反而證明它對督導是有益的。部分的益處是來自於督導師與受督者的深談，讓受督者了解發生在治療／諮商中的人際動力（p. 109）。督導師會

諮詢同事、控制自身的反應、參加督導團體，或向受督者透露其中的經驗（p. 110）。解決反移情問題最重要的原因即在此——確認反移情、尋求諮詢及做自我揭露，這樣的處理歷程能有效地控制因負面反應造成適得其反的效果。

負面或適得其反的經驗隨時可能出現，若不加以處理，可能造成結盟的破裂及損害，威脅督導及治療／諮商關係之持續與可行，尤其以處理個人因素為首要；它也會循序破壞督導師監督治療，捍衛個案福祉的能力。Ramos-Sanchez 等人（2002）調查研究實習心理師／諮商師的被督經驗，其中 21.4%受訪者表示他們的被督經驗相當負面（p. 199）。而這些負面經驗多與不良督導結盟有關，且這些負面經驗造成的衝擊「深度持久，讓受督者不禁懷疑他們的職業選擇是否正確，有些受督者甚至考慮要改變生涯計畫」（p. 200）。Gray 等人（2001）曾訪談過十三位心理治療受訓學員，每一位都曾
經歷過負面督導事件，他們的情感反應多樣且複雜。他們認為這些 110
負面事件有損督導關係，不但影響到他們對個案的治療，也改變了他們與督導師的應對方式，但多數學員從未和督導師談過這些負面事件。此研究結果與過去的研究發現一致，均指出督導師需要處理督導關係中的衝突，而事前預防是最好的解決之道。

督導師應如何做好事前的預防工作呢？首先，他（她）要注意個人因素及專業行為所產生的影響性，對受督者需求應有所回應，讓受督者了解督導的目標及雙方應承擔的共同責任。督導中重要的個人因素事件有羞愧、同步歷程及違反專業界限等。

羞愧

督導過程中，督導師會要求新進治療師／諮商師檢視他們在治療中使用個人影響力及反移情的情形。這樣的檢視會暴露出治療師／諮商師個人的隱私，可能導致他（她）不舒服、焦慮及引發羞愧感，因此探究反移情時，若把整個焦點放在受督者身上，可能讓他

（她）感到十分脆弱，導致嚴重不合理的自我批評。Alonso和Rutan（1988）評論道，雖然督導會引發受督者的羞愧，但督導師卻很少處理這問題。引發羞愧經驗可能就是構成結盟關係不和的負面事件，若不加以處理，不僅忽略對治療中個人因素的重要檢視，更將導致隱匿發生在治療中的真實互動。這種情況下的督導結盟將受到動搖，督導師無力完成對個案、受督者及訓練機構所賦予的任務與責任。

羞恥是人際互動的結果，也是個人內心動力的結果。受督者可能感到不好意思和敬重的督導師談到自己的疏失，並且所造成的負面影響；當他們發現自身表現與內心的理想標準間有差異時，可能因而感到慚愧，進而引發羞愧，因此羞愧是人際產物也是個人產物。督導中若出現不好意思的尷尬窘境或羞愧時刻，都是十分正常的事，尤其從高標準訓練的要求來看，心理治療／諮商行業，有時被人看成是「不可能的行業」。Talbot（1995）寫到自己身為受督者的心境時說：「當治療師／諮商師害怕受到自己心目中認定是完美的督導師的批評或讚賞時，或當治療師／諮商師確實得到督導師
111 的批評或讚賞時，即使督導師小心翼翼地避免引發任何羞愧的回饋，受督者仍會感到羞愧。」正如 Talbot（1995）的看法，大家應「挖掘」羞愧所隱藏的內在意涵，其隱晦的表現方式，如日漸減少的自我揭露和分享、避免談到某些個案、傾向用理性推理或分析，常說些與經驗無關又枯燥無味的治療互動片段。Hahn（2001）從Nathanson（1992）的研究中找出影響督導的四種羞愧反應——退縮、迴避、攻擊自己與攻擊他人。

督導師可以利用下列步驟來查探受督者的羞愧感：用同理和支持的態度，專注於受督者在接收督導師評論與建議時的經驗；承認學習治療的歷程充滿了挑戰。

若Gray等人（2001）的研究結果屬實的話，督導師必須要主動積極，尤應重視在這篇研究中，受督者認為督導師對負面事件視而

不見，且對受督者無意與督導師討論負面事件，採不聞不問的態度。事實上，督導師應檢視自身所有的個人因素及對受督者的移情，並把機構及社會的羞愧來源納入考慮，因它們可能對督導結盟也有負面作用。Talbot（1995）對督導師處理受督者羞愧有六點建言：⑴留心受督者會偽裝羞愧；⑵鼓勵受督者探索自身在治療及督導過程中的經驗和感受；⑶協助受督者發掘影響治療的個人因素，由此顯示出受督者身為治療師的專業素質；⑷給予受督者安全的環境，讓他（她）可以暢談內在的羞愧並予以探索；⑸用示範來安撫受督者內在的不安，如同治療中治療師／諮商師要個案做的一樣；⑹不要勸阻受督者將羞愧移情為理想化的舉動。

同步歷程

同步歷程（parallel process）的概念最早源自於心理分析文獻（Arlow, 1963; Bromberg, 1982; Doehrman, 1976; Ekstein & Wallerstein, 1958; Searles, 1955），意指治療關係的動力會刺激到督導關係，並會在督導關係中反映出來。有些理論學家認為治療師／諮商師經歷了與個案認同的過程（主要藉由投射認同），會將他（她）與個案的關係複製到與督導師的關係上。若治療師／諮商師與督導師兩人都沒有察覺到此移情、反移情的關係動力，他們將會無意識地複製並模仿個案－治療師／諮商師的角色與客體關係（Grey & Fiscalini, 112
1987）。同樣地，督導師也可能把督導關係外情境的互動帶進督導中，造成同步存在的狀況，如同三位一體（Gediman & Wolkenfeld, 1980）。Frawley-O'Dea 和 Sarnat（2001）發現「治療／諮商關係或督導關係都會發生同步歷程，而受督者在兩關係中重複出現，是雙方透過同步歷程表達關係素質的管道」（p. 174）。雙方對等的同步歷程涉及協調互補的反移情，是所有參與者無法了解又重複發生，將結盟帶入困境。儘管只有極少數的研究支持（Mothersole, 1999），甚至有些臨床醫師對此概念嗤之以鼻（L. Miller & Twomey,

1999），然而同步歷程確實在文獻中為影響督導關係之可能動力提供了理論的有力根據（Friedlander, Siegel, & Brenock, 1989; McNeill & Worthen, 1989; Morrissey & Tribe, 2001）。

督導師在使用同步歷程觀念時須謹慎，因表面的相似性可能並不代表相稱的內在動力（Baudry, 1993）。相似的關係模式中可能有獨立存在的情形（Fosshage, 1997），最先源自於督導關係中的反應可能會複製到治療中。人際關係中令人激賞的交互主體本質（Fosshage, 1997; Ogden, 1994），使人考慮到塑造治療／諮商和督導過程的多種獨立存在又相互牽連的影響力。因構成督導內容和過程的是受督者和督導師個人的獨立因素，及兩者的互動，及督導關係中雙方特有的動力互構因素。無論督導師信奉的理論為何，都應注意存在於治療／諮商關係中的影響力，其範圍及壓力，因它終將影響到督導，也會在督導中存在及顯現。若疏忽了它的動向，將會造成對結盟的誤解及傷害。同步歷程就其存在範圍而言，提供了有關人際衝突和心理困難關係模式的重要資訊。

逾越專業界限

保持適當的專業界限是形成及維持安全信任專業關係的必要架構，因受督者可以在此安全信任的關係中，探索治療過程中個人因素所造成的影響。侵犯專業界限或個人界限將會損及督導，尤其在處理個人因素及反移情的問題上。督導師違背專業倫理（如性騷擾、雙重關係）及做出不符合專業要求的行為（如沒有時間和受督
113 者見面晤談，或對受督者排斥冷漠），最終可能會傷及督導關係。任何濫用權力（如濫用評鑑的權力）或不合法地使用權威，都會使訓練及個案管理的成效大打折扣。治療師／諮商師的反移情建立的界限很難清楚界定，督導師提供治療給受督者，此逾越專業界限的方式侵犯了受督者的個人生活，或把受督者在督導中所透露的私人資料用於既非治療又非教育的用途上，使受督者個人隱私保護權受

到嚴重的傷害。除了上例明顯違反專業倫理的行為外，督導師還須敏察反移情、人際疏離及人際衝突的問題。督導一開始就要以契約方式清楚列出督導師的責任、督導評鑑的性質及過程、訓練及個案管理的功能等，尤其是受督者的反移情與專業責任相關的人際問題等。**因督導的責任是捍衛個案，確保他們得到高水準的治療服務與照顧，及教育訓練受督者**。雖然督導師給予的同理、支持、理解和察覺對受督者有治療的效果，但督導師不能夠也不應該擔任起受督者的治療師，對他們提供心理治療。尊重督導的專業界限會使受督者有機會成為成熟的專業治療師，深入了解個人因素是如何影響著治療。

督導師示範專業知能，尊重受督者，盡量減少引發羞辱的可能性；當結盟出現裂痕時，直接面對它、處理它，思考著對結盟有影響的個人因素及人際因素，與受督者保持適當的專業界限，確定督導過程完整無缺。審慎嚴密注意上述因素，不僅能建立正面雙贏的督導關係，更能保證督導和治療的品質。

督導專業知能

處理督導結盟的專業知能有：

- 人際技巧，如溝通能力、了解自我經驗及了解受督者經驗的能力〔即以他（她）的角度來思考〕，同理受督者並對他（她）表達出同理心、支持、信任。能反省自身的言行及此行為對他人所造成的衝擊，包括確認結盟及反移情問題的能力
- 肯定完整關係的價值，欣賞多元文化，遵守專業倫理價值及專業 114
知能為基礎的治療工作
- 了解有關結盟的文獻知識，透過多元化學習策略執行並教導後設溝通的知識與技能，如示範、角色扮演、評論等

臨床督導

專業知能本位督導模式

06 第六章

建立督導多元專業知能

雖然多元化是心理治療訓練的中心元素，但它卻是督導訓練和研究中最受忽略的一環。一般注意到的「多元」部分均與文化層面有關，而非廣泛的多元。多元是包含文化的全部面向及社會經濟地位、人種、宗教、年齡、性別、性傾向及身體狀況，如身心障礙或強健等（Bingham, Porche-Burke, James, Sue, & Vasquez, 2002）。正如Ridley、Mendoza和Kanitz（1994）所說的，「用心的心理治療／諮商教育人員發現自己陷入雙重困境下，一方面處在要做多元文化訓練的壓力下，另方面深知自身多元文化訓練不夠」（p. 228）。其實，這種困境不僅在多元文化的部分如此，其他層面的多元性也是陷在困境中，例如治療運動及感官障礙的治療師對自身專業知能深感不足；治療白皮膚及黑皮膚西班牙語系的個案及亞裔美人的治療師／諮商師也有多元文化不足的感受（Allison, Echemendia, Crawford, & Robinson, 1996）。心理訓練課程應包含多元的訓練是不容置疑的事實。

在本章中，我們會討論心理／諮商訓練多元性的角色、先進的技能知識、整合多元化融入訓練的困難，及多元化專業知能的定

116 義，其中有文化的概念及把同化應用在督導的方法。另有訓練及督導所用的在地（emic）觀點及泛種族（etic）觀點，即對某特定種族或少數族裔熟悉的觀點，相當凸顯特殊的在地觀點及普及世界跨種族的觀點。之後，我們列出訓練模式中處理性別及性傾向的做法，同時檢視身心障礙及老年實習訓練的缺失，督導也受其負面影響。本章最後的重點是放在多元專業知能，透過對種族及少數族裔發展理論及評估技巧來達到此目的，這些均為研究系所在多元專業知能訓練的基準。

美國心理學會證照委員會「Domain D 的文化和個別差異及多元」（Domain D: Cultural and Individual Differences and Diversity）列出研究所實習生準則：

> 心理／諮商系所應重視心理師／諮商師訓練課程中的文化與個別差異及多元性。
>
> 1. 心理／諮商系所應有系統、有條理地長期致力於吸引來自不同人種、種族及個人背景的教職員工及學生前來工作／就讀，並使他們繼續留任下來。此外，尚須提供支持性、鼓勵性的環境給這些人。提供訓練機會給來自不同背景的個人，心理／諮商系所應避免任何與專業及專業訓練無關的限制入學措施。
> 2. 心理／諮商系所必須要審慎深思合乎邏輯條理的計畫，訓練心理／諮商學門實習生具有下列知能——在心理／諮商現象及專業治療工作中多元文化的角色及多元個人特質的角色；努力積極確保實習生有機會學習與心理治療／諮商執業相關的多元文化及個人多元性，同時須規劃達成上述目標的管道。（APA, Committee on Accreditation, 2002e, p. 16）

美國心理學會「心理師專業倫理準則及行為規範」（APA, 2002a）中有以下的陳述：

> 心理／諮商學門所有的專業知能都在肯定一個事實，即對下列相關因素的了解是高品質專業服務及研究不可或缺的要 117
> 素；這些因素包括年齡、性別、性別認同、人種、種族、文化、出生國家、宗教、性傾向、身心障礙、語言或社經地位。心理師必須具有足夠的相關訓練、經驗、諮詢及督導，以確保服務的專業知能，否則必須做適當的轉介……（2.01, Boundaries of Competence, ¶b）

多元文化的多樣性

人口統計資料顯示文化多樣性已不是我們選擇是否要面對的事實，而是我們一定要面對的事實。主流和少數族裔的界限已經沒有那麼清楚明確了，而所謂的「少數族裔」現已變成大多數主體。隨著這樣的轉變，心理／諮商學門「歐洲人種中心論」（Eurocentric）偏見也在逐步改善中，但仍顯得腳步緩慢。Guthrie（1998）在他的著作《即使老鼠也是白的——看心理學的歷史》（*Even the Rat was White: A Historical View of Psychology*）記載心理學領域發展過程中，種族歧視的歷史，現在是適當的時機，讓受督者將文化及多元化的優點整合融入教學及心理概念的主體中。

在督導中，欣賞多樣化並施以多元教育，儘管種族歧視、偏見及對不同文化的負面看法隱藏在內，督導師仍需要面對及處理它。讓受督者暴露在多元文化及多樣化的環境中，施以教育會使他們對文化多樣性有更多的了解，進而尊重文化差異。具有多元文化專業知能及素養的心理師／諮商師不但沒有文化刻板印象，反而欣賞個人、文化及社區的優點，思考如何將這些優點融入治療計畫及成長中。一般人也期許有文化專業知能與素養的心理師／諮商師對自己文化中的長處及特有世界觀有相當的認識。

先進技術

Mintz、Bartels 和 Rideout（1995）對諮商及心理訓練學員及實習生在多元文化問題的報告中，反映出諮商及心理學領域對少數族裔服務訓練的表現平平。一般而言，諮商及心理學領域專業訓練中缺少文化的注入。「當受督者認為他們在督導課程和實習訓練裡已經治療過少數族裔個案時，課程及訓練卻對少數族裔問題如此缺乏系統性的教導與評鑑，令人特別擔心」（p. 319）。Mintz 等人對美國心理學會認可的研究所訓練機構調查的結果顯示（46%的回收率），訓練機構並沒有遵照美國心理學會證照委員會要求的標準，也不符合美國心理學會心理師專業倫理準則及行為規範 2.01（b pp.
118 116-117）。加上目前的研究和理論多聚焦於多元文化這個部分，而疏略其他廣大領域的多樣性，我們鼓勵訓練應考慮多樣性的全部範圍，因目前已有大量文獻把重心放在多元文化上。

Mintz 等人（1995）的研究發現，諮商系所實習生和研究生在系所課程及檢視歧視的表現上，要勝過心理治療系所的實習生和研究生（Pope-Davis, Reynolds, Dings, & Nielson, 1995）。但 Quintana 和 Bernal（1995）對這兩組的比較提出警告，他們認為這種比較並沒有意義，因雙方表現都不好，五十步笑百步而已，Mintz 等人（1995）也同意此看法。Bernal 和 Castro（1994）的研究發現，一百零四所美國心理學會核准的博士班有關少數族裔的課程往往缺少「結構性的基礎」（p. 803）。教師對少數族裔心理狀態的研究，及利用校外少數族裔的治療機構作為實習場所等部分均有缺失。在 Constantine（1997）對心理實習生及督導師的研究（57.4%回收率）

顯示九位實習生（占30%）及二十一位督導師（占70%）表示從未修讀過任何多元文化諮商或跨文化諮商的課程。Allison等人（1994）針對在1985年至1987年完成訓練的諮商師、學校人員及臨床心理治療研究生所做的研究中（48.7%回收率），得到以下結論：**37.5%受試者自覺具有專業知能諮商／治療非裔美人；15.8%受試者自覺具有專業知能諮商／治療亞裔美人；11.5%受試者自覺具有專業知能諮商／治療拉裔美國黑人；25.9%受試者自覺具有專業知能諮商／治療拉裔美人；7.7%受試者自覺具有專業知能諮商／治療印地安人（美國原住民）；34.8%受試者自覺具有專業知能諮商／治療男同志；38.6%受試者自覺具有專業知能諮商／治療女同志；33.2%受試者自覺具有專業知能諮商／治療雙性戀；18.9%受試者自覺具有專業知能諮商／治療感官障礙者。**

有些受訪者甚至當時正在諮商或治療為數眾多的此類個案（Allison, Crawford, Echemendia, Robinson, & Knepp, 1994）。Allison等人發現，碩士班及博士班訓練及課程中，很少有不同族裔諮商治療的內容。學生們覺得自己在諮商或治療雙性戀個案的準備度不及他們對男／女同志個案的準備度（Phillips & Fischer, 1998）。另在Allison等人（1996）研究中，心理師（49%回收率）評估自身專業知能部分出現一有趣發現：多數受訪者認為自己能力最強的部分是治療美國白人，接著依序為女性、經濟弱勢個案；他們感到最沒有能力治療的是亞裔美人、拉裔美國黑人和印地安人。Allison等人發現，接案多樣性愈強的治療師，則認為自身多樣專業治療功能愈強。在此研究中，有一小群受訪者（8%回收率）表示，即使他們不具專業知能來服務這群多元文化背景的個案，他們仍會繼續治療／諮商下去，這是非常令人堪憂的做法，心理師／諮商師親口承認即使執業內容不是本身所長，有違專業倫理，他們仍執意做下去，不會改變。

119

多樣化融入心理訓練的障礙

受督者在治療多元文化背景的個案時，本身卻沒有充分的專業知識，人們逐漸開始了解他們所付出的代價：個案的退縮及痛苦、突然中止治療（Garnets, Hancock, Cochran, Goodchilds, & Peplau, 1991; Pope-Davis et al., 2002; Priest, 1994）、受督者感到被誤解及受傷（Fukuyama, 1994a; McNeill et al., 1995; McRoy et al., 1986），及缺乏知識基礎的問題評鑑（Goodman-Delahunty, 2000）。Kleintjes 和 Swartz（1996）在南非對受訓學員做的研究顯示出，少數族裔學生在督導中談論「種族」觀念的困難度。他們發現在白人大學裡的黑人受訓學員不會在督導中談論膚色問題，他們表示討論這類話題對他們來說是有困難的，因他們覺得學校是一個「無膚色的地區」，如果談它，會被人看成是為自己表現不佳找藉口，把做黑人當成是對抗其他問題的防衛武器。黑人學員害怕自己被人看成在精神上過度擔心膚色和種族歧視的問題；當然，他們也沒有足夠的安全感能對膚色暢所欲言，或許他們也不知道是否這應是私下該處理的問題。多樣化在根本沒有談論種族的結構及空間裡被忽略及犧牲了，付出相當大的代價。

督導師不談多元文化其中一個主要的原因，是許多督導師的文化專業知能及對多元文化的認識不及受督者（J. M. Bernard, 1994）。督導師在他們接受訓練的當年，研究所對文化知能的重視不及現在（即使現在的重視度較高，但也僅少數研究所有整合性的文化課程；多數系所只開一門或少數幾門文化課程而已）（Yutrzenka, 1995）。雖然諮商中心訓練主任（49%回收率）反映，88%的諮商中心有多元文化諮商研討會，但研討會平均數是九場，且幾乎沒有整合性的多元文化議題，更缺少宗教議題（Lee et al., 1999）。研究證實，諮商系所及臨床心理治療訓練機構對宗教及精神心靈生活很少做系統性的強調（Schulte, Skinner, & Claiborn, 2002; Brawer, Handal, Fabricatore, Roberts, & Wajda-Johnston, 2002）。不少人公開宣稱宗教對其重要性（Gallup & Johnson, 2003; Gallup & Jones, 2000），在許多文化中，精神生活和宗教與肉體、心理、健康是密不可分的（Fukuyama & Sevig, 1999）。另外如變性問題被忽略及病態化（Carroll & Gilroy, 2002），性別問題的處理主要偏重理論的層面（Granello, Beamish, & Davis, 1997）而非實務。Nilsson、Berkel、Flores、Love、Wendler 和 Mecklenburg（2003）曾審查十一年來心理專業研 120
究和執業實務刊物，發現性傾向和宗教的主題被嚴重忽略。Shafranske（in press）、Shafranske 和 Falender（2004）發現，心理研究所有關身心障礙的課程日益縮減（Olkin, 2002）。

縮減重要課程主要是因缺乏對現有種族及跨文化訓練模式的實證研究，更需要證實訓練模式與治療成效的關係（Yutrzenka, 1995）。另一原因是在心理專業訓練中，不重視認知及情感層面的自我認識及自我探索（Carter, 2001）。最後導致督導師對文化持純理論的觀點，感覺文化與其身心、思想、情感相距甚遠，而多元文化專業知能不足的督導師，反而增強了在他們督導下的白人受督者逃避人種問題的態度（Steward, Wright, Jackson, & Jo, 1998），也許人種問題對他們的認同來說並不重要（T. L. Robinson, 1999）。然而「文化排外主義不是只折磨白種人的疾病」（Myers, Echemendia, & Trimble, 1991, p. 9），換言之，無論督導師或受督者的文化為何，雙方都有責任處理並探討個案文化與多樣化的結構，對自身先入之成見不要自大自滿，洋洋得意，因所有受督者及督導師的文化都有可能對另一文化有不正確的判斷。

有些人認為白種人沒有文化；事實上，白種人像其他人種一樣，有多元的組成分子，應提升白種人對自身文化的認識——他們確實有文化、有歷史和有故事。Richardson 和 Molinaro（1996）建議，白種人應了解自身的特點，而不是一直把重點放在探索其他人種的不同性上，因這樣的做法反而在無意中會加深白種人的種族優越感。另一個文化的障礙是來自於愧疚——白種人治療師對自己身為白種人感到愧疚，再加上訓練所帶來的龐大壓力及不穩定，促使執行多元文化知能相當困難（Lee et al., 1999）。上述的發現令人失望，且讓人認識到文化對諮商／心理治療及訓練所造成的深遠衝擊，因此重視多元文化專業知能是刻不容緩的事（Carter, 2001）。

多元教育過程的本身也是障礙的來源之一。諮商／心理專業人員在自我發現、承認自身有文化偏見的過程中，可能會引發抗拒、防衛和壓抑（Abreu, 2001）。另一個問題是把某一人種或群體看成一個單一個體，如黑人、白人、拉丁美洲人、男同志、女同志等，將導致更多刻板印象，愈不能欣賞到存在於群體間的不同及多樣性。事實上，群體內的不同及多樣遠多於群體間的不同及多樣（Suzuki,
121 McRae, & Short, 2001）。源自於家庭、性別、種族和人種的「整體認同」（collective identities）觀念並未受到重視（Fukuyama & Ferguson, 2000, p. 82），而一個人的認同決定於多因子，而非單一因子。

為何不同且多樣的教職員工及學生不能自動讓多元文化方案有良好運作呢？我們可拿 Pope-Davis、Liu、Toporek 和 Brittan-Powell（2001）的話來解釋箇中原因，Pope-Davis 等人認為，多元文化需要「環境上完全的改變」，即不僅專業人員要對多元文化議題有深刻的用心和承諾，更要創造及保持滋養多元文化的好環境（p. 124）。在實用教材中加入各種有關人種——種族、同志及雙性戀的內容，吸收更多不同認同的學生（Bidell, Turner, & Casas, 2002）。

多元文化專業知能的定義

多元文化諮商／治療專業知能有不少界定，Fuertes（2002）訂出十六種多元文化專業知能概念和方法，並討論它們之間的互補觀點，然而他卻未整合成一獨立理論。D. W. Sue、Arredondo 和

McDavis（1992）在美國心理學會第十七部門建議書（position paper）中所提出的定義最具影響力。他們認為多元文化專業知能是「治療師能夠察知自身對人類行為、價值觀、偏見、先入觀念及個人限制的看法，毫無偏見地了解不同文化個案的世界觀；在與來自多元文化背景的個案工作時，能發展出適當、敏感且有效的介入策略與技能」（p. 481）。因此多元文化知能整合為三類，即態度信念、知識與技能，成為後來心理學領域概念及研究的基礎。然而因素分析並不支持這三面向的觀念，分析結果反而傾向單一因子結構（Ponterotto, Rieger, Barrett, & Sparks, 1994）。有人認為此結構尚應加入個案－治療師的關係所扮演的角色（Sodowsky, Taffe, Gutkin, & Wise, 1994）、種族認同（Ponterotto et al., 1994），和種族認同發展等因素。個案和治療師的關係裡應有個案的自我揭露、治療師的行為及理論學派，以及兩人平等的權力關係（Pope-Davis et al., 2002）。在此所謂的「種族認同發展」，指的是個案和治療師雙方種族認同的發展階段。

D. W. Sue（2001）在此定義中加入社會公義，重新給予「文化專業知能」新的定義，他說：

> 諮商師具有參與行動或創造環境的能力，將個案及個案系統 122
> 的成長發揮到極致。多元文化專業知能的定義爲：諮商師具有在多元複雜的民主社會有效運作所需的覺察能力、知識和技能（爲幫助來自不同背景的個案所需的溝通能力、互助能力、協商能力及介入能力），且在組織及社會層面，有效地倡導並開發適合所有族群的理論、政策、組織結構及執業。（p. 802）

Ponterotto 和 Casas（1987）提出一更適合訓練機構的定義：

> 多元文化專業知能包含對個案文化、身分和地位的知識，與個案做眞實的接觸，針對個案的獨特需求，設計出創新的策略。有多元文化專業知能的諮商／心理治療系所能逐漸將這些專業知能灌輸給學生，將少數族裔的議題融入系所課程中……且系所內要有足夠的少數族裔教職員工及學生人數。（p. 433）

雖然自我察覺是文化專業知能的重要元素，但訓練課程也逐漸加入其他的元素，如對自身文化或多元背景有整合性的察覺、了解和專業知能。D. W. Sue 等人（1992）在文化察覺的定義裡加入：察覺偏見的影響、察覺自身的種族歧視，最後則是了解自己是種族及文化的生物，追求不含種族歧視的認同感。我們相信自我了解和察覺自身的文化是自我文化知覺的重要前提，而能夠察覺得到自身文化的方法是來自於了解自身文化傳統中的固有長處與優點，了解它們如何轉化成信念、價值觀和行為。若督導師沒有發展到此層次的專業知能，則必難成為優秀的督導師，然而大多數諮商／心理學門研究所或督導訓練機構並未注意到「察覺」的重要性，以至於這個重要前提往往落空。

D. W. Sue 等人（1992）把體系結構轉化成個案和治療師之間的互動。S. Sue、Zane 和 Young（1994）說道：「我們需要的是提出特定假設的學派，它協助我們了解少數族裔的心理社會經驗，及這些經驗如何影響著諮商／心理治療的某些重要過程」（p. 809）。Fischer、Jome 和 Atkinson（1998）提出個案治癒的共同因子：即治療關係、個案和治療師共通的世界觀、符合個案的期望，並使用個案
123 和治療師雙方都認為是適當的儀式及介入法。這些共同因子被視為構成受訓學員概念的因子，能將多元文化融入介入策略及教導中。

以 Fischer 等人（1998）為基礎，Constantine 和 Ladany（2001）將自我察覺融入了多元文化專業知能中，提出多元文化專業知能的

六個面向：

- 自我察覺：了解一個人的多元文化認同、個人偏見及社會化等如何影響著他（她）的價值觀和態度；
- 多元文化議題的一般知識：對心理及社會議題的普遍知識、歧視態度和行為及對特定族裔的了解；
- 多元文化諮商／心理治療的自我效能：對自己成功執行多元文化諮商／心理治療的信心；此判斷是根據整組行為，而非憑藉單一的看法；
- 了解特殊的個案變因：了解個案的個人特質、個別情況及其他因子，它們如何影響個案的行為；
- 形成良好的諮商／治療關係：包含處理諮商／治療合作關係中的多元文化議題；
- 多元文化諮商／治療技能：有效處理諮商／心理治療內多元文化問題的能力。

Fischer 等人（1998）及 Constantine 和 Ladany（2001）的架構，整合了種族間普遍適用的學理與特有族裔文化知識，與一般諮商／心理治療專業知能。

另一個綜合學派是由 Hansen 等人提出的多元文化基本專業知能十二個執業項目（N. D. Hansen, Pepitone-Arreola-Rockwell, & Greene, 2000），謹列於下：

- 察覺自我的文化傳統、性別、階層、種族認同、性傾向、身心障礙及年齡等如何塑造個人的價值觀、想法及對某些群體的偏見；
- 了解以下各因素：
    - 心理理論的改變、調查法、專業工作及具有歷史與文化內涵的事物，

- 歷史、徵兆、心理迫害、偏見及歧視的後果，
- 侵害某特定種族、族群的社會政治影響，如貧窮、刻板印象、羞辱及邊緣化，
- 124 文化特有的診斷、對疾病的普遍價值觀、世界觀、家庭結構、性別角色、對人格形成的衝擊、發展結果、疾病的病症，
- 文化特有的評估技巧；

・有能力做到以下事項：

- 對特有族裔及普遍種族所做的假設之評估，
- 評估自身的多元文化知能，
- 修正評估工具及提出有品質的結論，
- 為多元族群設計並執行不含歧視的高效能治療計畫及介入法（摘錄自 Hansen, Pepitone-Arreola-Rockwell, & Greene, 2000, p. 654，獲同意轉載，全部的十二項多元文化專業知能請參考原文）。

Hansen 等人（2000）認為，使用上述知能可將多元文化融入心理／諮商整體訓練課程中。

美國心理學會「對不同種族、語言、文化族群心理服務提供者指導方針」（Guidelines for Providers of Psychological Services to Ethnic, Linguistic, and Culturally Diverse Populations）（American Psychological Association, 1993a），提出另一個文化專業知能的重要知識架構。其中最重要的一點指示是治療師／諮商師有責任主動了解個案的文化，而非依賴個案提供對自身文化的了解和解釋。此外，「治療師應尊重個案的宗教及精神信仰、價值觀，包含禁忌與歸因看法等，因它們影響著個案的世界觀、心理功能和壓力的表達」（APA, 1993a, p. 46）。

整體觀之，美國心理學會的指導方針是非常重要的文獻，它考

量與多元文化相關的因素並加以概述：種族歧視與偏見、文化信仰與價值體系、家庭資源、宗教及精神信仰、治療師的角色、當地人的信念與工作，及宗教、精神領袖。更重要的是，它們為敏察文化的心理工作者提供了地圖，是所有受督者及督導師必讀的文獻。

美國心理學會另一份「心理師多元文化諮商精熟度行動綱領」（Guidelines on Multicultural Counseling Proficiency for Psychologists）（American Psychological Association, Division 45, Society for the Psychological Study of Ethnic Minority Issues, 2001），其重點放在種族認同，具體陳述出覺察、知識和技能部分的學習目標及臨床訓練準則，這些明確具體的準則在訓練上簡易實用，但缺乏實證研究的支持。

Ancis 和 Ladany（2001）提出多元文化督導專業知能之範疇， 125
在引導督導師、評估督導及指導受督者發展多元文化專業知能上有卓著功效。他們同時提出督導師的個人發展、受督者的個人發展、受督者技能與介入、過程和成果評鑑等範疇，特別描述下列多元文化專業知能的內涵：自我察覺，對其他文化與世界觀的知識，催化受督者多樣化的認同發展，了解種族歧視、種族壓迫和當地資源，創造促進多元文化討論及考量的氣氛。

作者對多元文化專業知能的定義

我們的多元文化專業知能定義來自多人，其中內容有：受督者和督導師的自我察覺、個案或接受治療的家庭－受督者和督導師之間的相互影響與合作的過程，並利用上述人員的多元化特質，其中有對關係的覺察、知識、欣賞關係之間的互動，整合想法、價值、偏見、期望、世界觀，並適當地執行敏察度高、有關聯的評估及介入策略與技巧，在考慮上納入歷史的大環境背景與社會政治等變因。

文化的概念

Phinney（1996）、Arredondo和Glauner（1992）、Falicov（1988）及Hays（2001）等人，針對文化及個人認同等多面向提出整合性的概念，Phinney（1996）認為種族至少含有三部分內容：⑴區分族群的文化價值、態度及行為；⑵族群成員的主觀感、歸屬感及認同；⑶與少數族裔身分地位相關的經驗，如無能為力、歧視、偏見與個人的回應之道。Phinney 督促諮商／心理專業人員不要把種族看成是一個絕對明確的變因，因事實上，種族是一組面向，對每個人有不同的影響，因此每個人對它也有不同的回應。此理論與 Falicov（1995）的學理部分相似。Falicov提倡多面向學理，將文化及影響認同的大量重要變因考慮進去，如性別、年齡和宗教。如此看來，
126 似乎我們了解愈多，愈能夠尊重不同及差異性，我們會得到更多的訓練，也愈能了解複雜的本質，且具備更精熟的多元文化專業知能。

Arredondo 和 Glauner（1992）處理組成認同和世界觀的固有範疇和彈性範疇，其面向都在社會政治和歷史背景中；其中固有的範疇有年齡、性別、人種，而彈性的範疇則為關係、地位、興趣和教育背景。

Falicov（1988）則正好相反，她把文化的範疇看成是文化成員相互結合形成的；她用的方法是將不同背景中的生命經驗以敘述方式來表達。下面是 Falicov（1988）對文化的形容：

> 文化是集人類共通的世界觀及適應行爲之大成者，這些觀念和行爲又源自於各種情境中同時發生的一些因素，如生態環境（鄉村、都市、郊區）、宗教背景、國籍和人種與社會、階層及性別有關的經驗、少數族裔的身分、職業、政治學習、遷徙模式、文化適應階段、同世代的價値觀、共同參與的歷史時刻，及所持的特有思想意識。（p. 336）

Arredondo 等人（1996）提出了一個包含更完整變因的個人認同面向，重要的是不要孤立各種變因（如種族和宗教），而要提供一個考慮到個人和家庭的架構。Falicov（1988）做了下面的結論：「每個家庭正因它是一個明確的生態位（ecological niche），因此顯出它的獨特性，綜合的多元環境正是它扎根的所在地」（p. 336）。「生態位」指的是一個人經歷交疊出現的觀點、價值觀、權力和權利，取代「黑人、猶太人」標籤的情境背景之敘述。重點放在文化的相互連接性，而非差異性或用文化組別來分隔個體，同時一定要考慮到每個家庭成員、治療師／諮商師和督導師的生態位。

Falicov（1995）寫下文化的五個決定因子，內容如下：

- 生態環境，家庭如何生活及適應環境；
- 移民遷徙及適應文化，家庭成員的祖籍，他們為何移民，每個人內在的旅程，他們的渴望和抱負為何；
- 家庭組織及安排，附著在此結構的價值；
- 家庭生命週期，發展階段中所含的多樣性，轉變期文化及模 127
式；
- 有關健康、痊癒及醫療保健的觀念。

我們又添加世界觀（如樂觀、悲觀、傳統信念、當下態度、社會關係、時間、個人和自然的關係與自然和諧共處）（Ibrahim & Kahn, 1987）及價值觀（如競爭合作、情感約束與表達）、引導信念（如獨立與相互依存、控制和顯著優勢、和諧與尊重）、認識論（如認知與情感或兩者的結合體）、邏輯（推理過程）、現實本質（如客觀物質和主觀性、精神與物質）和自我概念（Brown & Landrum-Brown, 1995）。同時也應重視精神及宗教。

我們倡導使用治療師地圖（Falicov, 1998）及督導師地圖來界定上述的文化因子，不僅要界定個案的文化因子，也要界定治療師及督導師的文化因子，這樣的做法有助於了解彼此不同的價值與態度，例如複雜的共通世界觀，研究顯示即使個案和文化背景不同的治療師之間，也會有共同的世界觀，但忽略個案不同的世界觀將產生不當的後果（D. W. Sue & Sue, 1990; Mahalik, Worthington, & Crump, 1999）。

Hays（2001）所提出的多元文化架構與Falicov（1995）倡導的「自身及他人文化」的觀點有雷同之處，Hays 使用「ADDRESS-ING」首字縮略詞，其代表涵義解說於下：**A**（age 年齡）：治療師列出自己年齡和代別的影響（家庭、政治或社會事件）；**D**（developmental 發展）：先天發展上或後天的身心障礙；**D**（disabilities，身心障礙）；**R**（religion，宗教）：宗教傾向；**E**（ethnicity，種族）：種族；**S**（spiritual，精神）：精神傾向；**S**（socioeconomic，社經地位）：社經地位；**I**（indigenous，地方的）：地方傳統；**N**（national，國家的）：原生國；**G**（gender，性別）：性別及性傾向。有了上述完整的自我評估後，治療師再檢視特權、文化及價值觀在影響諮商／治療工作上所扮演的角色，並以同樣的程序處理個案文化，探究個案與諮商師／治療師之間文化的相似與相異性。

雖上述兩個架構對文化的功能部分有不同的強調，但它們在比較諮商師／治療師和個案的文化複雜性是同步的。我們希望這種比
128 較能夠擴展到個案、諮商師／治療師和督導師三人身上，此觀點也受到 Hird、Cavalieri、Dulko、Felice 和 Ho（2001）的支持。同時，M. T. Brown 和 Landrum-Brown（1995）也敦促應比較個案、諮商師／治療師及督導師世界觀的態度，他們之間的互補和衝突、合作與競爭。

多元文化督導的定義是「督導師－受督者之間的關係，存在著因種族和人種所產生的文化差異」（Fukuyama, 1994a, p. 142）；此外，督導機構及行政管理是操作因素（Peterson, 1991）。我們建議多樣化督導體系中應納入下列要素：個案及個人與家庭的複雜性，諮商師／治療師和督導師有關差異、成見及平衡督導的互動多樣變

因。

同化

同化是少數族裔個案在選擇治療師角色和策略時，要考慮的重要因素（Atkinson, Thompson, & Grant, 1993）。Brislin（2000，出自 Berry, 1990）認為同化的定義包含：⑴家庭是否保有原生文化的面向；⑵家人是否追求與主流文化成員的關係。如家人已達到文化「整合」，則表示他們做到上述兩項的要求，如家人已被「同化」，則他們只做到第二項而已，若是文化「孤立」，則表示他們只做到第一項而已；若家人被邊緣化，則代表上述兩項均未達成。另一個看待同化的方式是透過種族認同來看它；同化是個雙向歷程，不同程度地採用「白化」（Whiteness）並同時保留住自身其他的種族認同（Sodowsky, Kwan, & Pannu, 1995）。在同化的觀念架構裡，種族認同的重要性遠超過原生國家。不同家庭成員的同化可能也是變因；孩子們對父母同化的看法（或相較之下父母的同化程度較低），將會影響家庭成員的同化衝突及同化壓力。Roysircar-Sodowsky 和 Maestas（2000）把此視為傳統家庭親屬關係、傳統家庭責任和尊重權威等傳統勢力，面對西方個人主義、獨立自主、平等主義及果斷自信所產生的衝突。衝突可能發生在個人的內在心靈裡，於認同危機、罪惡感和憤怒中反映出來。而「情境式同化」（situational acculturation）的觀念則更複雜，指的是依情境背景而有不同的同化反應（Trimble, 2003）。

同化身分的形成與受督者和督導師兩人都有關係；它是形成督導師、受督者及個案（或家庭）的個人優勢因素的面向。有趣的是，Handelsman、Gottlieb及Knapp（2002）把Berry（1990）的文化同化模式應用在專業同化上，或協助受督者整合個人道德與專業倫理，以獲得專業倫理認同（見本書第八章）。 129

在地種族觀點之內涵與訓練的關聯

多元專業知能部分的困難是在刻板印象與文化知識之間取得平衡；要達到此目標，務必先了解在地種族觀點和泛種族普遍觀點的成因。在地觀點指的是個人統治（personalismo）的主要觀念或一個人與另一個人的關係，對拉丁美洲文化而言，為一重要觀念。另如家庭至上（familialism）的觀念，強調家庭的重要性和價值高於個人，家庭是重要的保護因子（Santisteban & Mitrani, 2003）。另一個例子為非口語溝通，包括眼神接觸的細微差別，交談中彼此的距離和其他非口語的訊息均含有重要的文化意涵。讓拉丁美裔或亞裔文化族群的個案在治療／諮商會談中，主動改變交談方式或改變一個人慣有的談話方式可能不適合，因他們認為治療／諮商晤談應是治療師／諮商師當家作主，或用抑揚頓挫的語調說話讓他們感到不自在。此外，在第一次治療／諮商晤談時，洩漏大量私密資訊也令他們不安，因他們需要比較長的時間與治療師／諮商師建立關係，及進行資料的蒐集。對某些族裔個案而言，重視家庭及家人關係要比把重點放在個人身上還要適當（Nwachuku & Ivey, 1991）。Takushi和Uomoto（2001）鼓勵治療／諮商加入環境的訊息和線索，如諮商中心或治療室牆上的圖畫或候診室放置的雜誌，須具多樣性的語言及種族性。另一個文化不協調的例子是時間定向問題——過去、現在或未來。但終歸一句話，若將上述論點視為金科玉律，則又造成另一種刻板印象。不妨把這些知識當成是提供思考或開啟人際了解的架構。受督者若要增長本身的文化認識，須接受密集的課程、大量閱讀、與人討論，過著多元文化的生活及具有多元文化治療的經驗。

個案—治療師因素

尚有其他在地單一種族觀點與個案和治療師的互動有關，因此對心理訓練相當重要，治療師在這些項目上也需要特別的訓練，如語言及非語言的禁忌；常被人誤解的觀點和事物；對治療師和治療結果有正面影響的變因。受督者了解在地觀點之內容，將對其信念系統及觀點有深遠的影響，也影響到個案家庭是否接受治療，或受督者能否將個人信念及心理／諮商教育的信念結合在一起。如問候印地安裔美人「你好嗎？」所得的答案永遠不同，無法判斷出它的文化意涵，因此沒有任何效果（Trimble, 1991）。對非裔美人而言，治療師須真誠尊重個案對種族歧視、區別待遇及不信任等潛在文化的抱怨，如此才能避免含偏見的診斷（Whaley, 2001）。而在治療亞裔美人時，不適合使用傳統治療所重視的公開表達情感。對華人學生來說，治療師的可靠性（credibility）是預測他們繼續使用治療意圖（intent）的最佳因子，也是唯一的因子；但對美國白人而言，使用治療意圖的最佳因子有兩個：治療師的同理心及可靠性。而其中可靠性又受多種因素影響——問題理解概念、問題解決方法、治療目標的規劃等，上述每一個因素都需要與個案的信念系統與家庭結構協調配合（Zane & Sue, 1991）。精神醫療流行的症狀焦點學派（symptom-focused），可能與某些文化族群的父母看待孩子問題的方式有衝突，如父母可能認為治療須把重點放在孩子的問題上（如在校成績差、曠課），而不是孩子的憤怒及憂鬱症（Cauce et al., 2002）。同樣地，對精神健康問題，各文化也有不同的「憂慮線索」（distress thresholds）（Weisz & Weiss, 1991）。其他尚須考慮的重要問題有：在地種族觀點—泛種族普遍觀點在臨床理解概念上的區別、非口語溝通、自我吐露的深度、時間及一般環境訊息（Takushi & Uomoto, 2001）。

督導因素

多位學者討論到與督導師－受督者互動有關的在地觀點（M. T. Brown & Landrum-Brown, 1995），他們建議須注意以下項目：口語溝通的價值（因它仍是傳統督導角色的重心）、語言系統之相同處與相異處，及對權力、社會地位、經濟地位差異之反應（M. T. Brown
131 & Landrum-Brown, 1995）。Ryan和Hendricks（1989）也強調一些重要因素，如認知導向、思考模式及問題解決模式、動機導向（包含獎勵的角色、控制核心）及價值導向（包含家庭與團體、階層制度）及平等主義。作者建議使用修改的Falicov（1995）架構來思考上述因子，將非常有效；比較個案、家庭、受督者及督導師各自的生活，當成處理、規劃未來介入及對介入之情感回應的方式。結合Falicov模式及種族認同發展的架構，提供了解此關係運作因素的更佳途徑。舉例來說，若拉丁美裔受督者在白人督導師的指導下，治療拉丁美裔個案時，督導師的期望是受督者與個案及個案的家庭有很多共同點及相通之處，但受督者的情況可能是移民來美的拉丁族裔第三代後代，他（她）根本不會講西班牙語，也不認同拉丁文化，對自己身為拉丁族裔感到不安，督導師及個案與個案家庭對受督者的期望可能造成他強大的負擔，類似這些問題都要在督導中以開放的方式加以面對處理。

實證研究支持有效的治療法經分析後均具有多元文化觀點，且經由兩大程序處理介入：首先是不考慮環境及情境因素，決定介入策略的文化基礎，之後才是根據族裔相關的文化特質加入環境及情境因素（Quintana & Atkinson, 2002）。要進行這樣的歷程，一定要對在地種族相關的文化特質非常精通熟練，相關例證請見 Ancis（2004）。

諮商／心理治療訓練中的性別及性傾向問題

下面各項訓練已長久被忽略——性別、性傾向、性別認同及對男同志、女同志及雙性戀的有效治療服務（Bruss, Brack, Brack, Glickauf-Hughes, & O'Leary, 1997; Phillips & Fischer, 1998）和變性個案（Carroll & Gilroy, 2002）。Murphy、Rawlings及Howe（2002）對男女同志及雙性戀者的諮商／心理治療訓練未能得到充分評估一事，感到憂心，但他們認為上述各項實際的訓練情形可能不像報導中的那樣糟，雖然如此，各種族文化中及不同種族文化間的性別角色認同可能有很大的不同（Fassinger & Richie, 1997）。處理這問題的第一步是增加督導師對性別角色認同有更多的自我察覺，所以當督導師訓練受督者，為其做示範時，應把男同志和雙性戀的問題納入考慮。Bruss等人（1997）提倡以下的做法：結合教導式學習，受督者應努力設法解決價值結構及恐同症的問題，最後學著「把自己當成工具」（p. 70）。在整合過程中降低防衛，才會有更多的自我
揭露。若受督者本身是同志或雙性戀者，並不代表他（她）在治療 132
同志及雙性戀個案時，不會有任何問題（Buhrke & Douce, 1991）。此外，Porter（1985）認為督導師應該探究內心厭惡女性的態度，這對女性主義督導師將是非常困難的部分，但督導師應了解自己的性別歧視及其他歧視將如何影響著個案的治療工作，至為重要。

美國心理學會針對男、女同志治療的研究結果顯示，諮商師／心理治療師有歧視的問題（Fassinger & Richie, 1997; Garnets et al., 1991），其中有：評估偏向病態化，即使個案問題與性傾向無關，也會把重點放在此議題上；不了解認同發展；不了解透露自身認同發展所產生的衝擊；貶低同性親密關係之重要性；錯誤地認為性傾向問題導致了不良親職問題；依賴個案來教育治療師；教導錯誤的資訊，誤導個案；對自己的歧視和刻板印象不自覺（Stevens-Smith,

1995），因此更需要徹底反省。

雖然很多人都非常注意女性性別議題，但若因此認為男性性別議題無關緊要，那就大錯特錯了。在多樣化—敏感度的訓練中，應包含以下重要的項目：介紹女性主義督導理論（Cummings, 2000; Porter, 1985）；男性社會化過程及此過程對男治療師的衝擊；性別配對（gender pairing）；一般覺察能力的提升。男性社會化歷程的傳統模式有：獨立自主、減少情感的表達、採用堅忍和攻擊的因應風格（Wester & Vogel, 2002），而這些傳統模式在心理治療訓練方案中也產生了特殊的結果，如性別角色衝突結果，亦即男性社會化歷程的結果，可能引發反移情或干擾移情及反移情現象的討論。Wester和Vogel（2002）提倡要增加對歷史及社會化歷程的了解，鼓勵男性挑戰自身社會化歷程中有問題的部分（尤其是與心理執業和督導關係相關的部分），及促發成功執業的相關因素。

女性主義督導理論所提供的典範有助於減少治療和督導的權力差異，根據此理論，有權者創造了意義，減少個人權力，能主導整個環境的改變。如在焦點解決治療法中，個案是專家，賦予相當大的權力，受督者也是；督導僅存在於關係背景中，使督導師能用敬意的態度來挑戰受督者，並重視受督者的情感反應（Prouty, 2001），並以雙方簽訂契約的方式來增加共同責任（Zimmerman & Haddock, 2001）。

Gatmon等人（2001）的研究顯示，督導的高度整體滿意度與督導性別及性傾向異同之討論有密切關係（36%回收率）。然而很少有督導師會主動進行這類主題的討論，事實上，這種討論也鮮少發
133 生。督導師有責任與不同特性、群體的人口和動力保持接觸，如近年來，男同志、女同志、雙性戀及變性社群的性別及性認同變動性大，而女同志文化對女性主義不予認同等趨勢（DeAngelis, 2002）。現今研究引導受督者及督導師把「性」看成是一個流動的連續體，而不是一組單一或二分的名詞而已（Reynolds & Hanjorgiris, 2000）。

治療師對同志及雙性戀個案的態度和行為之間，也出現有趣的不同反應；一端是諮商師／治療師對同志、雙性戀個案友善正面的態度，另一端則是不友善、負面、批判或故意忽略的態度。諮商師／治療師逃避性傾向的主題會導致恐同症（Mohr, 2002），且避免的後果將對治療態度有嚴重的影響。

了解諮商師／治療師或督導師的性傾向工作模式也十分重要。異性戀的諮商師／治療師或督導師可能把所有人的性傾向看成是一樣的，唯一的不同只有性吸引的對象及生活方式而已。但這種想法及做法易成為刻板印象，而忽略了特殊性及不同性，也誤導諮商師／治療師及督導師，讓他們誤認為所有的個案都是異性戀者。而在強制的異性戀標準下，異性戀是唯一可接受的性傾向，同時也侮蔑了同志和雙性戀者。曾有人認為治療同志及雙性戀個案最具有挑戰的地方，是諮商師／治療師面對處理個案隱性的性傾向（Reynolds & Hanjorgiris, 2000），因此對一位有多元身分的個案，如他（她）是同志或雙性戀者，又同時是少數族裔，無法一一顧到的複雜性及可能性都會增加。

Mohr（2002）曾提出一連串的督導問題，來提升異性戀受督者治療同志及雙性戀個案的專業知能。這些問題包含督導師和受督者所持性傾向的主要工作模式，及這些模式如何導向錯誤的觀念及行為。

身心障礙者的訓練問題

1990 年，美國身心障礙法案將身心障礙者定義為：

- 有肢體或精神心理的障礙，嚴重限制住此人一種或多種的生活活動；
- 有上述障礙的紀錄；

・被視為有上述障礙的人。

身心障礙者在下列項目上受到限制：行走、視覺、聽覺、說話、學習、思考、專心或工作；有任何上述限制的個人；酒精或藥物上癮者或在勒戒中，及其他類型的身心障礙，如臉部疤痕等。諮商師／心理治療師治療身心障礙個案所受的訓練不足，美國心理學會調查顯示僅2%的會員是身心障礙者（Olkin, 2002），且訓練機構提供諮商師／治療師與身心障礙者互動的機會極少。然而人口統計資料顯示，15%的美國總人口為身心障礙者，他們是美國境內最龐大的少數族裔（Olkin, 2002）。Olkin（2002）注意到 1989 到 1999 年間臨床心理研究所有關身心障礙的課程銳減：在 1989 年有 24%的臨床心理研究所有身心障礙課程，但到 1999 年，只有 11%的臨床心理研究所提供這類課程，且重點多放在認知障礙上，而非身體、感官或精神障礙上，變成「身心狀態良好的治療師為身心障礙的個案做多元文化治療，諮商師／心理治療師卻根本沒有應具備的專業訓練」（Olkin, 2002, p. 132）。另一個不幸的情形是，這些不懂身心障礙法令又不了解身心障礙者的諮商師／心理治療師，卻掌有評估身心障礙個案之大權（Goodman-Delahunty, 2000）。Kemp和Mallinckrodt（1996）研究顯示，曾受過身心障礙訓練的諮商師／心理治療師對身心障礙個案的態度較未受身心障礙訓練的諮商師／心理治療師積極正面，且會以治療項目之重要性依序處理。

年齡——多樣化因素之一

有人預測到 2020 年，20%的美國人年齡將超過六十五歲。調查美國心理學會會員（41%回收率）顯示，僅少數諮商師／心理治療師的個案是超過六十五歲的老年人，而且僅少數諮商師／心理治療師受過老年人心理治療的正式訓練（Qualls et al., 2002），因此老化、老年心理治療訓練及所有與老年有關的多樣化因素，均為心理治療訓練中重要的部分。Molinari 等人（2003）提出諮商／治療高齡者應具備的知識和技能之建議及指導方針，其中專業知能有：正常老化；專門評估；診斷及治療的考量；溝通及跨學科工作；特殊臨床注意事項。因高齡者有許多認知、生理機能的重大改變及負面生活事件，因此治療師絕對需要專門的訓練。

提升治療多樣性之專業知能

諮商／心理學門一直忽略了受督者使用多元文化觀點治療個案的研究（Ladany, Inman, Constantine, & Hofheinz, 1997）。當研究發現受督者經驗和表達觀點會增加其知識與技能後，就陸續展開更多針對影響受督者多元文化察覺因素的研究，而多元諮商察覺量表（Multicultural Counseling Awareness Scale）只是其中一小部分而已（Pope-Davis, Reynolds, Dings, & Ottavi, 1994）。

研究結果顯示曾督導過某特定文化個案的受督者，會對該文化的專業知能在自陳上有較高得分的表現（Allison et al., 1996）。Ponterotto、Fuertes 和 Chen（2000）認為，提升多樣性專業知能與個人經驗結合多樣性教育與訓練經驗有關，即多元的人生體驗、自身的經驗與覺察、朋友家人的經驗與覺察，結合正式的訓練，能夠提升治療師的多樣專業知能。Pope-Davis 等人（1994）認為，多元文化諮商的督導知能可藉由參加多元文化工作坊、修讀多元文化諮商課程，及接受多元文化諮商督導等管道達成。Ladany、Inman 等人（1997）發現，多元文化個案理解知能與受督者完成多元文化課程或治療多元文化個案之經驗有關。多元文化專業知能之成效評估及它對個案治療成效之衝擊仍須努力，包含是否某特定經驗或課程會提升多元文化專業知能。

另一初步發現是，多元文化專業知能代表了一般諮商專業知能，或多元文化專業知能是一般諮商專業知能的預測因子，正如 Coleman（1998）所說：「具備多元文化專業知能就代表具備了一般諮商專業知能」（p. 153）。當治療師企圖表現得愈與文化無關，個案會愈認為治療師的一般諮商知能不佳（Coleman, 1998）。這個發現也支持了 Constantine（2002）的研究結果：在個案對諮商師的一般專業知能看法與個案對諮商師的多元文化專業知能看法之間，約有 60%的重疊變因，顯示高效能的治療師一定須具備多元文化的專業知能。

Constantine（2002）認為，諮商師專業知能甚至比個案的膚色還要重要。雖然 Fuertes 和 Brobst（2002）在研究中發現，一般諮商專業知能（如同理心和可信度）和多元諮商專業知能之間有 50%重疊變因，然而對少數族裔受訪者而言，多元文化諮商專業知能仍是
136 個案滿意度中最重要的因素。在評估多元文化諮商訓練對白人受訓研究生的潛在衝擊上，顯示他們對種族歧視及白人優勢的了解在持續增加中，並認同非種族歧視的白人定義。在多元文化課程及補充閱讀材料的四十五小時後，他們對多元文化的欣賞與喜愛有明顯的增加。受訓學員表示對他們造成影響的方式有：專家諮詢、演講、錄影帶、課堂報告、班級討論（Neville et al., 1996）及與不同族裔互動的機會。此外，當白人受訓學員所接受的多元文化諮商訓練愈廣泛，則愈能判斷諮商晤談中的文化敏察程度，並愈能接受種族是重要議題的看法（Steward et al., 1998）。證據也顯示，非裔美人及拉丁裔美人諮商受訓學員的多元文化專業知能之自我評估分數，均高於白人諮商受訓學員，也許因多元文化在少數族裔諮商訓練學員生活中較具重要性所致（Constantine, 2001; Sodowsky, Kuo-Jackson, Richardson, & Corey, 1998）。受訓學員對自身文化之旅及其精神議題有愈多親身經歷的深刻了解，將引發他（她）更深的敬意及專業知能（Polanski, 2003）。而對自己文化背景知識具備深刻的認識及尊重，實乃文化專業知能之核心要素，本章接下來會陸續討論達到

此目標的範例。

由於受督者先前接受的多元文化訓練，是預測其整體多元文化專業知能的自我評估及其他多元文化評量的重要因子，因此心理學門應特別重視多元文化專業知能之定義、理解及訓練的完成（Constantine, 2001; Neville et al., 1996）。Gatmon 等人（2001）發現，督導中實際對種族、性別及性傾向議題的討論比例相當低，約有 12.5% 到 37.9%，而且督導師絕不會主動來談這些議題（回收率 36%）。事實上，開啟種族及其他多樣議題的討論是督導專業知能具體能力的表現，但對此問題，督導師和受督者看法不同。Duan 和 Roehlke（2001）曾研究諮商中心跨種族督導的問題，督導師－受督者每個配對中均有一名白人成員，超過 93%的督導師宣稱他們向受督者坦承沒有跨種族督導的經驗，但僅有 50%受督者表示督導師曾做過這樣的告知。在督導師主動討論文化差異及努力了解受督者文化的項目上，受督者的觀點也和督導師不同，受督者感覺受到督導師喜愛、重視和尊敬的程度，也不及督導師所說的那麼多。

137

多元文化諮商專業知能發展

受督者

要了解多元文化專業知能發展，一定要先想到多元發展理論：⑴多元文化諮商專業知能發展模式（Carney & Kahn, 1984）；⑵高效能多元文化督導階段（Priest, 1994）；⑶種族意識認同（Atkinson, Morten, & Sue, 1993; Helms, 1990; Sabnani, et al., 1991）；⑷非壓迫性人際發展（Ancis & Ladany, 2001）。Carney 和 Kahn（1984）提出五階段的受督者多元文化諮商專業知能發展模式，類似本書第二章的發展模式，內容如下：階段一，受督者對多元文化諮商了解很少，僅依憑自己的種族優越想法行事。督導師此時把重點放在提供支持、結構性的做法，協助受督者自我探索並了解個案如何受文化、人種及種族成員的影響，此時督導師會避免面質受督者。階段二，受督者覺察到自身種族優越的態度及行為，此覺察會日益增加。但他對個案與諮商師的發展程度如何影響諮商歷程一事仍了解有限。Corney 和 Kahn（1984）將這有限的了解稱之為「天真者的光環」（halo of naiveté）（p. 114）。在受督者對此議題有了基本認識後，他（她）對自身文化專業知能的自信將大幅提升（這應與自我評分的增高有關，較與多元文化理解無關）。此時督導工作的重點是繼續提供支持、有結構的環境，協助受督者了解阻礙文化溝通之障礙，深入探究自身種族優越信念的結構，檢視個案與自己世界觀的不同之處。本階段所產生的不一致，將促使受督者前進到第三階段，或將滯留在原階段，更加抗拒改變。階段三，受督者在治療來自不同文化的個案時，顯現出掙扎的情緒，他們渴望用心存敬意、文化敏覺的方式進行諮商／治療工作，但又陷在自身的歧見、價值衝突及過去的訓練中；這些因素讓他們貶低了種族和文化的重要性。此時，督導師應支持受督者，幫助他們接受自我察覺，並吸收新的文化知能與技術，將之融入治療中，強調須利用教育與接觸將文化差異之歧視轉化為尊敬。

138 階段四，受督者內化醞釀出新的專業認同，把自己看成是一位具備多元文化專業知能的諮商師／治療師，認可他人的世界觀，身處於將自身的種族認同與對個案種族認同了解的融合過程中。在本階段，督導師協助受督者了解諮商師／治療師對個案的影響，並協助受督者整合不同文化中可使用的元素；受督者也可以主動討論某特定文化專業知能介入的基本原理。階段五，受督者擁護來自不同族裔的個人權益，採取行動保護並提升文化多元主義及社會正義。此時督導師比較偏向諮詢者的角色，在此職責下，協助受督者澄清個人承諾、行動策略，並了解將如何成為有效的改變動因。

上述模式以發展性為基礎（仿照 Stoltenberg et al., 1998），它雖未能為督導師文化專業知能層級及個案－受督者－督導師三者間大量文化變因的互動關係命名，但本模式充分解釋了多元文化議題融入早期的個案理解概念及之後的入門訓練，一直扮演著治療歷程中可貴的角色（J. M. Bernard, 1994; Falender, 2001）。

督導師

Priest（1994）也提出有效多元文化督導專業知能的階段。階段一，督導師否認文化差異會影響督導的看法。階段二，督導師承認文化差異的存在，但缺少處理文化差異的專業知能，可能因此導致督導師有不知如何是好的感受。階段三，督導師努力欲認同影響督導關係的文化相異及相同處。階段四，督導師決定他（她）在文化體系中的立足點。階段五，督導師萌發出對不同文化特色的欣賞，提升督導歷程。階段六，督導師規劃出尊敬受督者文化及整合融入新技巧的方法。雖此模式未直接把個案和個案家庭考慮在內，但它確實提供了督導師達成文化專業知能歷程的有效架構。

種族及認同發展

諮商師／心理治療師或督導師能察知自身種族認同及種族優越
偏見，被視為是一發展性任務（Sabnan; et al., 1991），且為了解多
元文化督導之重要的一環（D'Andrea & Daniels, 1997）。大部分文 139
獻把重點放在白人、黑人及非裔美人的種族認同發展上，而忽略了
其他文化主體及少數族裔。下面我們呈現白人及其他少數族裔的種
族認同發展模式。其中白人種族發展模式是由Sabnani等人（1991）
所提出，他們整合過去的模式，提出一具階段歷程的種族發展模
式。了解受督者及督導師的發展階段往往是多元文化專業知能常被
遺忘的一個重點，凸顯出這個事實，即接受多元文化訓練的白人也
在不同階段、不同程度的種族發展中有不同的準備度。階段一，與

多元文化接觸前／暴露前，諮商師／心理治療師和督導師須獲取主位文化知識及客位文化初階諮商技巧。階段二，處於衝突階段的諮商師／心理治療師和督導師在維護人本價值和信念的同時，尚須遵從白人的標準，因而產生困境。此階段須了解歧視、種族歧視及它對情緒上所造成的衝擊，諮商／心理治療障礙的定義及發展適合特定族群的諮商／心理治療技巧。階段三，用「親少數族裔」和「反種族歧視」態度來審視白人父系架構。本階段須專注地沉浸在文化中，深入研究，提倡角色扮演及溝通技巧訓練。階段四，若第三階段引發出受督者或督導師的恐懼和憤怒，則會退縮到「白人文化」裡，會更重視普遍文化而忽略特定文化，有助於面對及處理受督者或督導師的負面情緒。階段五，「重新定義及整合」階段，將白人文化整合為受督者和督導師部分認同的價值，提升督導師及受督者對不同世界觀的尊敬，並加強特定文化的做法。Sabnani 等人（1991）並提供文化技巧發展練習的參考書目。

少數族裔認同發展模式（model for Minority Identity Development）（Atkinson et al., 1993）提供少數族裔種族價值融入西方主流（或白人主流）價值的整合階段。服從階段：少數族裔喜歡主流族群的價值觀及標準，輕視自己族群或其他非白人族群，因不喜歡非白人價值，而選擇白人為交往對象。抗拒／沉浸階段：少數族裔對自己的族群產生更多的驕傲，並對白人有更多懷疑。協同階段：少數族裔對自身種族、文化及種族認同產生自我成就感，但仍無法全盤接受它所有的層面，他（她）可能成為反抗種族欺壓及種族歧視的積極分子；若督導師對此協同表達敬意，則對受督者大有助益。

上述兩種種族認同發展模式的差別在於支配力量的不同。在白
140 人種族認同發展模式中，從白人種族優越及過分重視自屬的白人文化走向更寬廣的文化察覺及統合；但少數族裔種族認同發展模式則採用過多的白人價值觀，由此走向融入自身少數族裔的文化認同。在白人模式中，個人高居顯著支配地位，為別人戴上眼罩，但少數

族裔模式卻是少數族裔個人屈居下風，為自己的文化、人種與種族戴上眼罩。

Helms（1990）提議把種族認同發展的概念視為一認知發展的連續體，他認為它具備兩個階段：階段一，策略較簡單，種族認同發展層次也較低，種族優越感和順從是本階段的重要特徵。階段二，策略較複雜，種族認同發展層次也比較高，其中內容包含抗拒、假獨立、沉浸文化中及獨立自主。此連續體是理解受督者發展的有用方法，因它兼顧到認知的複雜性，並把不同資訊、觀念及情感整合於一體。

Ancis 和 Ladany（2001）描述一個無壓迫的人際發展模式，匯集了上面討論過的主題。在此模式中，認同的等級與多元的人口變項結合；此外，附加上強烈的情感色彩。本模式把個人分成社會欺壓組及社會特權組。有些人可能依人口特質變項同時屬於兩組，如性別上是社會欺壓組，但社經地位是社會特權組。本模式所根據的理論核心是依「人際功能方式」的發展（p. 67），或對自我情感及認同某特定人口之思想、情感及行為的進程完成。人際功能的各階段如下：階段一，**適應**、順從、自滿和冷漠：對文化差異的了解淺薄，抱持刻板的態度，情感察覺也淺薄有限。這階段的特色為否認與抗拒。督導師貶低受督者多元文化專業知能的表達，使用不正確的刻板印象，認為自己具有多元文化專業知能，但事實上，督導師將多元文化融入理解及構想的能力不足，更沒有能力處理自身與受督者或受督者與個案關係中的文化議題，也無法評估受督者文化議題方面的優缺點。此階段的受督者忽略影響個案的環境及文化議題。階段二，**不一致**：督導師感覺以前所持有的特權及壓迫少數族裔的信念與現在的經驗不符。貶低並用合理化做有效的防衛，仍留有適應期的殘餘（如刻板印象）。當督導師認識到不能再忽略種族欺壓的事實時，加速督促個人進入本階段。督導師及受督者此時多 141
少會注意到多元文化的問題，但受督者不會在督導中提出多元文化的問題。階段三，**探索期**：督導師認識到種族欺壓並感到憤憤不平與內疚，會因過去忽略它而感到羞愧，有更多領悟與洞察。Ancis 和Ladany（2001）強調，此時若督導師和受督者所處階段不同，會產生問題，如第三階段的督導師常提出多元文化的議題，使處於第一或第二階段的受督者抗拒。Ancis 和 Ladany 提醒過度熱心投入的後果，將過分強調文化的因素。階段四，**整合期**：本階段是最後的階段，純熟、精通、領悟、洞察，能夠把多元文化構想融入理解及概念中。受督者能以正確的同理心，分析自己內在的歧視，區分移情和反移情現象。

Ancis 和 Ladany（2001）根據督導師和受督者的發展階段之異同，分析兩人間的互動——當督導師和受督者兩人都在探索期或整合期時，個案治療的成效最佳。治療成效次佳的組合是當受督者在整合階段而督導師在適應階段時，這也是目前最常見的組合。至於在此架構下，特權和壓迫如何發生在督導師和受督者身上，則不甚明瞭。似乎有許多其他的動力在重大關鍵事件之外，以十分複雜巧妙的方式推動進行著，其中包含繼續教育、臨床資料或個人生命經驗。此外，若發展模式能包含個案及個案家庭的同化程度及人種－種族－文化認同階段，那就更理想了。

但以上所有的模式都未能完整地將受督者及督導師的多元文化專業知能發展整合成一體，也未能反映督導關係中的多元文化專業知能（Ancis & Ladany, 2001）。有人認為僅須具備多元文化知識和技術即可成為一位多元文化專業知能的諮商師／心理治療師或督導師，這個觀念是錯誤的。「一個人不可能只靠熟記文化專業知能，就能成為文化專業知能者，他（她）尚須透過多種積極主動的自我參與策略及程序，來學習及展現文化專業知能」（Helms & Richardson, 1997, p. 69），並評估諮商師／心理治療師的文化及種族態度，對個案－諮商師／心理治療師互動所產生的衝擊（Sodowsky et al., 1994）。

然而上述各模式不僅缺少實證研究的支持，未考慮到人格動力的問題（Leong & Wagner, 1994），也沒有注意到個案－諮商師／心理治療師（即受督者）及督導師三人的情況，因三人可能來自不同的種族、社經地位、同化程度、宗教、性別、性別認同及年齡層。

Leong 和 Wagner（1994）認為，雖然目前我們對跨文化諮商所 142
知不多，但實證研究已證實了以下三點：

1. 種族對督導的影響甚巨，甚至包含受督者對督導師「具同理心、尊重及一致」的期望在內（p. 128）。
2. 種族能影響受督者認為督導師是否喜歡他（她）。
3. 但在某些情況下，種族又顯得對督導不具任何影響。

Leong 和 Wagner 決定了我們今後需要努力的方向及目標——即是否跨文化督導的發展實際上是一發展歷程？對種族而言，這過程到底有多明確？換言之，我們是要用一般文化模式或須為每一種族搭配特定的模式？Cook（1994）認為，把不同種族認同態度的督導師和受督者配對會產生權力差異，將導致督導師和受督者在「種族承認」議題上有更多或更少的表達和專業知能（p. 136），尤其當人未說出或僅用理性分析的方式表達對此議題的看法時。Cook（1994）鼓勵專業領域應固定討論受督者、督導師及個案三者的種族議題。

邁向督導專業知能的步驟

督導師為了達到多元文化專業知能的目標，一定要完成一系列的步驟。首先是要決定督導師的自我專業知能、系所的專業知能、實習機構的專業知能，及受督者的文化專業知能程度。正如第七章敘述倫理及法律專業知能部分，督導師有責任確立自身文化及多樣專業知能程度，但也不可能在社區治療機構中，因自覺專業知能不足，無法督導、協助某特定類型個案時，就辭去督導，因此督導師仍有職責加強自身文化及多樣性專業知能。

系所評估

評估系所的「內在氣氛」（Suzuki et al., 2001, p. 848）是一重要步驟，其中包含教職員工、學生及行政管理人員。開放環境中所含的態度、價值觀及行為堪為行政管理及臨床教師的典範，支持著尊重的氣氛及文化專業知能交流（Priest, 1994），鼓勵各種文化相關的議議、投入及問題。

143 諮商訓練機構可使用結構化的多元文化評估工具（D'Andrea & Daniels, 1991）。訓練機構的多元文化發展分為四個階段：階段一，**文化確定期**（Culturally Entrenched）：多元文化在此階段鮮少被接受。階段二，**跨文化覺醒期**（Cross-Cultural Awakening）：發展多元文化覺醒，有少許多元文化議題的討論。階段三，**文化完整期**（Cultural Integrity）：愈來愈重視多元文化，針對多元文化相關的各種議題開設單獨的課程。階段四，**融合期**（Infusion）：多元文化融入所有課程中。

D'Andrea和Daniels（1991）發現，大部分的諮商系所課程雖被評定為是在文化完整期或融合期，但實際上它僅在跨文化覺醒期。本模式在決定文化專業知能的起點和目標終點上，提供一結構性的架構，使人憶起Lefley（1986）的看法，他認為訓練可以分成三類：訓練可以是附加的，在標準的臨床訓練上再添加新的概念；它可以是取代的，如新觀念取代傳統的內容；它可以是融合的，新觀念融入訓練中。那些自稱沒有時間、沒有空間加入如此龐大的文化專業知能元素的人，將失去融合課程的重點。

本書附錄 E 的「諮商心理多元文化專業知能檢核表」（Multicultural Competency Checklist for Counseling Psychology），是為諮商心理系所製作的多元文化專業知能評鑑表，內容有少數族裔人數代表性的考量（至少 30%少數族裔——學生、教師及行政人員）、課程的議題（在課程和評鑑中討論多元文化議題）、諮商和心理治療執業工作與督導（透過訓練及督導提升多元文化專業知能）、研究（鼓勵並執行教師的多元文化研究）、評鑑（評鑑學生和教師的多元文化專業知能行為），及實際環境（環境顯示出對多元文化的欣賞）（Ponterotto, Alexander, & Grieger, 1995）。因學生和教師多樣性的呈現十分重要，本檢核表分析的範圍愈廣，則運用在訓練機構及實習的實用性愈大。受督者及督導師兩人均須填寫此檢核表，兩人在文化專業知能的觀點可能不同，如學生認為部分系所的專業知能不佳（Constantine, Ladany, Inman, & Ponterotto, 1996）等。

個人多元文化專業知能的評估

協助受督者評估並發展自身的文化自我察覺是相當重要的步驟。學生對於考慮別人的文化、人種、種族差異，較能接受，對於處理其他族裔個案做法的認知層面較積極（Tomlinson-Clarke, 144
2000）；但若要他們考量自身的這些元素，他們會感到不自在。具備彈性及開放性、適應文化差異及細微差別，均為多元文化專業知能成功的預測因子（Tomlinson-Clarke, 2000）。

督導師和受督者可利用下列測驗，初步了解自身的多元文化專業知能。多元文化察覺知識和技能問卷（Multicultural Awareness Knowledge and Skills Survey）（D'Andrea, Daniels, & Heck, 1991）；多元文化諮商量表（Multicultural Counseling Inventory）（Sodowsky et al., 1994）；多元文化諮商知識及覺察量表（Multicultural Counseling Knowledge and Awareness Scale）（見本書附錄 D，Ponterotto, Gretchen, Utsey, Rieger, & Austin, 2002）；跨文化諮商量表—修訂版（Cross-Cultural Counseling Inventory-Revised）（見本書附錄C，LaFromboise, Coleman, & Hernandez, 1991）等均可使用（Ponterotto & Alexander, 1995）。前三個測驗為自陳式測驗，有迎合社會需求的

傾向（Constantine & Ladany, 2000; R. L. Worthington, Mobley, Franks, Tan, & Andreas, 2000）。但也許自認有高度多元文化專業知能的諮商師／心理治療師，反而在社會迎合度上表現較差（Ponterotto et al., 2002），意即多元文化高覺醒的諮商師／心理治療師，反而不認為有迎合社會的需要（Constantine & Ladany, 2000）。研究受試者自評在多元文化專業知能的細膩度要高於實際的多元文化概念（Constantine & Ladany, 2000; Ladany, Inman et al., 1997）。迎合社會需要或符合社會標準本身就具有文化性的決定因素，例如 Sodowsky 等人（1998）發現亞洲人一般而言，比白人、黑人或西班牙裔同儕更傾向符合社會的需求。Sodowsky等人認為「要面子」是其中主要的原因，在社會情境中保留面子或不想與人起爭執對峙，意即避開衝突。在此研究中的亞裔受試者以為研究者要他們如此反應。Constantine和Ladany（2000）聽從 LaFromboise等人（1991）的建議，使用督導師對受督者所做的多元文化專業知能評量結果，即認定督導師具備充分足夠的多元文化專業知能，能夠評鑑受督者（Constantine & Ladany, 2001）。

受督者自評的多元文化專業知能與多元文化個案理解概念無關，因它與期望正好背道而馳（Constantine, 2001; Constantine & Ladany, 2000）。再者，可能事實上兩者是兩組分歧的理論概念（Constantine, 2001），而自評的多元文化專業知能之評分等級，可能僅反映出期望中的專業知能而非實際的專業知能（Constantine, 2001）。在一個模擬研究裡，R. L. Worthington 等人（2000）分析研究生判斷諮商師口語回答的逐字稿，得到以下結論：諮商師的多元文化語言內容與 LaFromboise 等人（1991）的量表呈正相關，即諮商師談到愈多文化、人種、種族及環境、社會情境等相關元素時，量表的分數會愈
145 高。這告訴督導師不要只仰賴受督者的自評或自陳式報告（Ladany, Inman et al., 1997）。R. L. Worthington 等人（2000）的研究為分析諮商師口語內容的多元文化專業知能提供了方法；正如Torres-Rivera、

Phan、Maddux、Wilbur 和 Garrett（2001）所做的結論——多元文化專業知能包含：對文化（多樣性）傳統的自覺；了解個人因素如何影響與治療過程相關的態度、價值觀及信心；認識自身多元文化專業知能之限制與不足；了解與來自不同背景個案工作時，不自在的來源及實例。因此具備多元文化專業知能的諮商師／心理治療師應有更富彈性的世界觀，足夠的個人能力勝任感，能對抗社會種族歧視的信念（Sodowsky et al., 1998）。Constantine 和 Ladany（2001）認為，同理心和人際敏感度可能與多元文化諮商專業能力有密切關係。雖上面所提到的測驗需要信度、效度、標準化與治療成果等資料（Ponterotto & Alexander, 1995），但若用其中一、兩種測驗建立起對多元文化專業知能基準線的了解，開始討論多元文化並將它融入訓練課程中，是相當有價值的。

治療成果集（portfolios）或治療工作彙報（包括晤談錄影及個案報告等）為另一種評鑑設計，雖有人批評它缺少信度且相當耗時，但它能顯示出治療師的專業知能發展（Coleman, 1997; Constantine & Ladany, 2001）。

多元文化專業知能的完成

一旦系所、督導師和受督者的多元文化專業知能評估完成後，下一個工作是執行提升專業知能方案，以達到 D'Andrea 和 Daniels（1991）所揭示的融合階段。然而須注意的是要使用綜合模式，如 D. W. Sue 等人（1992）所提出的多元文化諮商模式，或 Arredondo 等人（1996）的綜合模式，它們清晰表達出文化態度、信念、知識和技能。Arredondo 等人（1996）綜合模式的內容如下：第一部分，諮商師／心理治療師察覺自身文化的價值及偏見，如「具備文化專業知能的諮商師／心理治療師相信他（她）對自身文化傳統的自覺及敏感度是相當重要的」（Arredondo et al., 1996, p. 57）。第二部分，諮商師／心理治療師對個案世界觀的察覺。「有文化專業知能的諮商師／心理治療師對阻礙少數族裔生活的社會政治因素有清楚的了解」（Arredondo et al., 1996, pp. 64-65）。第三部分，選擇適合
146 文化的介入策略。雖然綜合模式的每部分組成元素均可操作使用，但仍須將它們轉換成訓練課程，正如 Abreu（2001）所言：「這些構思並沒有清楚建議欲幫助學生擁有多元文化專業知能所需的訓練內容」（p. 488）。Fuertes、Mueller、Chauhan、Walker 和 Ladany（2002）建議在治療初期，導入種族的討論，並用可操作的步驟加以測量。

Pope-Davis 等人（2002）針對訓練的普遍指導方針提出以下的看法：增進諮商師／心理治療師的文化知識基礎；諮商師／心理治療師公開坦誠地向個案透露其計畫及用意（尤其在蒐集文化資訊後及完成介入的計畫等）；根據文化知識做推論；捍衛訓練，不受刻板印象之侵襲，例如不對某一特定文化族群做綜合式的推論，僅針對特定個案及特定家庭做特定的構想及假設。

其他經驗性的活動也相當有效，如貼標籤（把刻板標籤貼在訓練學員背上）、聯想活動（聯想與人種、種族相關的意涵，藉此彰顯其隱含的意義）、與文化相異的學員配對，彼此分享文化資訊（Abreu, 2001）。

Wisnia 和 Falender（1999）也提出增進文化專業知能的一系列訓練活動及訓練程序（此資料列在徵募系所新生資料中）。開始時，先觀察與文化旅程或文化適應有關的影片；用 Falicov（1995）或 Hays（2001）的架構加以討論。另一個可進行的活動是建立督導師和諮商師／心理治療師的督導重點順序圖，如圖 6.1 所示，本圖主要目的在於建立督導師及受督者在督導時間裡，依重要順序排列的考量重點。督導師和受督者要想像督導時間內欲完成的重要事項，依重要順序排列。他們認為哪些督導介入是最重要的，要依照什麼樣的順序排列。雙方各自建構自己的重點順序圖，之後彼此比

個案、個案家庭和治療師的安全

法律及專業倫理層面的考量

文化重疊部分：少數族裔主體文化考量

理論導向

注意過程相較於注重內容
對治療過程的看法
治療師的角色
注重過去、現在或兩者並重
表達治療目標

移情—反移情的考量

個案的反應

線索
情感
非口語溝通
過程
文化變因
對文化變因的尊重及觀點
對專業界線的一貫尊重

注重優點

受督者及督導師之間的互動

開放
尊重

有機會接觸治療資料並對資料有所回應

對督導有所回應

尊重文化

未來性

將現有資訊融入未來計畫中

有能力預見介入法及計畫的可能結果

找尋督導師及受督者相合與不合之處

比較督導師、受督者、個案和個案家庭的重點順序圖

圖 6.1 重點順序圖例

較順序圖，討論其中的差異及它們如何影響著督導關係、治療關係及治療結果。比較重點順序圖有安全的考量、實用的考量、倫理、法律及其他多樣性考量的理由。凸顯出個人對這些議題的看法，更增加多元看法及加強彼此的溝通。使用此技術來幫助面臨問題的受
148 督者處理個案的特殊狀況，頗具成效。督導重點順序圖可補充前面的Falicov（1995）、Hays（2001）的架構模式及文化理解的概念。

督導師和受督者在比較重點圖後，透過下列一種情境脈絡描述其養育經驗、個人文化認同與發展：Falicov 的移民之路及文化改變；生態情境；家庭組織；家庭生命週期結構轉變。督導師和受督者根據特定文化變因，來呈現或找出代表其文化認同或感到自在舒適的生態情境（生活型態），如食物、音樂、詩、照片集、錄影帶，並分享文化的重要物件。處理的過程包含反應、表達被引導出的情感、努力加強彼此各方面的連接感，及文化經驗的連接感。接下來討論督導師、受督者、個案和個案家庭相關的重點順序圖及它對治療過程的影響。當上述成員覺察到彼此有相似經驗時，可討論其中的迷思、錯誤觀念或刻板印象。最後，處理個人的及經驗上對偏見、刻板印象的了解。在追蹤時，可使用Falicov（1995）的模式對督導師和受督者文化地圖的了解，進行詳盡的個案分析。

Zimmerman 和 Haddock（2001）提出修改過的「盒內盒外」活動（原創作者為Creighton和Kivel, 1992）。活動內容如下：準備兩個盒子，一個盒上標明「男性」，另一個盒上標明「女性」。受督者列出社會認可的男女兩性之特徵、態度、氣質及行為，這些是「盒內」行為（“in-the-box”behaviors），另寫下男女「盒外」行為（“out-of-the-box”behaviors）的下場。如男性表現出盒外行為時，會被看成是「男同志」、「脆弱」或「被動」，而女性則被視為「高居一家之主的龍頭地位」，受督者也要考量到「共通盒」的行為（“common-box”behaviors），如分享生命目的等。

Arredondo 等人（1996）的附錄提供了多種了解世界觀的極佳

活動，包括閱讀、工作坊、會議及策略。

督導師初步的工作是訓練受督者提出有關人種、種族及多樣性的問題（Hird et al., 2001）。接下來，將多樣性完全融入督導歷程（Constantine, 1997），觀看治療錄影來處理晤談中的特殊歷程（如督導師和受督者感情發生時的處理），或晤談中引發的想法和感覺，決定激發介入因素，將情感、真誠及開放融入多樣性討論中， 149
均為有效的做法（Garrett et al., 2001）。督導師並須示範多元文化專業知能，諮商師／心理治療師及治療男女同志及雙性戀諮商師／心理治療師在類似情境中會說的話及會做出的行為，同時讓受督者了解應極力避免做的事（Phillips, 2000）。督導教學的另一個重點是協助受督者了解語言和想法的衝擊性，如使用「伴侶」一詞而非「男朋友」以避免性傾向的假設。

多元文化督導專業知能

督導師應具備的多元文化專業知能有：

- 了解影響個人世界觀的各種因素（如樂觀、悲觀、傳統價值，與大自然的關係）
- 具有自我認同的覺察力、尊重自身、受督者、個案及個案家庭多樣化的專業知能
- 有能力對受督者多元文化專業知能做多峰評估（multimodal assessment），包含自我評量、觀察評量、督導師及個案評量等
- 能在督導過程中示範多樣性及多元文化理解
- 對多樣性的各層面因素能表現出尊重、開放及好奇，並了解它們對行為互動、治療過程及督導過程之衝擊
- 討論督導的多樣性因子

07

第七章

危機管理及倫理法律判斷

雖然督導師可說是心理治療與諮商歷程中的監察人員（Slovenko,
1980），但直到最近，督導專業倫理才受到重視。在 1993 年，當諮商師教育及督導學會（Association for Counselor Education and Supervision, ACES）首次公布「諮商督導師專業倫理準則」（Association for Counselor Education and Supervision, 1995），這套準則是從美國心理學會「心理師專業倫理準則及行為規範」中推演而得。由 McCarthy 等人（1988）所率領的州公共事務委員會認為「督導師須遵守的倫理準則」的爭論核心觀點，事實上是個神話（p. 26）。美國心理學會最新版的「心理師專業倫理準則及行為規範」，第七節特別談到心理治療教育與訓練。儘管諮商師教育及督導學會專業倫理準則在內容上是最廣博的，但並未獲得美國心理學會的採用。諮商師教育及督導學會是美國諮商學會（American Counseling Association, ACA）所創立的分會，由於美國心理學會沒有給予明確的指導方針，因此心理師在遵守其他學會的倫理準則上應審慎（J. Younggren, personal communication, 2002）。

督導師的角色之一是作為受督者在嚴謹專業倫理規範的角色楷

模，展望未來治療工作的每一部分及特殊的倫理考量（如心理診
152 斷，見 Rupert, Kozlowski, Hoffman, Daniels, & Piette, 1999），並考量行政管理－督導師－受督者－個案整體環節的倫理問題，及內含的錯綜複雜性。由教師和督導師親身示範倫理行為固然重要，但卻未必能保證一定能培養出學生的倫理態度和行為（Kitchener, 1992）。上述環節的每一部分均扮演著多種不同的角色，複雜性也應運而生，正如 Rest（1984）提出的警告：「學生通常有不去主動探討道德議題的心態及思考方式，他們並不期待道德議題會成為專業生涯無法迴避的部分，當他們遇到突如其來的道德困境時，他們通常根本沒有準備好處理這些問題」（p. 21）。督導師應和受督者溝通，「堅守專業倫理需要本著慈善和勇氣來行事，而非穿著保護胄甲，逃到安全地來藏身」（Koocher & Keith-Spiegel, 1998, p. 4）。

本章將評述並檢討下面的主題：心理治療師所面臨的專業倫理及法律困境；督導師和受督者可能會出現的專業倫理違規行為；與督導有關的專業倫理議題，包含專業知能、合法訴訟程序、知後同意權、保密、多重或雙重關係、解決專業倫理問題、專業倫理訓練、玩忽職守（包含督導的法律實例）、預警保護的問題、文件記載、歸檔、推薦函及風險管理等。

督導師有責任向受督者介紹州心理執業相關法令及規範（即州執照考試委員會法規、福利及機構法規），與規範治療工作的專業倫理及法律規條。

專業倫理核心原則

專業倫理規範不可能涵蓋督導及治療工作所有可能發生的事件。值得贊許的是，最新修訂的美國心理學會「心理師專業倫理準則及行為規範」（APA, 2002a）訂定了一般規範，其中充滿慈愛、尊嚴、不傷害、忠貞、責任、正直、公義及尊重他人權利等。這些

均來自於 Beauchamp 和 Childress（1979）及其他學者的想法（Kitchener, 1984, 2000）。Koocher 和 Keith-Spiegel（1998）在此核心倫理準則外，另加上：給予他人尊嚴、視他人為值得敬重的對象、待之以悲憫、在謹守專業的範圍內表現體貼和關愛、追求卓越、維持專業知能的水準、接受責任（包括考慮到可能發生的後果）、接受採取行動或不採取行動本身應負的責任或行事正直。Meara、Schmidt
和 Day（1996）另增添了真實和可靠性，這些準則同時為專業倫理 153
行為及督導倫理問題解決提供了架構。

心理師／諮商師的專業倫理及法律困境

用不同角色來看心理師／諮商師的專業倫理行為，為他們在督導中的行為提供了解的情境與脈絡。Pope 和 Vetter（1992）曾對美國心理學會會員所遭遇的專業倫理問題進行研究，七百零三件倫理事件中，違背保密原則所占的比例最高（18%），其次依序為曖昧不明的關係、雙重關係或衝突關係（17%），付款者、付款計畫、付款機構及方法（14%），有關學術機構、教學困境和訓練的問題（8%），督導問題（2%）。另外還有涉及多方提供者及個案時，遵守專業界限的困難。

州郡心理委員學會（Association of State and Provincial Psychology Boards）蒐集並分析有關證照懲戒資訊，與美國心理學會會員倫理困境的報告比較時，發現兩者有相當的不同（Pope & Vasquez, 1998）。州郡心理委員學會所發現的心理師／諮商師違反倫理紀律的行為有：和個案發生性關係或雙重關係（35%）；心理師／諮商師行為不符合專業、違反專業倫理及玩忽職守（28.6%）；詐欺行為（9.5%）；心理師／諮商師被定罪判刑（8.6%）；督導不足或不適當（4.9%）；有缺陷和有問題的紀律行為（4.1%）；心理師／諮商師違反保密協定（3.9%）；不適當或不完整的文件紀錄（3.4%）

（Pope & Vasquez, 1998; pp. 32-33）。保密問題是美國心理學會會員最常遇到的倫理困境，但在州郡紀律行為的登記上，數量卻相當低（3.9%），而居美國心理學會會員第二大問題的雙重關係、衝突及曖昧不明關係反而在州郡違反紀律行為上高居第一（35%）。至於督導問題，雖在 Pope 和 Vasquez（1998）的研究（即州郡研究）呈現的比例低，但在 Pope 和 Vetter（1992）的研究（即美國心理學會研究），比例卻增加兩倍。其中有趣的是保密問題，它也是大學諮商師呈報最常遭遇的倫理問題（Hayman & Covert, 1986）。也許保密問題是專業人員及督導師普遍最常遭遇的問題，但常透過私下管道解決，並不會浮現到檯面上正式解決。

根據Pope和Vasquez（1988）從美國心理學會保險信託（APA's Insurance Trust, APAIT）資料分析中得知：心理師實際被控告並提出起訴的前五大原因，依次為不當性行為（20%）、錯誤治療（14%）、評鑑造成的損失（11%）、違反保密及個案隱私權（7%）
154 與錯誤診斷（7%）；未提供適當督導（2%）則居第十二名。雖然美國心理學會保險信託在其訓練風險管理中已提出警告，實施督導將大幅增加督導師的風險指數（Harris, 2002），但此說法仍有待執業心理師來證實。

心理師／諮商師似乎在應做與實做之間有頗大差距，意即他們知道應該如何做，但實際上卻不會遵循這樣的做法（Bersoff, 1995），尤其是督導部分。Pope 和 Bajt（1988）做了一非正式的研究，得知 50%以上的心理師／諮商師故意不遵守法律及專業倫理規範；J. L. Bernard 和 Jara（1995）的研究顯示，多數已修過專業倫理課程的臨床心理研究所學生，平均有兩件違反專業倫理的情況。J. L. Bernard、Murphy 和 Little（1987）以美國心理學會第十二部門的心理師為研究對象，大部分心理師表示他們確實遵守專業倫理的要求，但 25%至 37%的心理師坦承未完全做到專業倫理的要求，T. S. Smith、McGuire、Abbott和Blau（1991）的研究也得到類似的結果。

對心理師／諮商師來說，兒童虐待通報是他們最可能違反法律要求的項目，心理師／諮商師會憑著信念來行事（Pope & Vetter, 1992），但近年的研究（Renninger, Veach, & Bagdade, 2002）卻有不同的發現：心理師／諮商師對兒虐通報已有足夠的知識與認識，且對相關法令也相當滿意。一般受訓學員對兒虐通報顯現出承受相當大的壓力，尤其在第一次或第二次通報時。此外，當受督者與其他治療師共同治療兒虐個案或受督者有多位督導師督導他（她）所治療的兒虐個案時，通報的困境會更為複雜，這是因不同價值觀或不同通報線索所導致。

專業倫理在衝突的情況中，若有清晰明確的專業倫理規範或法律可遵循，心理治療師／諮商師自然會依法而行。但若在治療師的應做與未做之間有許多理由，如個人價值觀、信念結構及執業考量，似乎此灰色地帶更考驗著心理治療師／諮商師的決心（T. S. Smith et al., 1991）。理智勝於情感是另一個違反專業倫理的原因（Betan & Stanton, 1999），此事實指出專業倫理問題的解決須結合常被忽略的情感因素、問題解決及訓練環境。個人生活史是另一個違反專業倫理的因素，Pope 和 Feldman-Summers（1992）的研究顯示，超過三分之二的女性心理治療師／諮商師和將近三分之一的男
性心理治療師／諮商師在兒童期或成人期曾遭受過虐待，由此推 155
估，可能相仿比例的受督者也有受虐歷史。受虐引發強烈的情感敏銳度及反應強度，影響著心理治療師／諮商師的回應，使他們做出平常不會做出的偏頗判斷。Pearlman 和 MacIan（1995）的研究顯示，在治療個案的創傷後，心理治療師／諮商師自身的精神創傷也影響著他們的安全觀、自我信任及自我親密感，新進治療師／諮商師尤然。

在兒童臨床心理部分，孩子的發展狀況是執行專業倫理信念的重要考量因素（Mannheim et al., 2002），因此跨越專業界限（如參與個案重要生命大事、擁抱個案、向個案購買募捐物品、送禮給個

案）及保密（青少年比兒童更看重保密），均視兒童的發展狀況而定，如兒童的年齡。在J. R. Sullivan、Ramirez、Rae、Razo和George（2002）的研究中，受訪的兒童心理師表示不遵守個案保密規範，但並未違反專業倫理，例如青少年個案有自殺行為、使用藥物、性行為及酗酒等，此外，尚須考慮個案行為的頻率、強度、延續時間及行為種類等因素，對受督者來說，十分困難，當治療師／諮商師與個案年齡愈接近，則治療師／諮商師愈傾向認同個案。

受督者對督導專業倫理的看法

Ladany、Lehrman-Waterman、Molinaro 和 Wolgast（1999）研究碩士班及博士班實習受督者對督導師專業倫理行為的看法（49%回收率），結果發現 51%的受督者呈報他們的督導師至少有一件違反倫理的行為，平均違反件數是 1.52 件，標準差為 2.35，其中高居違反倫理行為排行榜的是督導師未能謹守評鑑及監督學生的指導原則、未遵守督導保密協定，及使用的理論觀點等問題。至於督導師最能遵循的專業倫理項目為：謹守性界限、不與受督者發生性關係、遵守治療／諮商和督導之間的界限、結束督導及追蹤等問題。對於自己的督導師違反專業倫理一事，受督者的做法是：35%的受督者直接向此位督導師提出並與其討論，54%受督者與別人討論此事，84%受督者與同領域的同儕或朋友討論過此事，33%的受督者
156 與重要他人討論過此事，21%受督者與另一位督導師討論此事，而僅 18%的受督者與某位治療師／諮商師討論過此事。受督者認為當時約有 14%的主管知道督導師違反倫理一事，但這些主管未做任何處理。受督者認為督導師違反倫理一事，對個案治療的影響具有輕度到中度的負面衝擊。當督導師出現更多不符合專業倫理的行為時，受督者對督導師的滿意度會下降。

受督者違反專業倫理的行爲

Fly、van Bark、Weinman、Kitchener 和 Lang（1997）曾調查臨床治療研究所及諮商研究所的研究生，四十七位受試的研究生表示曾犯下八十九件違背專業倫理的行為（19%回收率）。Pope 和 Vetter（1992）研究美國心理學會會員，發現保密是違反專業倫理行為名單上的第一名，占 25%，接下來依次為不遵守專業界限，包含與個案發生性關係及非性關係的問題（20%）、抄襲或偽造資料（15%）、傷害個案福祉（10%）、程序違反倫理（10%）、專業知能問題（9%）、撒謊（8%）、證件不實（3%）等。訓練機構單位主管透過第三者知道這些違反情事者占 36%，訓練單位主管或教師親眼目睹此犯法違規情事者占 25%。而 54%違反專業倫理的研究生曾修過專業倫理課程，但因本研究回收率過低，無法確定研究結果的信度及效度。

R. L. Worthington、Tan 和 Poulin（2002）悲歎對受督者的專業倫理要求不足和專業倫理行為未受到重視。他們針對可能有倫理問題的治療行為製作問卷，探索受督者可能的專業倫理反應，結果顯示督導師和受督者在不符專業倫理的看法上，差異甚少。受督者列出自己違反專業倫理行為的名單如下：對督導師感受不佳，卻未向督導師透露（93%）；未能及時完成個案紀錄（85%）；與人閒聊中，透露督導衝突，卻從未和督導師討論過督導衝突（83%）；避談自己所犯的治療錯誤或問題（76%）；避談對個案的不良感受（72%）；不處理個人強烈的（反移情）反應（62%）。這些發現是與未來有關受督者自我揭露及督導負面事件的研究藍圖，稍後會在本章陸續談到。

許多證據顯示心理治療師／諮商師現有的專業倫理訓練不足， 157
乃肇因於專業倫理規範的改變，應用的不同及實施於實際臨床與生活情境的過程未定。

督導相關的專業倫理議題

從Ladany、Lehrman-Waterman等人（1999）的分類推斷出與督導相關的一般倫理問題，同時也是諮商師教育及督導學會督導倫理所論及的問題，包括：專業知能（Lamb, Cochran, & Jackson, 1991; Stoltenberg et al., 1998; Vasquez, 1992），合法訴訟程序（J. M. Bernard & Goodyear, 1998; Russell & Petrie, 1994），知後同意（J. M. Bernard & Goodyear, 1998; Russell & Petrie, 1994），保密（J. M. Bernard & Goodyear, 1998; Ladany, Lehrman-Waterman et al., 1999; Russell & Petrie, 1994），多重或雙重關係（J. M. Bernard & Goodyear, 1998; Stoltenberg et al., 1998），專業倫理知識、行為及個人運作功能（Lamb et al, 1991; Vasquez, 1992）。「受督者表現評量、監督受督者活動或評鑑」列在Ladany、Lehrman-Waterman等人（1999）的分類項目中，將於本書第八章討論。「對個案及受督者多元文化敏察」也在分類中，因已在本書第六章討論過，故不再重述。Ladany等人（1999）談到結束治療及追蹤的問題，因諮商師教育及督導學會沒有列入，故本章也不列入討論。上述六類專業督導倫理問題會在下面逐一討論，最後會談到處理專業督導倫理困境的預防性策略及問題解決策略與督導做法。

專業知能

專業知能涉及督導師在公認的專長、訓練、經驗部分的功能表現，同時也確保提供受訓學員相同的功能與表現，無論是督導、轉介或諮詢。美國心理學會「心理師專業倫理準則及行為規範」（American Psychological Association, 2002a, 2.01[a]）對專業知能尚有以下定義：「心理師提供服務、教學及對人群的研究，僅限於他（她）的專業知能範圍內，而專業知能又基於教育、訓練、被督經驗、諮詢、研究及專業經驗。」

Pope 和 Vasquez（1998）將專業知能分成智性的專業知能及情
感性的專業知能。智性的專業知能指的是教育、研究的知識、介
入、治療技能、理論、批判思考及概念構想等。其中最重要的是察 158
覺自己不知的部分。情感性的專業知能指的是對自我的了解、監督
自我及照顧自我。

在受督者的專業知能領域，Sherry（1991）指出訓練上一個重要的問題：受督者受訓練為的是學習，他（她）尚未具備完整的專業知能來執行指派的心理治療／諮商工作，因此督導師須同時顧及受督者與個案雙方的福祉，採取平衡的做法。所用的標準應如美國心理學會「心理師專業倫理準則及行為規範」所述：

> 2.05：負責督導的心理師（即督導師）應採取合理的步驟……(2)將責任委派給適當的受督者，他（她）能獨立地或藉由督導師的協助，在教育、訓練或經驗基礎上，有符合專業知能的表現，(3)督導師須確保該名受督者具有專業知能的水準表現。

評量自身的專業知能

督導師如同臨床心理治療師／諮商師面臨一共同的核心問題，即找出自己的專長，並依此專長來進行督導或治療。Haas及Malouf（1989）曾用一系列指導標準來協助督導師評估自身的專長，此模式的基礎是建構在研究、理論及情境的限制上，姑且不論它在情感上能否得到幫助，或其決定能否為同儕接受並證明為正確的。這些指導方針在下列情況下，尤其有用：評估督導師處理及督導新的或

不同於平日執業內容的問題。自我評估是督導師的寶貴專業知能，為受督者之典範。

督導專業知能

Disney 和 Stephens（1994）問道：「督導師要進行督導，是否需要接受督導的專門訓練？」若將專業知能視為督導的核心倫理價值，則督導專業知能自然是督導專業知能之核心，它奠基於教育、訓練及經驗；然而督導訓練是最新加入的專業訓練項目。督導師的責任是要得到應有的專業督導訓練，並將所受過的督導訓練告知受督者（Kurpius, Gibson, Lewis, & Corbet, 1991）。72%領有心理師證照的資深治療師表示，無法確定他們的督導師是否曾受過專業督導訓練（McCarthy et al., 1994）。

159 在此要提醒督導師：須監控自身及受督者的專業知能（Russell & Petrie, 1994）。A. S. Newman（1981）指出督導專業知能的內容有：受過督導理論與實務的訓練；督導師能親身示範要受督者學習的技巧；對於個案的問題種類，在評量及治療上有經驗或曾接受過實務訓練者。

如果督導師的資格不符，應另外安排合格督導師或轉介個案給其他心理治療師／諮商師。諮商師教育及督導學會的「諮商督導師專業倫理準則」（Association for Counselor Education and Supervision, 1995）做了以下的敘述：「3.02：督導師只能在其專長及有經驗的領域進行教學及督導工作。」本書第三章對督導師的專長知能有更深入的討論。

督導師的文化專業知能在此背景下也現身，除了所修的課程外，督導師需要一個能協助他（她）著手處理個案相關不同變因的架構，在此所指的變因包括文化、性別、人種、種族、社經地位及宗教等。美國心理學會「心理師專業倫理準則及行為規範」做了以下的敘述（American Psychological Association, 2002a）：

> 2.01(b)：心理專業或專門知識建立了對以下各項相關因素之了解：年齡、性別、性別認同、人種、種族、文化、原生國、宗教、性傾向、身心障礙、語言或社經地位等，能有效完成心理服務工作或研究等重點項目。心理師一定要接受訓練、獲得經驗、諮詢或所需的督導，以確保表現出的專業知能品質或做合適的個案轉介，除非如準則 2.02 所述的意外情況下，必須提供的服務。

Pedersen（2002）提出專業知能的爭議點，他認為美國心理學會和美國諮商學會的倫理規範條文對文化的敏感度不足，顯得簡略粗糙，因籠統不明，故實用價值低。美國白人主流文化的價值，如個人主義仍被奉為圭臬。Lerman 和 Porter（1990）從女性主義觀點來看心理及諮商倫理規範時，發現這些倫理規範根本不是主動積極，而是被動消極的，明顯二分對立的行為，忽略女性及少數族裔的問題。

公平訴訟程序

訓練契約及評量的重點是要確保公平訴訟程序（due process），並維護及重視督導中的受督者權利。督導師有職責確保受督者清楚
了解實習的要求，具有安排及實施評量的相關專門知識，與具體評 160
估進步的方式等，正如 Cormier 和 Bernard（1982）所說：「督導師有責任在督導一開始時，就告訴受督者，所扮演的角色、期待、目標及評量標準」（p. 487）。同時須界定出訓練成功達成時的指標及未達成的後果。這些工具和過程將能界定出問題學生，並建立一個架構，能夠處理受督者的委屈與不平，及受督者被質疑專業知能不足時的情況。此過程須有清楚的操作性，能夠呈現給受督者。逢到公平訴訟的案子，受督者一定要在事先被知會，同時有聽審、答

辯及申訴的機會。

知後同意

知後同意（informed consent）指的是規範的確認，如督導師和受督者的資格與證照、督導方式、督導組織工作、督導要求及職責、督導互動期許、督導評鑑方式與公平訴訟程序等（J. M. Bernard & Goodyear, 1998）。此外，尚包含對個案、受督者及督導師的保密限制、督導目標、心理治療師／諮商師的風險得失（J. M. Bernard & Goodyear, 1998）及所付出的代價（Haas & Malouf, 1989）。治療前，須先將「知後同意」告知個案後，方能進行治療，督導倫理規範也有「知後同意」的要求，如科羅拉多州規定心理治療師／諮商師在給個案的書面資料上須具體明載心理治療師／諮商師的專業資歷、個案權利及州申訴委員會的地址（Handelsman, 1990）；督導師須熟悉各州的法律規定。

美國心理學會「心理師專業倫理準則及行為規範」有下列的要求：

> 7.06(a)在督導關係及學術關係裡，心理師建立一個立即且明確的回饋歷程，提供回饋給學生及受督者。督導師應在督導初期，就將此資訊告知學生。(b)學生與受督者的評鑑須以系所已建立的相關標準行之。

諮商師教育及督導學會「諮商督導師專業倫理準則」2.14 條明確規定：

> 諮商督導師應將下列各項納入所屬機構建立的政策、程序及系所、課程、個別督導關係中：知後同意的原則與實施、澄

清各項要求的內容、期許、角色與規則及公平訴訟程序等。
個別督導師應建立公平訴訟程序及申訴機制，並將此資訊提供給所有的受督者。

督導中有多種不同層面的知後同意及內容，Falvey（2002）談到五種層面：第一，當個案同意接受受督者的治療，且督導師同意督導此案時。第二，督導師和受督者同意建立督導關係及督導責任。第三，系所（機構）遵守督導的臨床、專業倫理及法律的規定，須取得個案知後同意，否則，將被裁定為怠忽職守（Falvey, 2002）。第四，個案應被告知心理治療師在督導師的督導下，且應提供督導師的姓名、證照及聯絡電話。第五，個案須同意心理治療師將所有的保密資料與治療過程與督導師分享。若未獲得個案同意，將使「督導師和受督者有違反保密之過失，而遭到索賠」（Disney & Stephens, 1994, p. 24）。

McCarthy等人（1995）列出督導關係中每個知情同意的項目內容，在專業揭露部分，他們解釋道：督導師應清楚說明督導的多元面向；此外，尚應將自身專業背景資料、臨床及督導訓練資訊、所屬專業組織及治療／督導理論傾向告知受督者與個案，並將上述部分內容條列陳述在契約上（見本書第八章），意即凡與督導組織工作相關的項目，包含督導次數、持續時間、督導地點、督導師或受督者取消督導會談時的後續處理、成功完成督導的學習契約之詳細內容。此外，契約中尚須載明督導歷程的目標，各目標的預期貢獻，呈現報告材料的方式及對錄影錄音之要求。最後，McCarthy等人（1995）著墨於評鑑及公平訴訟程序，以確保行政管理的類型、期許、頻率、標準及特定形式。受督者有權知道完成訓練及專業知能標準要求的詳細內容（Disney & Stephens, 1994）。以上資訊最好能用書面方式呈現，並由督導師和受督者雙方簽字認定。一般認為法律及倫理規範之要求應清楚陳述在文件上，並經雙方同意。另在契約和系所機構手冊中也應列出公平訴訟程序。

過去曾發生過受督者有不同保密限制的案例（McCarthy et al., 1994），因此保密限制應清楚地界定說明，以了解督導師能夠與訓練機構的行政人員、行政督導及系所教師們分享的資訊。McCarthy 等人（1994）也發現，五分之一正在接受督導且領有執照的臨床心理師，無法肯定他們的督導師是否遵守保密協定。事實上，督導師應明確地將以下事項告知受督者：保密的限制；在督導中取得的資訊，何者會被督導師用來作為評鑑受督者的專業治療知能之用；督導師將評估受督者之專業知能是否為有效能的心理治療師／諮商師（Patrick, 1989）；以及督導團隊方案設計。

知後同意的研究顯示，心理師／諮商師所做的個案服務內容龐雜（Handelsman, Kemper, Kesson-Craig, McLain, & Johnsrud, 1986），如保密及治療風險均涉及不同的內容（Talbert & Pipes, 1988），在兒虐通報上，知會個案的保密範圍也不一致（Nicolai & Scott, 1994）。Nicolai 和 Scott（1994）發現 20%接受研究調查的心理師表示，他們從沒有／很少或有時偶爾會告訴個案有關守密限制的內容，甚至於超過 5%的心理師會誤導個案，讓他們以為所有的治療資訊都會加以保密。

未成年個案的情況更為複雜；此時，督導師和受督者須依個案的發展階段，允許他們適當地參與同意的過程（Gustafson & McNamara, 1999），用個案可理解的言語做有意義的溝通（L. Taylor & Adelman, 1995），向個案清楚說明保密限制及能向父母透露的有限資訊。向青少年及兒童個案，用他們能理解的語言，向他們說明知後同意的所有內容。至於藥物濫用、性方面的灰色地帶，Gustafson 和 McNamara（1999）建議心理治療師／諮商師和督導師建立一個合適且必要的保密標準，如在治療開始前與個案及其父母舉行家庭會談，向他們解釋保密的基本原則，並要他們在合約上簽名同意。在此之前，受督者和督導師須雙方同意合約上的各項決定，但其中也有難以達成協議的地方，如受督者年齡若與青少年個案相近，致使受督者認同個案，而把督導師放在「父母」的位置。

另一個問題是個案評估治療的能力，不僅要告訴個案參與治療的細節，同時也需要個案有能力做出參與治療的決定。受督者自身一定要具有發展及認知評估的專業知能來判斷個案的決定能力。

保密

保密是奠基於法令、個案法與專業倫理，具有法律認可的基本專業行為（Koocher & Keith-Spiegel, 1998）。特權溝通是一法律用語，指的是在法律訴訟程序中，某些特定關係會受到保護，無須揭露。在 Jaffee 告 Redmond 一案中，美國最高法院 1996 年判決，心理師與個案之間的溝通在聯邦法庭受到特別保護（Mosher & Squire, 2002）。所有專業倫理和法律都要考量個案的保密權益，並在督導師—受督者及督導師與同儕督導師的溝通上，對個案資料予以保密。網路督導（Kanz, 2001）在保密及知後同意項目上面臨特別的挑戰，因對傳輸並沒有客觀條件的控制。「健康保險轉移及責任法」（Health Insurance Portability and Accountability Act, HIPAA）在個人隱私條例中表示：任何健康醫療的供給人，若將受保護的個人健康資訊透過電子形式進行傳輸或代表個人進行這樣的傳輸行為者，均須遵循HIPAA法令（www.apait.org/resources/hipaa）。此法令對同意的形式、消息釋出的時間點均有明確的規定。目前HIPAA正在探討訓練系所及機構所產生的可能影響。

保密受兩大原則約束——「零意外法則」（law of no surprises）及「慳吝原則」（parsimony principle）（Behnke, Preis, & Bates, 1998）。意即減少意外透露個案相關的資訊；需要透露時，也僅限於所需的資訊及足以滿足此需求的資訊而已。督導師須與受督者充分溝通此觀點。

督導保密包含了個案保密的全部內容，外加其他範圍，Koocher 和 Keith-Spiegel（1998）寫道：「一般而言，學生、實習生、受督者及沒有執業證照的博士後研究生均未明確包含在特權溝通法令中，在某些狀況下，他們可能授予與有照督導師同樣的特權，但因各州法令內容不一，不能以此標準一概視之」（p. 118）。督導師一定要了解州法要求下受督者的法律地位。目前較受喜愛的訓練形式是觀看治療錄影帶或要治療團隊做現場觀察。但保護個案及個案的家庭是不可侵犯、至高無上的目標；然而過程中若涉及督導，則較難達成此目標。至於受督者觀看治療錄影帶的行為及紀錄之保密性，須在知後同意書上明載觀看的範圍及訓練操作中視為理所當然
164 的資訊分享，如個案的個人資料、受督者個人資料及揭露範圍，須向所有涉及人士做清楚的說明。

向「家人洩密」的可能（Woody, 1999）或無意間在日常生活中向重要他人透露個案的情形，這些都須和受督者討論，並讓他們了解在治療之外與個案意外接觸所衍生出來的相關問題（Pulakos, 1994; Sharkin & Birky, 1992），使他們了解將專業倫理規範應用在平日治療工作中，是可行的做法。

多重及雙重關係

多重關係指的是心理治療師／諮商師和個案之間除了治療／諮商關係之外，還有另一個明顯不同的關係，這個關係可能是社交關係、財務、專業的關係（Pope, 1999）。當然治療師／諮商師—個案或受督者和督導師之間可能同時存在著私人、社交、商務或其他專業關係，即可說他們有多重關係（Sonne, 1999），而這些關係的角色有衝突和對抗的情形（Kitchener, 1988）。在治療／諮商或督導結束後，可能發展出不涉及性和愛情的關係有：私人友誼、商務、經濟、同僚、專業、督導、評鑑、宗教、社會及工作等各種關係（Anderson & Kitchener, 1996），我們在此談論的焦點放在心理治療師／諮商師一般的專業倫理關係問題及轉變成督導的雙重關係問題。

美國心理學會「心理師專業倫理準則及行為規範」對多重關係有以下的規定（American Psychological Association, 2002a）：

> 3.05(a)心理師應避免進入多重關係，若此關係有合理預期將會破壞心理師專業功能之客觀性、專業知能及效能上的表現。否則，心理師是冒著榨取及傷害與其締結專業關係對象之風險……多重關係若無上述顧慮者，則並無違反專業倫理之嫌。

諮商師教育及督導學會（Association for Counselor Education and Supervision, 1995）對「諮商督導師專業倫理準則」有以下的規定：

> 2.09身擔多重角色的督導師（如身爲受督者的老師、臨床督導師及行政督導師等）應竭力避免可能的潛在衝突，盡可能地由多位督導師共同來分擔不同的角色，但若無法做到上述要求時，一定要詳細地向受督者說明對每部分督導角色相關的期許及責任。

美國心理學會「心理師專業倫理準則及行為規範」2.05 項規 165
定：「心理師把工作委派給……受督者……應採取合理的步驟……以避免將工作授權給與受督者有多重關係者，導致剝奪或喪失客觀立場的情形」（American Psychological Association, 2002a）。3.05c也有相關的規定（American Psychological Association, 2002a）：

> 當法令、機構政策或特殊情況要求心理師在司法或行政管理訴訟程序中身負多重角色時，在一開始，心理師就要澄清角

色期許、保密範圍的限制及改變發生之後的狀況。

7.07 條則規定：「心理師不可與所屬系所、機構或訓練中心的學生、受督者或目前／未來的評鑑對象發生性關係」（American Psychological Association, 2002a）。請注意，此條文從先前性關係準則的法令擴展衍生到更廣泛的範圍：訓練中心、實習服務機構及博士後訓練場地，而非僅限個人的性關係準則而已。

Sonne（1999）描述了存在於關係及個人角色間的期許動力、責任與心理治療師／諮商師的情感連結，及治療／諮商過程、權力差異均受到多重關係的影響。而多重／雙重關係又可能因以下因素被迫接受或合理化，如：選擇性的忽略證據；未在治療紀錄上載明；僅彰顯嘉惠個案部分的關係，隱藏傷害的部分；引用雙重關係盛行的數據（如「每個人都如此」）；或相信無法改變多重關係（Pope, 1999）。若將此行為準則用在小社區或鄉下地區，則狀況將更複雜。Schank 和 Skovholt（1997）與 Campbell 和 Gordon（2003）提供了減少此風險的保護措施，他們建議當心理治療師／諮商師不能控制治療／諮商外發生的接觸時，他們可以澄清專業期待及專業界限。

多重及雙重關係的處理絕非易事，應得到督導的重視。與本主題涉及的相關爭議有：關係的適當品質及治療熟識者之必要性的正反面意見（Lazarus & Zur, 2002）。美國心理學會「心理師專業倫理
166 準則及行為規範」2002 修訂版中要求：3.05(a)「若無造成損傷、榨取風險或傷害顧慮者，則並無違反專業倫理之嫌」（American Psychological Association, 2002a）。Lazarus 和 Zur（2002）大力支持 Ebert（2002）「受禁階層」關係決定樹（“prohibited-class” relationships），他們認為在眾多社群中，包含郊區、宗教、同性戀、女性主義、少數族裔，不可避免地都存在著多重關係；他們引述許多計畫的介入例子（如與飲食失調症個案進餐）會被某些人看成含有跨越專業倫理界限的多重關係。而引導專業倫理委員會委員和風險

經理人的決定，卻不是臨床所顯示的考量，反而是對律師及州郡執照考試委員會的恐懼。

另一個招人爭議的例子是女性主義對自我揭露的立場。他們認為自我揭露是建立在平等關係上，為治療歷程之重心；然而也有女性主義治療師提出警告：勿粗率使用自我揭露，尤其當揭露的目的是欲嘉惠治療師而非個案時（Enns, 1993）。多元文化諮商鼓勵治療師多加利用外展服務人員、申訴專員、當地支持系統的催化員及自助方式（Atkinson, Morten, et al., 1993），此即說明替代服務模式正挑戰著傳統心理服務模式。

專業界限行為

建立及維護治療師與個案之間的專業界限行為是適宜的，且為符合專業倫理治療工作劃上了分界限，內容有：結構（如角色、時間、地點、空間）與過程（如禮物、語言、自我揭露、身體接觸及互動模式），這是造成心理治療師／諮商師專業倫理困境的核心問題（Gutheil & Gabbard, 1993; Lamb & Catanzaro, 1998; D. Smith. & Fitzpatrick, 1995）。首先我們要定義專業界限行為的相關名詞，之後再討論「示範」的考量及在督導上的應用與實施。專業界限指的是「專業行為或『邊緣的』（edge）適當行為，超越此邊線，則代表心理治療師／諮商師違背了臨床治療的專業角色」（Gutheil & Simon, 2002, p. 585）。「滑溜斜坡」（slippery slopes）是指對專業界限初看似無傷大雅的侵蝕，最後卻演變為重大的違反專業倫理及道德事件。Lamb 和 Catanzaro（1998）檢視原本無惡意的侵犯專業界限的事件，最後演變成遭起訴的不當性關係的加速劑（Folman, 1991）或預測因子。

越界是一個「中性名詞，它僅描述逾越一般所接受的臨床執業行為，可能有利於個案，也可能不會嘉惠個案」（D. Smith & Fitzpatrick, 1995, p. 500）。越界可能無害，無剝削利用性質，甚至可能對治療有益（Gutheil & Simon, 2002），因此須與「侵犯專業界限」做區隔。侵犯專業界限指的是違反一般所接受的臨床執業行
167 為，且置個案、受督者或治療歷程於嚴重的危機風險中（Gutheil & Gabbard, 1993），因治療師已嚴重地利用並榨取個案（Gutheil & Simon, 2002）。督導師須把越界視為具有潛在高風險的行為，並請牢記——最終督導師要為建立及維護專業界限負起全責（Gutheil & Simon, 2002）。Gutheil 和 Gabbard（1993）將越界及侵犯專業界限做了以下的分類：角色、時間、地點、空間、禮物、服務、金錢、服裝、語言、自我揭露和身體接觸。同時設計可行的督導訓練活動——列出訓練機構的越界行為並討論之。

實習期間的雙重關係

受督者－督導師之間、受督者－個案之間，或督導師－個案之間均可能有雙重關係的存在。實習期間的雙重關係可能有商務、公務、社交、治療及性層面的關係（Slimp & Burian, 1994）。商務的雙重關係，如工作人員雇用實習生為保母、研究助理或私人治療等。在此情況下，權力差異、剝削、移情及不容許實習生拒絕的問題會一一出現。可能的後果有：督導師－雇主評鑑的客觀性將受雙重關係影響而大打折扣，或雇用情形出了差錯導致受傷或其他的不幸狀況。即使當時看來是愛與親密的性關係，到後來反被視為移情的不當處理（Caudill, 2002）。社交關係原本是督導師和受督者變成同僚關係的正常步驟，也可能會像商務關係一樣變得問題重重，視同為越界行為。

不當性行為的普遍性

受督者、受訓學員和教師、督導師發生性關係的問題已受到廣泛的討論，一般態度傾向禁止這種性關係。Glaser 和 Thorpe（1986）提出，17%受訪者〔為美國心理學會第十二部門（臨床心理組）的

女性會員〕表示她們在研究生時，曾與心理系所教師發生過性關係，另有31%的受訪者表示在心理治療訓練或接受心理治療期間，她們的督導師或老師曾向她們做出性愛的勾引行為。在W. L. Robinson和Reid（1985）研究中，將近半數的受訪者表示他們在研究所時，老師曾向他們表達性勾引的行為。但在 Hammel、Olkin 和 Taube（1996）的研究中，只有10%的受試者表示有師生性行為；Lamb、Catanzaro和Moorman（2003）的研究，也只有10%受試者表示在心理訓練及治療期間與教師或心理師發生過性關係，另 3%則是在成 168
為正式心理師後發生性行為。性誘惑的機率對臨床心理學生而言，顯然高於心理學門其他類別的學生（Glaser & Thorpe, 1986），且女學生發生的機率要大於男學生（Hammel et al., 1996）。據報，性誘惑是在師生關係或督導關係形成前或形成過程中發生的（Hammel et al., 1996）；有的則是在師生或督導關係之後發生的（Lamb et al., 2003）。

與受督者發生性關係的督導師比例，據估計約從 1.4%（W. L. Robinson & Reid, 1985）或1.5%（Lamb & Catanzaro, 1998）到4%之間（Pope, Levenson, & Schover, 1979）；然而與督導師發生性關係的受督者人數，據報應有5%至6%（Glaser & Thorpe, 1986; G. M. Miller & Larrabee, 1995）或低至1%（Lamb et al., 2003）。值得注意的是，治療師和個案性關係的比例已從 1970 年代男性治療師受訪者所報的12%（Holroyd & Brodsky, 1977; Pope et al., 1979）降到4%至6%（Lamb & Catanzaro, 1998; Rodolfa, Kitzrow, Vohra, & Wilson, 1990）甚至更低的比例（Lamb et al., 2003; Pope & Vasquez, 1999）。但有人懷疑不當性關係的比例實際上應更高，只是事件通報率更低而已，因有不可抗拒的因素須封鎖這些資訊（Samuel & Gorton, 1998; D. Smith & Fitzpatrick, 1995）。而身為個案、受督者或學生的女性要比男性更容易經歷到性侵犯的問題（Lamb & Catanzaro, 1998）。據報受督者－個案性侵犯比例相當低（Layman & McNamara, 1997）。但

有 53%的女性心理師表示在其執業生涯中，曾被個案性騷擾過（deMayo, 1997），47%的臨床督導師表示其受督者曾通報過一至多次被個案性騷擾的經驗（deMayo, 2000）。

性吸力

80%至 88%的心理治療師表示曾被至少一位個案吸引過或對個案有過性慾的感覺（Blanchard & Lichtenberg, 1998; Pope, Keith-Spiegel, & Tabachnick, 1986; Rodolfa et al., 1994）。稍多於一半的心理系受訪學生表示曾經歷過性吸力（Housman & Stake, 1999），接受調查的 68%臨床心理博士班學生不知道對個案有性吸力是正常可接受的事。另有 34%臨床心理博士生不了解即使在治療結束和轉介後，仍不可以和個案發生性關係，甚至 7%臨床心理博士生不知道心理治療師根本不可以和個案發生性關係（Housman & Stake, 1999），其中 34%到 45%的心理治療師表示未曾在督導中提出、討論過此事
169 （Blackshaw & Patterson, 1992; Housman & Stake, 1999）。Ladany 和 O'Brien等人（1997）的研究顯示，僅約一半的心理實習生（29%回收率）曾向督導師透露他們對個案的性吸力，事實上，他們常向同儕或其他治療師談論這問題。此外，他們也談到在督導中與督導師談對個案性吸力，和在治療中與個案談對個案的性吸力問題的正負面結果（Ladany, O'Brien et al. 1997）；63%心理師認為對個案有性吸力會引發內疚、焦慮和困惑的感受（Pope et al., 1986）。

研究的結果讓 Housman 和 Stake（1999）擔心，雖然性倫理規範增加了，但學生對性議題的了解卻未提升。事實上，研究所訓練專注的是廣泛「中性」的性議題（M. P. Ford & Hendrick, 2003）。接受訪問的研究所學生表示，研究所課程並沒有讓他們準備好來面對個案的性吸力問題，也未教導他們處理性吸力的方法，僅 9%的心理師認為他們所受的訓練或督導有充分幫助他們處理性吸力問題（Pope et al., 1986）。4%的男女心理師（Rodolfa et al., 1994）或 9%

的男性心理師及 2.5%的女性心理師（Pope et al., 1986）表示，他們會依性吸力行事。

處理性吸力及與教師性關係倫理的不足訓練已廣為報導（Glaser & Thorpe, 1986; Pope & Tabachnick, 1993）。臨床心理師表示面對性吸力時，75.4%會自省；50.7%會諮詢同事，36.4%尋求督導的協助，22.7%諮詢相關文獻，11.8%則不會採取任何行動，7.8%會將個案轉介，7%尋求個人心理治療，5.9%會將這種感覺告訴個案，1.1%則會與個案發生性關係（Blanchard & Lichtenberg, 1998）。雖然諮詢和督導占絕大比例（有些受訪者選多種答案），但仍有相當比例的心理師僅用反省、不採取任何行動或逕自與個案發生性關係的方式，來處理性吸力的問題，令人頗為憂心。

督導師須在受督者性吸力及專業界限問題的訓練上，展現更稱職的能力，在督導中自信地討論上述議題，了解自身的情感可能會阻礙這類議題的討論，甚至提高督導中「性吸力」同步歷程之風險。Holmes、Rupert、Ross 和 Shapera（1999）的研究顯示出，大學生對假想的「男教授與女學生」間情感關係的看法——他們認為不適當的雙重關係行為包含：男教授與女學生調情，男教授告訴女學生受其吸引；和女學生一起喝得醉醺醺；在辦公時間約談女學生
時，講性笑話；和女學生一起吸毒，精神恍惚。值得安慰的是受試 170
大學生認為上述行為均不妥當，但權力差異可能影響學生對這些行為的回應態度。督導能訓練學生辨識危險徵兆，使用角色扮演；督導師更應以非批判的態度來處理受督者的揭露。

督導師也應處理個案對受督者的性騷擾，正如心理治療會處理性吸力一樣，這樣才能協助受督者來面對個案的性騷擾（deMayo, 1997）。Pope、Sonne 和 Holroyd（1993）所寫的書——《心理治療裡的性吸力》（*Sexual Feelings in Psychotherapy*）是絕佳的訓練工具。

督導師對性議題的不自在及受督者—個案間的性吸力，使得性

的討論在督導中常出現避而不談或用隱晦方式溝通的情況。事實上，實習生所感受的性吸力壓力要比專業心理師大（Rodolfa, Kraft, & Reilley, 1988），這也是另一個增加受督者壓力風險的原因所在。

Samuel和Gorton（1998）曾對精神病學及心理學訓練系所問卷調查，發現 99%的系所在治療師—個案不當性行為的訓練十分稀少，可能只有一個小時的授課而已（Samuel & Gorton, 1998）。然而性議題的訓練應在研究所早期就要開始進行（Housman & Stake, 1999），並應區分不當性行為及自然性吸力現象，且在訓練的各層面上貫徹執行（Conroe & Schank, 1989）。

Hamilton 和 Spruill（1999）研究曾經有不當性行為受督者的自省分析，發現其中的共同特徵可做為逾越性界線風險的預測因子。這些預測因子的共同特徵有：寂寞、過去的準諮商經驗、專業經驗不足及訓練的因素（如教導如何處理性吸力、未能辨識出專業倫理上的衝突，及督導師沒有能力督導性議題等）。Brodsky（1989）也曾針對治療師—個案性關係風險的危險因子做過研究，得到類似的結果：有逾越專業界限的傾向、情境性的脆弱（可能只是個人的壓力因子）及孤單。Lamb 等人（2003）在研究執業心理師時，也證實逾越專業界限與個人問題（如憂鬱或離婚）有著密切的關聯。

個案—治療師不當性行為之預防

預防個案—心理治療師／諮商師發生不當性行為的策略是，教導受督者不當性行為之風險。在受督者接案前，就應接受有關性吸
171 力的教育，如何處理及尋求督導之必要性，尤其要學習心理治療師／諮商師—個案不當性行為的警訊、危險因子及不良後果。社交技巧訓練及角色扮演均可用來示範或降低治療師處理性吸力及不當性行為的焦慮。系所應對違反專業倫理情事訂定出明確的政策，區分正常發生的情感與違反專業倫理的逾矩行為，並將理解案情的概念予以標準化，如此才能幫助督導師評量治療關係的偏差情形。上述

策略十分有效（見附錄 F），是所述風險因子的活教材。

心理／諮商專業領域對心理治療師／諮商師服務產量的要求日增，使得性界限的傳統保護因子在逐漸式微中。每位受督者分配到的督導時間在減少中，近代理論不再風行心理動力理論，也逐漸忽略了移情反應。Hamilton 和 Spruill（1999）認為，認知行為心理師較能辨識專業界限侵犯的問題，因他們使用具體可操作的評量及治療。

受督者－督導師不當的性關係

存在於督導師和受督者之間的權力差異及受督者的脆弱地位，使得受督者完全不可能自願同意與督導師發生性關係（Koocher & Keith-Spiegel, 1998），因此要把這類性關係說成是受督者自主同意，是荒謬至極。

督導師和受督者發生性關係的後果嚴重且會擴散蔓延開來，這樣的性關係可能起因於「浪漫愛情或熱戀」（Pope, Schover, & Levenson, 1980, p. 159）或是一種性交易，是受督者交換課業成績的方式（Pope et al., 1980）。Conroe 和 Schank（1989）認為督導師和受督者，無論是哪一方主動，督導有責任系統化地、一絲不苟地處理此事。若這問題擴散氾濫開來，實習生或受督者將無法與督導師對抗或持不同意見，無法談論與性相關的個案資料及其個人反應；而督導師及教師評鑑受督者的能力也遭受嚴重的傷害（Conroe & Schank, 1989; Slimp & Burian, 1994）。接下來的危機甚至包含：初看似雙方同意的通姦行為卻逐漸演變為性脅迫行為，且這種比例會逐日增加（Glaser & Thorpe, 1986; Slimp & Burian, 1994），性脅迫的回憶變得醜陋不堪，導致日後更多的脅迫與傷害（Glaser & Thorpe, 1986; G. M. Miller & Larrabee, 1995）。Hammel 等人（1996）的研究也顯示，
在訓練期間曾身陷此性醜聞的受訪者，在事後認為這樣的關係問題 172
重重，觸犯了專業倫理大忌，甚至阻礙了專業的工作關係。有趣的

是 Lamb 等人（2003）研究了十三位曾有不當性行為的心理專業人士，其中 40%的人認為此關係無害，28%雖知道這行為不符合專業倫理之要求，但他們仍維持著這份性關係。未來的研究方向可針對強勢一方及弱勢一方的觀點差異來做了解。

不當性關係所產生的法律危害遽增，主因督導不足或性關係結束後，對評鑑不公的指控（Slimp & Burian, 1994）。實習學生與督導教師發生性關係的衝擊，對受督學生群、教師整體、實習機構及心理專業來說，可謂影響深遠（Slimp & Burian, 1994），如受督者疏遠其他實習生、評分之間的較量、對特權待遇的不滿、教師們之間關係的破裂、排擠或質疑此督導教師的專業判斷，均為可能的後果。此外，不當性關係不僅是錯誤的示範，更使整個心理／諮商專業蒙羞（Slimp & Burian, 1994）。因專業社群可能對不當性關係的確認過程須花較長的時間，使受督者感到受污蔑，而整個事件也可能會不了了之（Conroe & Schank, 1989）。W. L. Robinson 和 Reid（1985）的研究中，96%的女性受訪者表示在學生時代，曾有過對自己和對彼此都有害的性接觸或性騷擾經驗。

雖然研究者早已提出警告——與自己的心理治療師、督導師或教師發生性關係的學生或受訓學員，最後成為不當性關係的加害脅迫者的機率很大（Bartell & Rubin, 1990; Pope et al., 1979），但 Lamb 和 Catanzaro（1998）的資料卻未充分支持此觀點。

風險因子和專業界限的問題

自我揭露（Koocher & Keith-Spiegel, 1998）和身體觸摸是身陷不當性關係的前兆（Lamb, 2001）。自我揭露究竟是治療和督導互動的催化因子或不當性關係的風險因子，至今仍無定論。Lamb（2001）曾列出治療師自我揭露的不同層級：層級一，心理治療師／諮商師自我揭露個案可取得的公開資料。層級二，心理治療師／諮商師自我揭露個案所不知的私密資料，如家中子女的人數。層級三，心理治療師／諮商師向個案透露個人經歷，如離婚、喪失及痛苦經歷等。層級四，心理治療師／諮商師向個案透露自己對個案或個案關心事物的意見、信念及感受，如對墮胎或協助他人自殺的看法，也包含心理治療師／諮商師對個案的個人感想與反應。一般認為心理治療師／諮商師不適合向個案揭露的資料有：目前的生活壓力事件、夢、幻想、社交生活、經濟狀況及性生活的資訊（Gurtheil & Gabbard, 1993）。心理治療師／諮商師在決定揭露是否合適時，可參考以下標準：此揭露是為自身的目的而為，抑或在治療情境中，為個案的心理狀態考量而為（Caudill, 2002）。這種揭露架構的長期訓練對受督者而言，也十分重要，因當他們向個案揭露某資訊時，也須探討此舉的目的。

督導師身負多元的角色——督導師、行政管理者、評鑑者，因此可能會遭受進一步的專業界限問題，如督導師期望受督者在團體督導或研討會上做自我揭露，討論個人的文化、種族、性或其他背景資料，但這可能對受督者來說是困難的，因他（她）害怕督導師會把這些資訊用在評鑑上。而對督導師而言，若受督者在揭露時，同時有伴隨其他行動，則表示此揭露是有問題的。

美國心理學會「心理師專業倫理準則及行為規範」7.04 也談到這個問題（American Psychological Association, 2002a）：

> 心理師不應在課堂上或系所相關活動中，要求學生或受督者用口頭或書面方式透露個人資料，包含個人性生活史、受虐史、疏忽史，接受心理治療的經驗，與父母、同儕、配偶或其他重要他人的關係。但以下情形除外：(1)系所或訓練機構在學生入學資料中有明確要求此需要者，(2)需要此資料來評估或協助合理判斷學生的個人問題，作爲預防干擾其在訓練或專業相關活動的專業知能表現，或造成學生本身及其他學生之威脅者。

Illfelder-Kaye（2002）認為，看重受督者在督導中做個人探索的訓練機構，應把上述美國心理學會的原則明載在機構的手冊及資料上，是非常重要的。

Patrick（1989）做了以下的陳述：「訓練場所的雙重關係雖造成專業倫理的困境，但也讓督導師認識到受督者人格對治療或諮商功能的干擾，而根據專業倫理準則，督導師身為治療師或諮商師教
174 育者，負有倫理責任，篩選及監督研究所學生」（p. 339）。這對富同理心的督導師而言，是一大困境。督導師鼓勵受督者做自我揭露，他（她）同時又身為評鑑者及學術單位的聯繫者，典型的例子如：個案強烈的情感氛圍或自我揭露觸動了受督者自身生命經驗的痛苦回憶，或個案的自我揭露使受督者的心理師／諮商師功能之適切性遭到質疑。因此訓練契約須明確敘述保密及揭露的程序要求。

Sherry（1991）強調督導師同時身兼多元角色的複雜性。Kitchener（1986）更進一步談到受督者和督導師角色可能遭遇的問題，如某受督者同時也是另一位年輕受訓學員的督導師時，他從先前的平等地位轉為權威地位，可能產生角色混亂或衝突，涉及其中的多重角色及違反專業倫理的風險都相當大。Kitchener（1986）指出此時專業的客觀、中立、保密、性關係、治療歷程及自主性均處於極大威脅之下。此時「角色衝突及角色模糊量表」（見附錄H）非常有用，可幫助評估造成焦慮不滿角色困難的問題（Olk & Friedlander, 1992）。

在督導中，建立督導和治療的適當界限是另一個督導專業倫理常面臨的問題。美國心理學會「心理師專業倫理準則及行為規範」7.05(b)做了以下敘述（American Psychological Association, 2002a）：「實際負責或可能負責學生學業表現評分的教師，不應為學生提供心理治療的服務。」督導師在督導中或督導之外提供類似治療素質的督導或處理反移情層面的督導，都可能最後會轉變成真正的治療。督導師應明確界定與受督者之間的專業界限，把督導重心放在

對個案本人或對案情有直接衝擊的部分，而受督者僅在督導或治療的問題影響到督導關係及個案關係時，才加以處理（Doehrman, 1976）。

Whiston 和 Emerson（1989）針對上述問題，提出一個修改自 Egan（1986）模式的解決方案，以下是其具體的步驟：督導師找出督導中的問題情境，加以探索並澄清。決定此問題情境是否為受督者個人因素所造成，或是受督者個人問題在督導中加劇惡化的結果所致。督導師根據探索結果、受督者的情感反應、反移情現象及其他決定因素，採取適當行動，包含為受督者轉介適當的心理治療，並為未來的治療關係做出決定。督導師在推薦受督者接受治療及諮商前，應向受督者詳加解釋他（她）在公平訴訟程序的權益，並清 175
晰明確地區分督導關係及諮商關係的不同。Whiston 和 Emerson（1989）認為，督導師應把重點放在受督者的專業發展，這要比了解受督者個人問題來得重要。藉此，督導師明確提供了督導的定義，並避開成為治療師的雙重角色。

預防違背專業界限

欲防止違背專業倫理及專業界限，有三種介入方法：第一，心理教育介入法：提升覺察知能、認識環境中可提升安全的調節因子；第二，提供決定架構介入法，以防止有害的多重關係；第三，一般處理專業倫理困境的決定模式。

心理教育介入法

Lamb（1999）提出數種可防止違反專業界限及工作倦怠的情感及氛圍策略；首先督導師與受督者建立緊密合作的督導關係，在受督者壓力挫折大時，提供支持，給予受督者討論專業界限困擾的安全空間，確實有管道來討論、通報及處理教師、工作人員及同儕的不當行為，而不怕遭受報復。考慮參加與以下主題相關的研討會——

自我照顧、壓力調適、專業界限違反之確認及處理；此外，角色扮演及虛擬實境技巧等也是受推崇的方式（Lamb, 1999）。預防性自我照顧訓練的觀點裡，以教育監控因子的觀點貢獻最大，它站在最前線，是女性主義維護專業倫理主動積極的重要做法之一（Porter, 1995）。

Rodolfa 等人（1990）在處理正常性感受及縱慾恣行區別之做法有：研討會、一日團體討論會議（針對有興趣的重要議題及回應暗指影射等），這些訓練活動最重要的觀念在於區別正常的性吸力及偏頗縱慾之差異。訓練主管應在訓練一開始時，就將這些活動納入訓練程序中。

Biaggo、Paget 和 Chenoweth（1997）針對教師、學生的雙重關係提出預防的模式。他們認為訓練系所原本就是一個封閉狹小的社群，再加上社交、督導及專業的多重關係所帶來的自然風險，因此
176 他們建議，特定的關係指導方針，確認教師的權力和責任，發展出師生關係的評鑑架構，以避免剝削、利用，並培養出一種支持與學生發展專業倫理關係的氣氛，教師成為專業倫理行為的角色楷模，受督者能安全地和他（她）談論專業界線的問題。

解決專業倫理及雙重關係的問題：預防傷害策略

Kitchener（1988）認為，督導師和受督者在締結督導關係前，應確認及使用專業倫理規範來決定何種雙重角色將產生較高的風險和危害。在她的看法裡，危害將會增加關係中兩人的歧異性，角色間日增的矛盾互斥之期許會加速雙方更多的誤會和傷害；分歧的角色及所屬的責任感更使客觀性及忠誠感喪失。此外，當督導師權力和威望更高時，剝削利用也會隨之增加，客觀性反而日益減少。若又牽扯到性關係和金錢時，則更是高風險（Kitchener, 1988）。

Gottlieb（1993）認為當避免雙重關係是不合理的期望目標時，就需要「決定模式」（a decision-making model），它有三個面向：

權力、延續期間及結束。權力指的是心理師／諮商師勝過個案的權力數量及程度，也就是心理師／諮商師利用和剝削個案的潛在力量。延續期間是權力的一部分；權力與日俱增，是與關係存在的延續期間有關。結束又與機率有關，指個案與心理治療師／諮商師日後可能有的專業接觸。Gottlieb 根據上述三個面向規劃出評估及檢視現有督導關係的五個步驟：找出角色上的矛盾，取得同儕諮詢，與個案商討並做出決定，包含專業倫理的問題及可能的不良後果。

Anderson和Kitchener（1998）批評Gottlieb（1993）的模式，他們認為此模式反而讓心理師／諮商師更忽略自身的內在動機、保密責任、在治療結束與新關係建立間所需的時間，及治療中個案因新關係的影響所得的進步等。Burian 和 Slimp（2000）指出，無論是Anderson和Kitchener（1998）或Gottlieb（1993）的模式，都未提到治療機構裡未直接涉及多重關係的其他人所遭受的衝擊。上述模式均可在潛在高風險情況中，與決定模式結合。

Burian和Slimp（2000）在督導師決定是否要與受督者在實習期 177
間持續雙重關係，提出另一種決定模式。根據此模式，有三個主要問題要考慮：雙方持續督導關係的理由及動機；教師及實習生之間的權力差異；李克特氏量表及社交活動的範圍。利用圖 7.1 督導師與受督者雙重關係決定樹，可幫助督導師減少潛在傷害，增加雙贏。

此外，尚須參考諮商師教育及督導學會在「諮商督導師專業倫理準則」（Association for Counselor Education and Supervision,1995）中所提供的決定流程：

決定的先後順序：

個案福祉
受督者福祉
督導師福祉
系所及機構的服務及行政管理需求

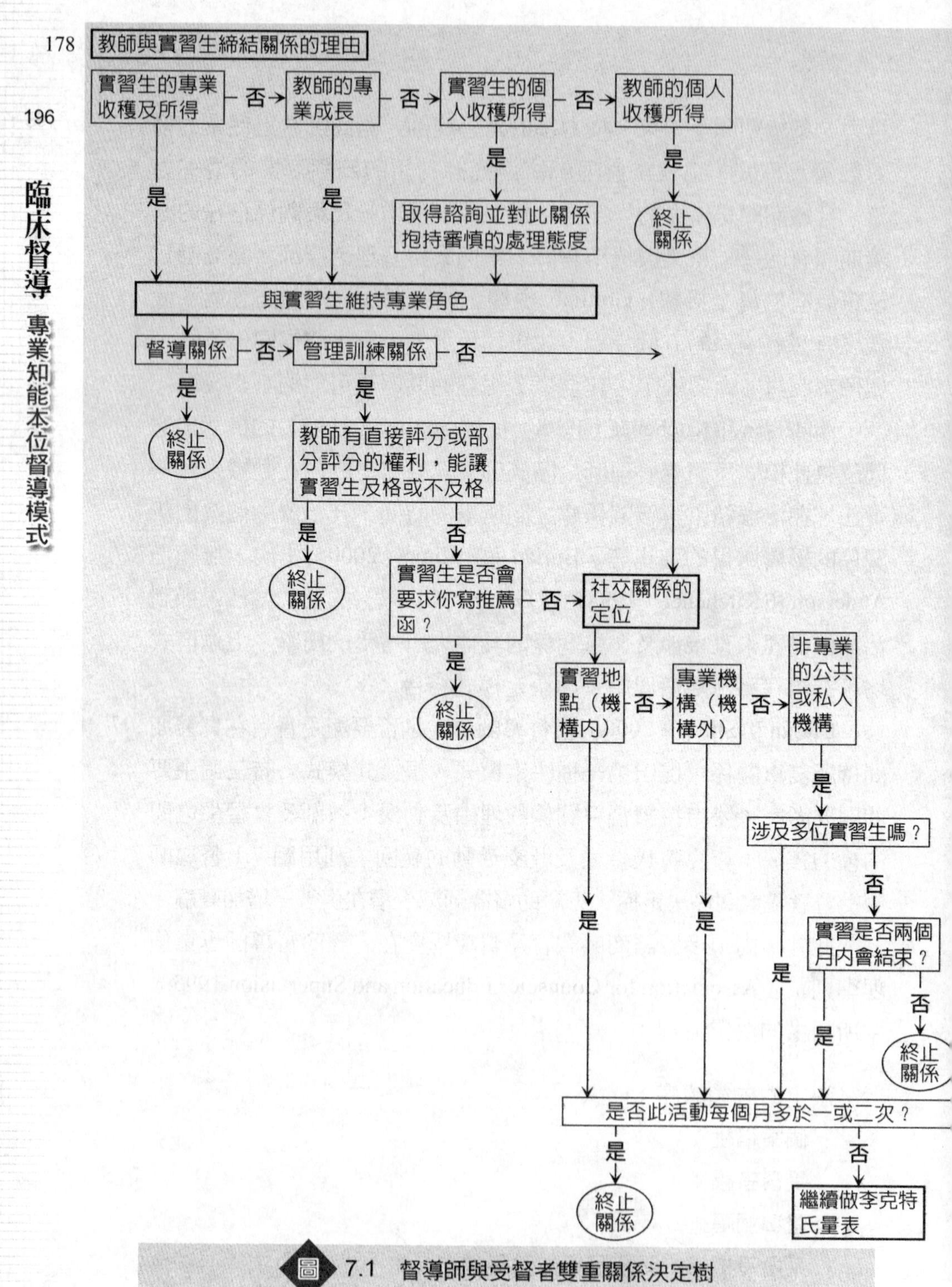

圖 7.1 督導師與受督者雙重關係決定樹

李克特氏量表

實習生能中止與教師的社交關係／活動，且無任何不良後果：

1	2	3	4	5
實習生可自由離開，無任何惡果	會有輕微不良影響，例如實習生會躲避教師	中度的不良影響，如實習生和教師公開起衝突	有嚴重後果，如實習生運作功能受傷害	極端嚴重的後果，如實習生永遠中斷實習並離開

對其他未涉及的實習生所造成的可能衝擊：

1	2	3	4	5
無任何衝擊	躲避兩位當事人（即涉入的實習生及教師）	與兩位當事人公開起衝突	與其他教師及實習生的運作能力受損	損及個案服務的品質

對其他未涉及的教師所造成的可能衝擊：

1	2	3	4	5
無任何衝擊	躲避兩位當事人（即涉入的實習生及教師）	與其他教師或實習生公開起衝突	與其他教師及實習生的運作能力受損	損及個案服務的品質

若上述三題中，有任一題的分數是 2 或高於 2，則應終止此關係：

終止關係

資料來源："Social Dual-Role Relationships During Internship: A Decision-Making Model," by B. K. Burian and A. O. Slimp, 2000, *Professional Psychology: Research and Practice, 31,* pp. 332-338. Copyrignt 2000 by American Psychological Association.經同意轉載。

Haas和Malouf（1989）也提出一實用通則：「個案的需求要高於任何其他個體的需求之上」（p. 64）。這個通則適用於所有督導師及受督者，即使督導師對督導大部分情況的發展都非常滿意，也必須要謹慎監控，不要在督導中犧牲個案福祉。

另一個有用的指導方針是讓其他同僚也負起責任。當同僚觀察到違反專業倫理情事發生，卻不加制止時，他們隱含有同意默認的意味。Biaggio、Duffy和Shaffelbach（1998）的研究曾列出同僚不願面對不法行為的理由，如同僚間的忠誠、恐懼個人會付出龐大的代價與惡果、不了解專業倫理規範等。但對不法行為不採取任何行動，將迫使受督者二次受害，因他（她）不僅見證了最初的違法行為，又見到督導師的其他同僚不做任何處理的狀況。

Gutheil 和 Gabbard（1993）倡導要教導受督者對個案採取設限行為（limit-setting behavior），例如當個案逾越專業界限，有擁抱治療師、脫衣服、穿著挑逗服裝等行為時，治療師可加以設限。冷靜陳述在治療情境中這是不合理的行為，之後與個案討論並處理之。

專業倫理問題的一般解決方案

凡不容易用法律或專業倫理法規解決的倫理問題情境，其實可
180 使用多種不同的其他解決模式（Corey, Corey, & Callahan, 2003; Koocher & Keith-Spiegel, 1998; Tymchuk, 1986），這些模式均可使用在訓練上，是極佳的結構性工具。一般而言，這些模式的程序步驟為：找出問題、解讀、諮詢、分析得失、參考專業倫理規範及法律條文、使用Kitchener（1984）道德及專業倫理五大領域加以考量、評估後果、決定行為方向。Koocher和Keith-Spiegel（1998）修訂Tymchuk（1981）及Haas和Malouf（1989）發展出的新模式，其中內容如下：

1. 決定事件是否為專業倫理事件。
2. 參考現有的倫理規範，從中找尋可能的解決機制。
3. 考慮所有可能影響決定的因素。
4. 諮詢信任的同僚。
5. 評量所有受影響者的權益、責任及脆弱點。
6. 想出替代方案。
7. 列出替代方案的後果。
8. 下決定。
9. 實施。

N. D. Hansen 和 Goldberg（1999）提出七類矩陣網來處理專業倫理及法律困境，此七矩陣為：道德規範和個人價值觀（包含專業知能、正直、責任、尊重、關懷他人福祉、社會責任等）；臨床因素及文化因素；專業倫理行為規範；機構政策方針；聯邦政府、州及地方法令；法令與規定；個案法。上述七矩陣須依專業倫理困境的內容，加以彈性調整，矩陣間沒有重要性的排序。

有趣的是，上述所有模式都遺漏了涉及者及使用問題解決架構者的情感反應。倫理決定系統模式原是為愛滋病患者所發展出來的倫理決定模式，但現已推展使用在一般的狀況（Barret, Kitchener, & Burris, 2001），其步驟有：

1. 暫停，確認自身對此案件的反應。
2. 檢視事實。
3. 構思預備的計畫藍圖。
4. 根據專業倫理規範和基本專業倫理原則來分析計畫藍圖（如自主性、助益性、無傷性、忠誠及正義）（Kitchener, 1984），181
以決定計畫是否合適。
5. 檢視初步計畫的法律後果。

6. 修改計畫，在臨床、專業倫理和法律間做平衡考量：
   - 讓它與個人價值契合；
   - 盡可能提升臨床的助益性；
   - 在專業倫理行為規範與機構政策方針下也具體可行；
   - 減少對個案及相關人士的傷害；
   - 將其他專業倫理規範的影響效果擴大到最大極限；
   - 可容於法理；
7. 選擇行動方向，並與個案分享此資訊；
8. 實施、監督及記錄結果。

諮詢和記錄是本模式重要的部分。

Barret 等人（2001）的模式，其優點是融入情感反應，在眾多相關脈絡中（如法律、倫理、道德及個人），呈現更完整的形式來確認及解決專業倫理困境。在督導師、受督者專業倫理困境案例中，步驟一至六必須要對督導師、受督者及個案多層次的考量。

Kitchener（2000）的模式不同之處在於第三步驟的「可能替代方案」、步驟七「重新評估替代方案並確定計畫」，直到步驟九的結論。她提倡對決定結果的省思，使學習能應用在未來。

倫理決定模式中的文化因子

上述所有的倫理決定模式並沒有明顯地把文化納入。Ridley、Liddle、Hill 和 Li（2001）提倡決定模式須將文化整合融入整體考量中，他們鼓勵在呈現倫理問題時要有彈性，並決定倫理問題中是否存在或潛藏著文化衝突。務必讓人理解潛藏的文化衝突，在決定歷程中，將個人觀點及文化系統觀點一併考量進去。

專業倫理訓練

目前心理學門的專業倫理教學未能與實際治療工作相結合，是一個令人引憂的重大問題。在Handelsman（1986）的文章——〈潛移默化式專業倫理訓練之缺點〉（Problems with Ethics Training by Osmosis）中，形容督導師對受督者非正規、隨意的專業倫理教導充滿令人憂心的禍害。正如 Tymchuk 等人（1995）的報導——約60%有博士學位的心理師認為自身專業倫理知識不足，但這些人卻掌握著專業倫理訓練的重責大任，實在是一個可怕的錯誤。Welfel（1995）報導約67%的臨床心理系所有專業倫理教學的正式架構和體系；Houseman 和 Stake（1999）發現 94%臨床學系的學生在「性倫理」訓練平均時數只有六小時。然而即使受督者或督導師有修過專業倫理課程，並不保證他們能在臨床治療／諮商中行使倫理或能與真實生活經驗結合，能依據倫理規範做出慎重決定。

由 Rest（1984）衍生出的架構，對不同的倫理情境提供了深刻的洞察，他認為未能依倫理行事應是四大要素不足的缺陷導致而成。此處所講的四大要素為：第一，視問題情境為道德情境，辨認出此情境與其他脈絡的倫理層面，如個人行為會如何影響他人福祉。第二，須決定何種行為是公平、正確、適當合理的。此過程牽涉到道德推理，區辨符合及不符合倫理的選擇。第三，決定一個人要做的行為，下決心要在壓力下仍堅持實踐專業倫理。第四，實踐道德行為，無論付出多少代價，即使外界壓力逼迫做其他選擇也不為所動。Rest（1984）認為要有強大的自我力量方能完成此步驟。

也許專業倫理訓練觀念上的根本錯誤在於，受督者只熟悉研討會裡所呈現的倫理問題，卻無法在廣泛的每日臨床治療中辨識出倫理困境，意即受督者須決定哪些事件或問題合乎倫理並依規範行事。作者在自己督導受督者的經驗中注意到一個事實：即使是資深的受督者在剛結束了倫理訓練之後，若碰到案中有與先前倫理範例相似的困境出現，也常被受督者忽略，卻意外地被督導師發現。Welfel（1992）支持此發現，他做了幾個未發表的研究，結果顯示受督者從一般臨床資料中能辨識確認出倫理問題的能力，僅有中等
183 程度而已。除了辨識問題外，督導師應親身示範倫理實踐，然而很少有督導師這麼做。

Handelsman等人（2002）由Berry（1990）架構衍生出的公式，可充分解釋當前專業倫理訓練困難的原委。我們要問的是：受督者在進入及完成研究所訓練過程中，是否保有他們原有的道德及專業倫理價值傳統呢？他們又將如何認同並採用擁有心理學／諮商專業的倫理及價值觀呢？Berry（1990）提供四種類型的專業倫理發展：被專業同化，意即採用專業的倫理，完全拋棄自己的價值觀；隔離狀態，意即保有自身的價值觀，但對專業倫理規範及價值觀有小部分的認同；兩者俱微，意即個人道德感未發展開來，專業倫理感亦未充分內化；水乳交融，意即保有自己的道德、倫理價值並採用專業的倫理規範。Handelsman等人（2002）讓我們相信，除非受督者把自己的倫理認同與專業倫理認同透過同化的方式融成一體，否則受督者在專業倫理上可能遭遇困難的風險極大，此結論對心理／諮商專業訓練而言，是相當重要的訊息。應鼓勵受督者發展並強調個人的倫理及道德規範，珍惜它們，不要完全仰賴專業倫理規範，反而輕忽了個人的倫理信仰，然而此部分仍需實證研究加以證實。

據報導訓練機構主管認為實習生專業倫理知能最差的部分為：罹患愛滋病的個案、收費的設立標準、非志願的承諾、男女同志的治療；「守密」則是主管們認為實習生表現最佳的倫理部分。這與Fly 等人（1997）所做的受督者自我陳述的研究結果不同。根據Welfel（1992）的研究，63%的訓練機構主管表示，在過去幾年目睹了心理實習生專業倫理能力的提升，他們建議須加強訓練受督者將倫理原則應用在臨床情境中的知能，使用個案研究的方式來討論倫

理問題，尤其應重視雙重關係的問題（Welfel, 1992）。Plante（1995）提出用實際可行的倫理和專業問題來訓練博士班及博士後研究生。

除了更多的訓練之外，訓練機構及督導也須提供安全的環境（Rodolfa et al., 1994），無含沙射影、無性騷擾，使受督者能自然地做自我揭露。

諷刺的是，心理師／諮商師的情感在訓練中常被忽略，Pope和Tabachnick（1993）的問卷調查顯示，受訪者認為研究所對恐懼、憤怒和性慾的相關訓練十分不足，例如受督者的恐懼會因個案自殺而惡化或因攻擊他人而被引出；憤怒會因個案不合作而爆發。超過 184
一半的受訪者表示在個案面前，他們有性慾被撩起的感受，以先前討論過的決定模式來看，情感因素的問題嚴重忽略；分析許多治療情境，這都可能是治療師在處理倫理問題時，未依照倫理規範行事的原因，這部分須予以注意並提出可行的介入辦法。

失職

近年來最受矚目的專業倫理議題是督導師的法律責任及失職的問題。其核心觀念是「被告的主管原則」（respondeat superior principle）或間接的法律責任，意即法律把「為首的主管或對他人有直接控制權者（如主人對僕傭、雇主對員工，或督導師對受督者），得為屬下所造成的災害負法律責任，承擔屬下失職所造成的傷害」（Disney & Stephens, 1994, p. 15）。因此，法律責任是基於督導師錯誤地採取或不採取某些行動，即使受督者為治療師，是治療個案的人，是完成整個介入策略的人，而非督導師。「失職」（malpractice）是一種疏忽，一種侵權行為（Behnke et al., 1998）。侵權行為指的是一方疏忽的過錯責任或故意的不義行為，導致在民法訴訟中另一方在財產人身上受影響（Stromberg et al., 1988）。失職訴訟含有四個要素 D：「因職責（Duty）的疏忽（Dereliction）直接（Directly）造成的損害（Damage）。」失職訴訟若有充分證據證實心理治療師／諮商師符合上述的四 D，則心理治療師／諮商師一定敗訴（Behnke et al., 1998）。而督導師所擔負的法律責任則為忽略受督者的意見，或未能完善地執行督導工作。為了避免此問題，督導師須了解受督者專業知能的程度（Harrar, VandeCreek, & Knapp, 1990）。

1980 年，Slovenko 預測對督導師提出的訴訟可能是「未來專業倫理訴訟的主流」（p. 468）。若以心理師保險費率為指標來看的話，則此預測已證明屬實。1990 年美國心理學會保險信託（APAIT）資料顯示，被控告的心理師不及 1%的一半（Bennett, Bryant, VandenBos, & Greenwood, 1990）。但 Pope 和 Tabachnick（1993）發現，11.6%接受調查的心理師表示至少有一件訴訟或投訴是針對他們提出的。M. Miller（2002）統計心理師在十五年的專業生涯中，大約會遭受 10%至 15%的懲戒事件。Montgomery、Cupit 和 Wimberley（1999）對報導中差異頗大的比例做出以下解釋：他們認為因美國心理學會保險信託（APAIT）的保險資料並未包含駁回、撤銷或已解決的案子，及沒有參加保險的專業人員案子。此外，失職訴訟使
185 用不同的統計方法。Welch（2000）曾發出警告：「失職訴訟及向州郡執照考試委員會的投訴是對心理師福祉的嚴重威脅。」（p. xiv）

須牢記各種不同類別要求的證據分量也不同，如在失職訴訟中，一定要先證實並裁定原告受到傷害；但州郡執照考試委員會比法院有更寬廣可接受的證據（如傳聞或先前的行動舉止），即使原告未受傷害，委員會仍能懲戒心理師的不當行為（N. D. Hansen & Goldberg, 1999）。

雖然美國心理學會並沒有採用諮商師教育及督導學會的「諮商督導師專業倫理準則」，但心理師在面對督導的法律訴訟時，可能會在法庭上看到督導師專業倫理準則及法庭交叉詰問相關的標準。

若心理師沒有遵守督導師專業倫理準則或標準程序的內容，必須提出理由說明不遵守的原因（Younggren, personal communication, 2002）。督導照顧標準是由現有心理專業社群的準則、法令及執業決定的。

督導失職訴訟的數量穩定地持續增加中（Sherry, 1991）。C. L. Guest 和 Dooley（1999）預測由受督者提出的督導失職官司，是未來風險管理的重要項目。直至今日，治療師－個案不當性關係仍是失職訴訟金錢損失的大宗（Pope & Vasquez, 1998），且逐漸被失職保險排除在外。

Bennett 等人（1990）認為失職的四個條件是：

1. 發生在心理師和個案間的專業**關係**，唯有如此，專業從業人員才負有法律的照顧責任。
2. 照顧有一**明顯可觀察到**的標準，專業從業人員須違反此標準，其執業及做法均「沒有達到專業照顧的標準」。
3. 個案因此受到可證明的**身心傷害**，且此傷害獲得法律確認。
4. 專業從業人員違反照顧標準之執業責任是個案傷害之近因，意即此傷害是違反執業責任合理可預見的後果（p. 35, emphasis in original）。

C. L. Guest 和 Dooley（1999）進一步地把上述觀念應用在督導中：第一，專業關係：當督導師接受受督者時，已透過這種隱含契約的方式，確認了他們之間的法律關係。Kurpius 等人（1991）也認 186
為移情、反移情、權力、依賴、雙重關係及刻板印象都是涉及督導的倫理問題。同樣的，它們也是治療關係裡的倫理問題。第二，照顧標準：在此，照顧標準指的是督導的倫理規範標準，包含諮商師教育及督導學會的諮商督導師專業倫理準備，及任何違反專業照顧標準的行為。第三，傷害：在此，傷害是指督導師的要求超過受督者的能力程度、雙重關係、違反專業界限及傷害等。第四，督導師若為傷害近因，同時要證明合理的預見性（Bennett et al., 1990; C. L. Guest & Dooley, 1999）。

關於督導失職的特別情況，Disney 和 Stephens（1994）列出下列因素，進一步佐證判定督導師是受督者失職過失和疏忽的主因：

- 督導師對受督者的控制權（督導師身為管理者，有主權有能力控制受督者）；
- 督導師有能力要清楚了解受督者所做的治療／諮商；
- 受督者有責任執行任務（若受督者未完成此職責，則須考量督導照顧標準或明智的督導師在相同情況下應有的舉動）；
- 行為發生的時間、地點及目的（如在正式督導時或課堂中或社交關係活動範圍）；
- 受督者的行為動機（基於仁心或歹念）（pp.15-16）。

最後一項因素與預見性有關，了解行為是否在合理預期下會導致傷害，同時也須考量督導照顧標準或明智的專業人員在相同情況下應有的舉動（Falvey, 2002）。

督導失職的另一個考量是督導師實施督導的職責，其中包含督導師依照規定時間規律地進行督導、勤勉、清楚了解治療晤談中所發生的事情、提供高品質督導（見本章督導專業知能部分）。尤其是督導師與受督者有性親密的雙重關係時，此時督導品質低落，督導師將有直接或間接的法律責任；受督者感受到了侵害，或在結束
187 雙重關係後，得到不佳又不公平的評量（Slimp & Burian, 1994）。

有些風險管理專家竭力主張在第三者付費的情況下，督導師至少要有一次與個案面對面的會談。Cormier 和 Bernard（1982）建議讓個案有機會與督導師見面，了解督導，同時提供有關自己及督導所需的額外第一手資料給督導師。若逢個案有不滿或其他困難時，也能藉此機會，多一條溝通的管道。當督導師知道受督者與個案之間有特殊狀況與問題時，他（她）應採取主動，增加督導數量或以

其他行動回應此困難。須記住，治療的目標是以個案福祉為上，不可以對個案造成任何傷害。

「被借用的僕人」規則（“borrowed-servant” rule）是一法律名詞，指的是大學把學生放在另外的機構實習，如社區心理健康中心。此時，督導職責是由大學及此機構共同承擔。Saccuzzo（2002）認為一般人將大學視為「一般雇主」，而安置機構為「特別雇主」。當受督者產生過失行為時，重點是要決定哪一位雇主對受督者有主要的控制權，所用的判斷方法是檢視決定安置的隸屬關係合約書（affiliation agreements）。Saccuzzo（2002）建議，若沒有此類合約書時，學校與安置機構間一定要有清楚界定的關係。

Montgomery 等人（1999）報導了一個與督導實施及職責有關的重大發現。受試者完全不知道「過失臨床督導」或「誤診」是目前失職訴訟的主要原因。事實上，州郡執照考試委員會處理的最大宗投訴問題（已超過 20%）是督導問題，如受督者對個案的治療表現、受督者與督導師之間的關係等。但受試者卻清楚知道「與個案的不當性行為」、「未能事先警告，因而導致傷害結果」、「兒童監護權決定」及「個案自殺」等高風險的失職訴訟主因。雖然 70%的受試者認識的同事有被州郡執照考試委員會控告的案例，但僅有 14%的受試者曾被州郡執照考試委員會控告過；而超過 70%的受試者認為在他（她）的專業生涯中根本不可能被控失職。

Almonte 對抗紐約醫學院案例（1994）是一宗涉及預見性的兒童精神醫學及心理分析訓練的案子。康乃狄克特區的美國聯邦法院
裁決若有合理預見傷害的可能性時，則督導師對個案負有責任。在 188
本案中，住院實習醫生向其心理分析師透露他是一名戀童癖者（他對兒童有性幻想，而法院的認定是等同戀童癖者），而他計畫將來要從事兒童精神醫療的工作。此位心理分析師（同時也是大學教師）被裁定有責任要通知學校該名實習醫生未能圓滿完成心理分析的畢業要求，或採取合理行動阻止該實習醫生繼續兒童治療的工

作，且這些行動可在不犧牲實習醫生保密權益下進行（Falvey, 2002; Garamella v. New York Medical College, 1998; "Jury finds," October 9, 1998）。

Disney 和 Stephens（1994）表示，將來會有愈來愈多有關受督者及個案間的不當性關係或其他違反倫理界限的訴訟發生。他們建議督導師要有正式的書面政策來因應此情況，須告知每位受督者相關法令、倫理規範及觸法的後果。由受督者簽名，表示明瞭此規範。另者，準備妥當以下資料：個案彙報、治療計畫、個案目標設定的評審，及進步狀況報告。受督者和督導師一樣，應堅守專業倫理準則的標準，這些標準須納入倫理中並清楚表明這是最基本的倫理要求。Harrar 等人（1990）曾引述 Andrew 對抗美國政府（1982）的案子，此案是外科醫生督導師未完整調查助理與病人性關係的案子。督導師在沒有和病人溝通詳談的情況下，逕自展開徹底調查，督導師最後被判負有責任。若當初督導能適當執行，不當性關係會結束且也能防止情感的傷害（Bray，引自 Falvey, 2002）。

C. L. Guest 和 Dooley（1999）認為，現在及未來的督導師會倍感法律責任之威脅而嚇跑，他們並對此事表示憂心，因而竭力推薦對督導及心理治療／諮商設立風險管理程序（risk management procedures），他們認為要特別注意陷阱重重的雙重關係、專業知能、責任、契約的訂立，將督導的目標奠基於誠實、正直及責任之上。

預警職責與保護職責

預警的職責最後是落在督導師身上，以確保診斷與治療的全部責任有人來承擔，因此督導師的紀錄十分重要。督導師須清楚了解
189 特權條款（privilege statutes）、預警及保護職責及各州的保密條款。督導師謹記在心：各州要求不同，有的州要求將不保密條款（breaching confidentiality）列入預警，有的州則禁止這種做法（Herlihy &

Sheeley, 1988）。

Tarasoff 對抗加州大學負責人一案確立預警職責為重要地位。本案另一個少為人注意的部分是督導師和心理師雙雙入罪，因兩人均未能對個案採預警及保護之行動。原告律師認為若診所督導師能親自檢查病人，確定他對自己和他人均無危險，則在預見性上無採取行動的理由（Slovenko, 1980），但督導師並沒有這樣做，他反而忽略了同僚的醫學檢驗報告。保護心理師使他不致有罪判刑的關鍵，在於他對問題情境有關的特定價值之判斷能力，並能將此價值細心地用在複雜無定論的問題上（Behnke et al., 1998）。受督者應了解保護的職責只發生在能辨識出誰是受害者的情況下，或「經審慎思考後」，可以找出受害者（p. 345），或合理可預知的某些受害者時（Vandecreek & Knapp, 2001）。在 Tarasoff 一案中，受督者享有心理治療師一個案特權的特殊關係，必須要細聽並審查對此合理可辨識出的受害者嚴重肢體暴力威脅的溝通，包含施暴企圖及將此暴力威脅付諸實施的能力等（Behnke et al., 1998）。Hedlund 對抗橘郡最高法院（1983）一案，把受害人的定義擴展到任何可預見風險中的人，即這位母親的孩子也應在預警名單中。法庭裁決若母親被攻擊，則她的子女就是下一個可能被攻擊的對象。

若機構或個案期望心理治療師／諮商師了解並能處理所有的潛在危險，新進心理治療師／諮商師恐無法負責完成所有的過程，將造成很大風險，此時督導師應謹慎監控全部過程，甚至與心理治療師／諮商師共同處理此艱難的情況。須牢記，心理治療師／諮商師仍須確認特定行為來預測預警過程。Tarasoff 案較不為人知的部分是「預警、保護及預測的職責」（Behnke et al., 1998, p. 21）。把已表達的威脅透過合理的溝通努力傳達給受害人及警方，並為個案展開行動，以善盡專業職責。

在 Jablonski 對抗美國政府（1983）一案中，爭議的是未能獲得過去的醫療紀錄，亦不能採訪相關人士來判斷個案暴力的可能性。

這個案子也凸顯專業間關於高風險臨床情境溝通的重要本質。在
190 Peck對抗愛迪生郡諮商服務中心（1985）案子中，諮商師對個案要燒掉父母農舍的威脅不以為意，未諮詢督導師，也沒有向任何人提出警告。最後諮商服務中心被判敗訴，因它沒有文字書面的政策及處理程序來因應有重大危險的個案。諮商師也裁定失職，因她沒有對個案做所需的個人史調查，也未諮詢督導師或盡速取得個案醫療紀錄（Harrar et al., 1990）。

從多方來源累積的行動（Herlihy & Sheeley, 1988; VandeCreek & Knapp, 2001）可引導受督者進入預警及保護的情境。這些行動包含警告受害人、增加治療次數、改變用藥或加入適當用藥、擬定計畫、減少個案使用或接觸致命武器的機會。記錄督導師及受督者處理攻擊的問題，如何讓個案接受強制住院、通知警方、諮詢同事及採取所有的行動。此外，Chenneville（2000）提供了處理愛滋個案的保護職責。

應引領受督者深入了解評估風險的先進技術（Rosenberg, 1999）及對暴力個案的管理技術（J. C. Beck, 1987; Borum, 1996; Tishler, Gordon, & Landry-Meyer, 2000）。統計數字顯示近半數的心理治療師／諮商師在執業生涯中，曾遭受個案威脅、騷擾、毆打及攻擊過（Guy, Brown, & Poelstra, 1992），使受督者及執業五年以下的心理治療師／諮商師身陷極大風險中。他們需要學習如何與有潛在暴力的個案一起工作的綱領（VandeCreek & Knapp, 1993），同時要學習自殺評估技巧（Kleespies, Penk, & Forsyth, 1993），這些都是研究所訓練裡兩個常被人忽視的部分（Bongar & Harmatz, 1991）。

由於研究所訓練在處理受督者憤怒、恐懼、性挑逗的情感上，已被認定在數量和品質上是不足夠的，且這些情感會增加受督者的焦慮和倦怠感，因此上述議題值得更多的關注與用心。尤其是恐懼〔（如害怕個案會自殺，怕他（她）的病情會惡化）、憤怒（氣個案不合作）〕及擔心的部分。Pope 和 Tabachnick（1993）的研究顯

示一半以上受訪的心理治療師／諮商師擔心個案會攻擊他人，甚至擔心到睡眠飲食及專心程度都受影響。

Kleespies 等人（1993）報導，40%的心理學門受督者在訓練期間，曾經歷過個案的自殺身亡或企圖自殺事件，為極嚴重的創傷事件；受督者事後的適應十分艱難，若此事件發生在訓練初期，艱難將加倍（Kleespies et al., 1993）。對治療師而言，為這些可能發生的事件及其他類別的危險預做準備是當務之急。準備的方式有多種，如呈現晤談片段、實際案例、解決問題團體或處理作業團體。但
Kleespies和Dettmer（2000）對下列兩種做法提出警告：在自殺事件 191
後，督導師對受督者做彙報式的防禦性督導或對死去個案做心理解剖，因這些資訊恐怕會在法律訴訟中曝光。Kleespies 和 Dettmer（2000）督促在自殺事件發生後專業人員彼此的支持與學習。

在 Cohen 對抗紐約州政府（1975）一案中，擔任第一年的精神科住院醫師允許一位證實有自殺風險的個案出院，出院當天，個案即自殺身亡。法院裁決此名住院醫師在沒有任何督導監管之下，且不具備足夠技術與判斷提供合理醫療，所作所為已超出其專業知能。因此，凡住院醫師的決定須經督導師覆查並依其建議予以改變（Moline, Williams, & Austin, 1998）。

文件紀錄的工作

Harrar 等人（1990）說道：「正如心理治療師／諮商師要做妥個案紀錄，詳載其服務，聰明的督導師也應慎重記錄其督導工作」（p. 38）。Falvey（2002）提出警告：「督導紀錄工作已不再是可做可不做或可有可無的工作了。它是必要工作」（p. 117）。紀錄同時也是責任理賠（liability claim）符合失職標準的鑑別因子，文件紀錄可謂是風險管理的策略。督導的紀錄文件應包含：督導契約；受督者申請文件（至少要有修讀過的所有課程簡歷）；過去所

有表現的評鑑結果；督導日誌（包括治療個案名單、每次的督導日期、督導時間、督導問題及重要議題、治療中遵循的指示及方向、受督者的督導出席紀錄及補假資料、督導計畫或診斷的改變、討論個案的進步情形、安全細節、專業倫理及法律中所呈現風險管理之隱憂及化解、對介入或隱憂問題的追蹤報告、督導或受督者問題細節及解決之道）。若督導師曾檢閱過受督者過去或現在的醫療紀錄、晤談錄音帶、錄影帶或評鑑報告表，這些都應在督導師的推薦函中提及（Bernstein & Hartsell, 1998; Bridge & Bascue, 1990）此外，還應包括督導結案報告，記錄督導結束的狀況，對受督者的推薦建議、轉介及追蹤（Falvey, 2002）。

進步紀錄和督導紀錄都應客觀、清楚具體，不批判也不貶抑受督者（Stromberg et al., 1988）。Falvey（2002）做了以下建議：由於
192 法律對專業倫理投訴沒有法令限制，因此督導文件應依照所在地各州要求一治療文件保留的年限（約五至三十年之間）。美國心理學會建議治療文件在與個案最後一次接觸的三年內均須保留，而紀錄綱要在十五年後銷毀。

推薦函

督導師寫推薦函會引發倫理及法律的問題，因推薦函極具影響力，是實習甄選重要的憑藉標準之一（Grote, Robiner, & Haut, 2001）。寫推薦函涉及知後同意的問題；督導師可能要求學生在不知信函內容的情況下放棄審閱權，以維護督導師的保密性（Ford, 2001）。有些機構和學校的推薦函內容只簡單陳述雇用日期而已，因他們擔心法律的風險。而大多數推薦函在其說法上，常做誇張又不真實的吹捧，相較之下，真實內容的推薦函反而顯得相當負面（R. K. Miller & Van Rybroek, 1988）。如果推薦函中有出現任何一點點的負面評價，即使其他部分的內容是正面的，申請者也很有可能被拒絕（Koocher & Keith-Spiegel, 1998）。這種趨勢至今仍存在，

因此多數推薦函均非常正面，是道地的「吹捧函」而非推薦函（Range, Menyhert, Walsh, Hardin, Craddick, & Ellis, 1991, p. 390）。事實上，研究證實 53%受訪的督導師認為他們寫出的推薦函內容是片面的，只有 5%督導師持相反意見（Robiner, Saltzman, Hoberman, Semrud-Clikeman, & Schirvar, 1997）。

推薦函較合倫理的做法是督導師向被推薦者坦言推薦函內容，尤其當內容中有被推薦者的弱點及擔心的地方時。督導師的倫理困境是基於心理專業的利益前提，他（她）有責任告知同行及學校正確的資訊。若推薦者未揭發不好或危險的事實，他（她）本身也會陷入危機中。事實上，根據 Grote 等人（2001）的報導，將近一半的受訪者（46.5%，回收率 64%和 78%）表示，他們拒絕為酒癮及毒癮的學生寫推薦函，但心理界聲名卓著的菁英受訪者（12.4%）表示在推薦函中，他們一律不提酒癮及毒癮的問題（p. 658），另
有高比例的受訪者表示也不會提到被推薦者的焦慮及憂鬱問題 193
（43.2%）、動機問題（14.1%）及人際問題（13.2%）。

R. K. Miller 和 Van Rybroek（1988）認為，有用的推薦函應包含以下內容：推薦人應表明為了要避開落入多數推薦函對可取美質誇大其詞的陷阱，推薦人將具體陳列出受督者在技術、經驗、特質及奉獻等層面的優缺點並舉例佐證。此外，推薦人會建議讓受督者獲益良多的實習經驗。Grote 等人（2001）促請使用李克特氏量表，而非「是否」二元量表，並在函中坦承「每位受督者都有缺點，沒有人是完美的，寫下受督者在未來實習應努力的個人及專業成長之方向」（p. 659-660）。我們敦請將推薦函內容標準化，包含：受督者經歷；Grote 的建議項目；推薦人和受督者的關係，如督導師或訓練主管；關係情境的描述（實習或專業組織）；受督者帶給機構的個人特質與專長；督導受督者的內容。若推薦人不能為受督者寫一封肯定的推薦函，應在督導中清楚地與受督者討論並處理之。

正如美國心理學會「心理師專業倫理準則及行為規範」原則 C

所述：「心理師是以追求心理學門專門知識、教學及執業的正確、正直與真實為務；在上述活動中，心理師不可偷竊、欺騙或從事詐欺、祕密招數或故意扭曲事實」（American Psychological Association, 2002a, p. 4）。7.06(b)也說：「心理師評鑑學生和受督者是根據他們在相關或規定課業要求上的確實表現而為之」（American Psychological Association, 2002a）。

風險管理

督導風險的要素有：遵守知後同意；堅持專業知能；善盡保密職責；依循公平訴訟程序；遵守預警職責；採取合理的步驟來思考及記錄各種過程。督導師利用法律及常識觀念，做到督導師在此情境下應
194 盡之職責。本章的專業倫理問題解決模式提供督導師一個決定適當行動的架構，諮詢同僚（們）是非常重要的步驟。Harris（2002）倡導用「最壞的打算來看待問題」，即考慮問題最糟糕的結果，在危機及高度不確定狀態下，為受督者做治療晤談的心理準備。

倫理的專業知能

督導師應具備的倫理專業知能有：

- 在督導及執業上，督導師均在所屬的專業知能內運作，不應超出專業範圍
- 督導師具有心理專業的倫理訓練與知識，且親身示範遵循專業倫理的行為，包含各方面的倫理行為運作及專業界限
- 督導師具有法律知識及熟悉心理健康領域的法規章程，並循法守紀；於必要時尋求諮詢
- 督導師發展督導目標，與受督者訂定契約，並把契約上的目標轉化成訓練項目，持續給予建設性的回饋與評價，並記錄此過程

08

第八章

督導歷程的評鑑

回饋和評鑑是心理／諮商訓練課程之核心要素，但也是心理訓練中最困難的兩個部分。評鑑被人視為是心理師／諮商師「最弱的部分」（Cormier & Bernard, 1982, p. 490）。諷刺的是，身為心理師／諮商師，我們對自己在研究、方法學、心理診斷及評鑑項目上的訓練十分自豪，卻在評鑑我們的學生及自己的項目上發現陷於苦無技術可用，並缺乏決心來完成此任務的窘境。

在本章，我們將介紹評鑑方案，首先依據現有的先進技術及對未來的渴望，討論評鑑在心理訓練上的角色定位，接著，我們定義心理師身為評鑑者的角色，同時描述各類型的評鑑，尤其是質性評鑑與量的評鑑之不同形式及評鑑重點：個案－治療師之間的個案互動評估、個案－受督者－督導師之間的個案互動評估；透過觀察、歷程評估及個案成效評量得到上述資訊。之後討論手冊式治療評鑑的變體，區分形成性評鑑及總結性評鑑的細微差別，呈現架構範例用來說明發展督導專業知能本位標準的各項步驟，以建構契約，成為督導的核心。

之後將呈現全方位三百六十度的評鑑，取代督導評鑑，並討論影響評鑑及受督者滿意度的情境因素，如缺乏評鑑歷程是重要因素之一，也會討論與評鑑有關的倫理議題。此外，我們還會簡短地談到心理訓練及核發執照系所的入學標準；最後，檢視受督者透過評鑑過程找出的問題行為，其處理的各層面，包含辨識（identification）、矯正、法律問題的處理、退場機制及預防策略。這些分析並沒有忽略製造問題的督導師和系所評鑑這兩個近年來受到矚目的問題。

評鑑的困難癥結

評鑑不足的原因可從多方面來分析，首先，發展支持性督導關係或結盟與督導師所提出的負面回饋兩者是不協調的。一般人相信回饋會干擾督導全面正向關懷的督導關係（Hahn & Molnar, 1991），會毀了這份關係。Ladany和Ellis等人（1999）認為評鑑甚至可能會傷害督導關係或減損督導的成效，例如受督者不會透露個人資料，害怕這樣做會對其評鑑造成不良影響。但事實上，有效的評鑑應能增強督導關係，甚或成為強固督導關係的預測因子（Lehrman-Waterman & Ladany, 2001）。然而由於大部分的評鑑都是正面的（Robiner, Saltzman, Hoberman, Semrud-Clikeman, et al., 1997），使得更難給予負面評鑑。

第二個原因是一般人對訓練中評鑑所身負的任務有很大的誤解。他們把評鑑看成是令人憂心的懲罰手段，但事實上它只是有效學習歷程的一部分，用來處理及矯正小部分有問題的個案。本書第二章所引述的大部分研究反應出受督者把高層次評鑑看成是督導的美好特質，正是他們想要獲得的東西（Gandolfo & Brown, 1987; Henderson et al., 1999; Leddick & Dye, 1987; C. D. Miller & Oetting, 1966; Nerdrum & Ronnestad, 2002）。然而，形成性評鑑與總結性評鑑間督導角色的差異性十分複雜。

第三個原因是評鑑通常是單一方向的過程，是督導師給受督者的評鑑而非雙向的。但若考慮讓受督者提供回饋給督導師，這將對督導關係及受督者滿意度有很大的衝擊。受督者的回饋將幫助督導 197
師了解他（她）的督導表現及有效度，可逐漸加速督導的改善。

第四個原因，Robiner 等人（1993）做了一件令人欽佩的事，他們把一般人認為應避免的評鑑、應寬大為懷的評鑑，其背後原因做了整理，分為四大類：定義及評量的問題：缺少對「專業知能」清楚明確的定義與標準。法律及行政管理的問題：害怕承擔責任，害怕受機構譴責，擔心系所的地位及機構的名聲。督導師的問題：希望沒有人會仔細審查自己的工作、對處理問題無經驗或低估了問題、自我肯定不夠、不夠堅定、不想付出時間和精力、過度樂觀及天真。人際問題：害怕與人爭執、起衝突、害怕會傷及受督者的職業生涯。Norcross、Stevenson 和 Nash（1986）也發現了一些評鑑上的問題，如時間的限制、評鑑方法的不足或不合格、人事不配合及經費短缺等障礙，而非一般人認為的理論不同或教師抗拒等因素。直到今日，多數傳統的評鑑仍是由督導師提出單向評鑑報告（Hahn & Molnar, 1991），或依單一因素給予廣泛的評鑑（Newman & Scott, 1988）。以方法學的角度來看，評鑑若沒有使用觀察法、錄影評述或全方位三百六十度程序，則評鑑的效度將大打折扣。而建立於少部分的資料所做的評鑑和回饋，讓受督者和督導師雙方都感到不舒服，而這感受是有其正當性的。此外，大部分督導師感到自身的訓練不足以和不適任的實習受督者一起工作（Robiner, Saltzman, Hoberman, & Schirvar, 1997）。

最後的原因是現實的基本面——給受督者的負面評鑑可能進入矯正層面，也可能讓受督者結束實習，退出系所（Olkin & Gaughen, 1991），讓督導師變成判決官的角色。

評鑑是督導重要的一環，是不容爭辯的事實，只要看看美國心理學會「專業心理系所核定原則及指導方針」即可清楚確定此事實

（APA Guidelines and Principles for Accreditation of Programs in Professional Psychology, American Psychological Association, Committee on Accreditation, 2002e）：

> 學生入學時，系所應提供實習生以下書面政策及程序資料：系所對實習生專業表現的期許、就讀過程與學業結束程序。實習生至少半年會接到一次書面評鑑，以決定他們的表現是否達到系所要求的程度。督導師的評鑑是針對實習生下列的各項表現及進步情形而做：專業行爲及受督者在心理評量、介入及諮詢方面所具備的知識、技能及專業知能。此類評鑑應含：
>
> 198 凡督導師注意到的問題，會給予受督者及時的書面通知，並有機會和受督者討論。督導師會輔導受督者了解所有問題的矯正步驟（如果問題是可矯正的話），並針對改善行動達成的滿意程度撰寫書面報告。

美國心理學會「心理師專業倫理準則及行為規範」7.06 評量學生和受督者專業表現（American Psychological Association, 2002a）進一步證實此重點：

> (a)在課業及督導關係中，心理師（在此指督導師）應建立及時及專門的管道提供回饋給學生和受督者，且在督導一開始就要將相關資訊提供給學生和受督者。
>
> (b)心理師依學生及受督者在規定系所要求之確實表現來進行評鑑。

上述的綱要讓我們更加確信評鑑、回饋及明確的專業表現之期望，應是心理專業訓練的特點，然而證據卻顯示，心理師在其應有的專業知能與實際表現之間有巨大的差異。

學術現狀的描述

期望受督者具有扎實評量方法的知能，類似他們在個案評量上須達到的要求，這應是滿合理的期許，但事實卻非如此。在評鑑現有評量工具的心理測量特性的一篇文章中，Scofield 和 Yoxtheimer（1983）做了以下的結論：現有的測量工具缺少信度和效度的資料，且最常評量的部分是人際關係知能，包含同理心、熟練度（expertness）、人際非口語反應、整體治療效能等。Ponterotto和Furlong（1985）將測量擴展到用評定量表（rating scales）來評量心理治療師／諮商師的專業技能。他們使用評定量表「是基於傳統而非正確可靠的心理測量證據」（p. 614），評定者偏見（rater bias）是一重要影響因素，包含寬大為懷的評定（leniency，評定者給予的評定等級比實際更為正面）、集中趨向（central tendency，曲解評定等級，將它推向中間的平均數），及嚴苛（strictness，評定等級比實際更為負面）（Robiner, Saltzman, Hoberman, Semrud-Clikeman, et al., 1997）。Robiner、Saltzman、Hoberman 和 Semrud-Clikeman 等人（1997）調查了六十二位督導師，其中 58%督導師認為他們給受督者的評鑑有寬大為懷或集中趨向的偏見。

在 Ladany 和 Lehrman-Waterman 等人（1999）的研究發現，受 199
督者認為違背專業倫理的評鑑有二——表現評鑑和監控受督者行為。Hahn和Molnar（1991）對諮商訓練機構所做的調查結果顯示，六十所諮商中心只有一所有完整、正式的退場機制，且各諮商中心的退場機制與評鑑種類差異甚大。Norcross 等人（1986）針對一百七十九所美國心理學會核定的實習系所，其退場機制的調查顯示，最常用的是非正式的質性程序，而最少用的是量性比較程序。Forrest、Elman、Gizara 和 Vacha-Haase（1999）做了以下結論：

我們所做的文獻檢閱顯示，心理／諮商實務界及實習系所對於可使用的評鑑標準及程序缺少共識，並沒有一個系統化、詳盡的評鑑綱要可廣爲心理／諮商專業訓練系所接受。（p. 641）

Ellis和Ladany（1997）也做出類似的結論，他們認為雖然督導師對受督者的評鑑相當有效，但直到目前為止，「仍沒有評鑑內容及方法的證據」（p. 484）。評鑑及其實際應用上顯示出倫理及計畫之間的鴻溝。

督導師成爲評鑑者

Cormier 和 Bernard（1982）認為，督導師成為評鑑者的訓練應針對三種關鍵技巧給予訓練：

(a)有能力使用客觀的標準（如測量工具）做有效的評鑑；(b)有能力清楚地與受督者溝通回饋，同時有方法檢視受督者對回饋了解的程度；(c)督導師對學生及受督者的回饋，應基於他們在相關及規定的系所要求上的實際表現而爲之。（p. 490）

上述的評鑑技巧是所有督導師應具備的基本專業知能。此外，Ellis和Ladany（1997）詳細描述了評鑑受督者專業知能的規範，他們建議要考慮以下因素：專業知能範圍、治療行為的領域及模式、所追求的治療技能與行為、指定的時間及所用的評量方法。

評鑑的種類

督導中會用到的評鑑種類有：

- 向受督者呈現以下的資訊做質與量的評鑑：如有關個案的資訊、受督者根據回憶敘述他（她）與個案互動的資料〔Cone（2001）認為這是間接資料，因它不是直接觀察所得，有時 200
間的差距〕；
- 根據對個案（或個案家庭）與受督者互動的觀察資料做質與量的評鑑，此觀察可能是現象，也可能是觀看治療錄影〔Cone（2001）認為這是直接觀察，因並沒有時間差距〕。操作對下列變項的反應，做晤談編碼或使用李克特氏量表來評量下列變項：
  - 情感成分，
  - 文化及多元性專業知能，
  - 人際及關係技能，
  - 理解與構思，
  - 心理診斷，
  - 技術層面的技能，
  - 遵循模式的能力，
  - 同理心；
- 評鑑受督者朝設定治療目標前進的狀況；
- 分析個案報告成果資料中的個案進步情形；
- 使用評定量表做角色歸納（role induction）或周密安排形成性回饋；
- 使用非侵入式測量方式，如比較個案出席會談及取消會談的總數，來分析個案留住的比例，以決定每週接受治療的個案人數或心理診斷會談的數量，並評量受督者完成的可接受文書數量；
- 根據個案報告及個案出席紀錄來分析個案滿意度的資料；
- 在系列常規活動或診斷團隊會議上，評量個案資料；

- 分析檔案或測驗的資料（改編自 Sumerall 等人，2000）；
- 為工作樣本評定等級，包含診斷評量、個案規劃及治療療程（Dienst & Armstrong, 1988）；
- 分析關鍵事件（Norman, 1985）或督導中重大轉捩點事件，導致受督者做法及成效的改變；
- 研究外科醫師在解決臨床問題時，所使用的診斷想法、臨床判斷或問題解決的觀察與質疑（Norman, 1985）。

201 Frame 和 Stevens-Smith（1995）找出可轉化成評鑑形式的操作變項，由科羅拉多大學丹佛分校諮商心理學系彙整的諮商文獻，從中分析出諮商師須發展迫切需要的九種特質：開放性、彈性、積極性、合作性、接受並使用回饋、了解自己對他人的衝擊、處理衝突的能力、接受個人責任的能力、有效及適當表達情感的能力。使用李克特氏五點量表做評量，每一項目至少要有三級以上的評定等級。

督導歷程的評鑑

督導歷程的評鑑是另一種評鑑方式。Worthen 和 Isakson（2000）所做的量表（本書附錄 J）讓受督者反省督導的各層面，包含適當性、理解構思、關係技巧、結果及對督導的滿意度。雖這種評鑑未經實證研究證實，但 Worthen 和 Isakson 認為它有良好的信度，讓受督者把不帶批判、結構化的回饋傳達給督導師。

Vespia 等人（2002）製作了「督導使用評量表」（Supervisory Utilization Rating Form, SURF），它雖沒有心理測量的支持數據，但可用來作為角色歸納的工具，幫助受督者界定督導的任務及受督者應有的內涵。同時又能有效地分辨各種督導活動對督導師和受督者不同的重要性，如對受督者而言，有兩個項目比督導師評定的重要性還要高，即「批評自己的工作」及「請督導師給予回饋」（Vespia et al., 2002, p. 60）。

Milne 和 James（2002）所做的「教學和督導歷程評鑑」（Process Evaluation of Teaching & Supervision）是一觀察表，為評量的另一種形式，它在督導不同的情境中，如管理、傾聽、支持、告知、教育及引導式經驗學習，為受督者的反省、實驗、理解、經驗及計畫等各種行為編碼；Milne 和 James 提供一個能改寫來配合其他評量及具引導功能的架構。

「督導評鑑歷程量表」（Evaluation Process Within Supervision Inventory）（見附錄 I；Lehrman-Waterman & Ladany, 2001）是一個自陳式量表，主要目的是測量受督者對督導師在目標設定及回饋上的成效。受督者用李克特氏七點量表，1 代表非常不同意，而 7 代表非常同意，量表包含兩大分量表——目標設立（如「督導師和我建立的目標均非常實際」）和回饋（如「督導師給我的回饋與設立的目標有關」）（Lehrman-Waterman & Ladany, 2001, p. 171）。量表 202
編製者認為兩分量表雖高度相關，但概念卻截然不同。他們也說明了回饋分量表內在一致性（internal consistency）低的原因：回饋內容包羅萬象，如請督導師給予形成性回饋及總結性回饋等。這個量表能有效地讓督導師知道受督者的觀點及滿意度，作為討論督導歷程的基礎。

個案成效的評鑑

另一種督導評鑑是檢視個案症狀改變的成效資料。雖然個案成效與受督者專業知能並非完全相關，但因個案症狀仍是一重要因子，測量此因子在評鑑上仍扮演一席之地（雖它是非正式的測量）（Ward, Friedlander, Schoen, & Klein, 1985）。個案成效一直被視為是督導成效嚴峻的考驗（Ellis & Ladany, 1997; Stein & Lambert, 1995），至今我們仍然沒有方法學上可靠正確又清楚的個案成效資料，及它與督導關係的資料。

一些測量用來追蹤個案改變（Clement, 1999; Frazier, Dik, Glaser,

Steward, & Tashiro, 2002; Lambert et al., 2002），或結合個案成果與督導成果（Lambert & Hawkins, 2001; Worthen & Isakson, 2002）。成果問卷（Outcome Questionnaire，或稱OQ-45）是其中之一，它是一自陳量表，包含三個分量表——痛苦症狀分量表、人際關係分量表和社會角色表現分量表。另有未成年成果問卷（Youth Outcome Questionnaire, Y-OQ），針對四歲到十七歲未成年個案而設計，它包含六個分量表：內心痛苦分量表、身心症狀分量表、人際關係分量表、重要項目分量表、社會問題分量表，及偏差行為分量表（Wells, Burlingame, Lambert, Hoag, & Hope, 1996）。另有一重要的量表，結合成果問卷（OQ-45）和治療工作結盟評量表（therapeutic-alliance assessment）（Horvath & Greenberg, 1994），或分析個案改變動機的量表（McConnaughy, Prochaska, & Velicer, 1983），來決定影響個案進步不足的因子（Lambert & Hawkins, 2001）。這方法是讓心理治療師／諮商師每週在有白點、綠點、黃點及紅點的圖上依個案自陳的運作，標示出個案運作功能的程度及獲得優良治療成果之機率。白點代表個案運作功能已恢復正常，可結束治療；綠點表示個案有足夠的進步，治療計畫持續進行，無須改變；黃點表示個案進步不足，治療計畫須加以改變且治療可能無效；紅點則代表個案的進步
203 未達預期，個案可能中途撤出治療／諮商，或治療效果是負面的。這個測量法顯然需要重大的調整與改變，例如個案的改變準備度是可測量的（Lambert & Hawkins, 2001）。

Lambert和Hawkins（2001）認為，他們理論中的回饋類別是與治療師／諮商師－個案回饋研究中的個案進步與改善有關（Lambert et al., 2001），而非系統性地自督導歷程中引出。他們曾描述過一個案例：心理治療師認為個案的症狀嚴重惡化，當證據顯示需要重新考慮治療計畫之際，個案反而在其自陳報告中顯示出諸多改進（然而這些徵兆卻被新進心理治療師忽略）。當個案被問到原因時，他（她）表示症狀讓他（她）感到極端不適，因此增強了改變的動機。

Worthen 和 Isakson（2002）用 Lambert 的成果問卷（OQ-45）（Lambert & Burlingame, 1996）提供每週的個案成果資料。他們認為個案的回饋價值中立，易被受督者接納和容受。Lambert 等人（2002）發現個案回饋能增加並提升治療的成果。雖然 Worthen 和 Isakson（2002）的研究結果因團體間處理的差異，並沒有清楚解釋個案回饋的價值，但此技巧已提供了一個能將個案成果納入督導歷程的方法。Frazier 等人（2002）引用 Clement（1999）的個案自我監控行為點數量表，此量表也可用在督導上。

女性督導模式也提供了一個不同的評鑑方法，在此做法中，督導師和受督者在督導結束時，以書面方式針對對方未來的持續發展，給予評鑑與回饋；雙方在目標達成的成功性及缺點上，分享了責任（Zimmerman & Haddock, 2001）。然而，大家都清楚，規定上督導師一定要給受督者直接又有根據的評鑑與回饋，甚至如有必要，他（她）還要建議受督者退出訓練。所有的回饋都在符合人性的方式下進行（Porter & Vasquez, 1997）。

操作手冊治療評鑑

督導師將操作手冊治療評鑑的重點放在受督者遵循治療手冊及治療規條、完成晤談目標及遵循治療方案的程度上，加以評定（Kendall & Southam-Gerow, 1995）。調整這種追蹤方式，則受督者和督
導師可依每次的晤談來加以評定這些變項。Henggeler 和 Schoenwald 204
（1998）發展了「多系統治療督導手冊」（manual for supervision of multisystemic therapy, MST）。本手冊是唯一為了配合社區心理健康治療而創造出來的督導模式，尤其有趣的是「督導師遵循量表」（Supervisor Adherence Measure）（Henggeler et al., 2002）。此量表清楚表達並評量督導師在實踐多系統治療模式上的多層面角色，用可測量的形式來組織督導成分，深入淺出地解釋督導歷程，並提供本模式評鑑督導歷程的藍圖。

Lambert和Ogles（1997）對現有專業訓練成果的評鑑與測量做了以下的結論：⑴最有用的測量是著重受督者可觀察到的行為，如計算次數；⑵透過多種來源和標準來評鑑專業訓練成果，是最令人滿意的方法，如從個案、督導師和受督者身上蒐集資料；⑶理想上應以個案成果及關係變項（尤其是受督者和個案的關係）來評鑑督導的有效度，但這目標仍在努力中；⑷常見的成果測量工具都是自製的，缺乏效度信度，因此需要標準化的測量工具。

形成性評鑑與總結性評鑑

形成性評鑑和總結性評鑑是兩種常在心理訓練實習上所使用的評鑑，它們各有不同的情感價值（Robiner et al., 1993）。形成性評鑑被視為是協助受督者改進技術，找出阻礙臨床治療的個人問題，比總結性評鑑看起來要積極正面。由於心理治療師相信積極改變及回饋的力量，因此形成性評鑑與心理治療師信仰之間有和諧一致之處。但總結性評鑑或專業知能表現的客觀評量都沒有被積極正面地看待過。因它產生的成果（學生通過完成訓練、降為試讀或退出訓練）帶來矛盾及負面的感受與訊息，也正是這個原因使兩種評鑑，尤其是總結性評鑑，成為令人難以接受的評鑑。對一些督導師來說，身為評鑑者扮演著雙重角色，一方面要支持受督者，親切和善，著重在受督者的發展與成長上；但另一方面卻要指出受督者未符合訓練要求的嚴酷事實。另一個讓督導師不自在的地方是不熟悉評鑑的形式（如對評鑑過程的不熟悉），因督導師並未受過督導評
205 鑑訓練所致（Borders & Leddick, 1988）。上述所列出的原因使得督導師逃避評鑑或在評鑑受督者時，寬大為懷，不願為難受督者。

形成性回饋及總結性回饋

由於督導關係的結構，規範及期望的定義，督導成為正式回饋

的工具及歷程，早期的回饋與期望應為督導的目標和接下來的質性回饋建立一個整體的架構。這些要素應受到受督者的目標及運作功能的發展階段，及用來做總結性回饋的評鑑形式所規範。督導師一定要有專業知能，能給予受督者形成性及總結性回饋。

在形成性回饋及總結性回饋龐大複雜多層面的評鑑中，包含評價回饋、糾正回饋及一般回饋，而其中給予受督者的糾正回饋是督導的重要部分。當訓練契約清楚界定出目標時，經過不斷適當的更新，技術純熟的督導師會把訓練契約當成是督導的首要架構，他（她）把實際的行為回饋與訓練目標連結在一起，例如受督者一直以內容為導向（content oriented），而非歷程導向（process oriented）時，督導師提出的糾正回饋，可能包含協助受督者辨識轉向內容導向的指標，分析受督者在轉向內容導向時，關鍵時刻的情緒狀態和思考歷程，並解釋轉變發生的原因。

Ronnestad 和 Skovholt（1993）區分對新進受督者的肯定回饋與對資深受督者的糾正回饋。總結性回饋以下列方式呈現：打分數、評定等級、通過或不通過訓練、給學校或研究所回饋。而形成性回饋，則採以下形式：

- 省思回饋：
  - 「不知你的感受為何？」
  - 「不知在當時，你的感受或想法是什麼？」
  - 省思某位個案對受督者的衝擊；
  - 觀察會談當時所忽略的行為或事件；
  - 比較治療師角色和個案角色的一般性觀察。
- 綜合回饋：
  - 「我們想一想，它如何配合你所觀察到的家庭走向？」 206
  - 「追求那個方向會把你帶到哪裡？」
  - 「當你放走那個機會時，你心裡在想什麼？」

・中立：「知道……，一定滿有趣的。」
・增加自主性回饋：
  ▪「你的技術有明顯的成長，也將治療材料融入其中。」
  ▪「你使用暗喻的能力優於你對自己遊戲治療專業知能的評估。」
  ▪「想想看上個月當母親生氣時，你把同樣的問題處理得那麼好。」
  ▪「還記得你對焦慮問題的經驗提供了處理這情境的觀點嗎？」
  ▪「見到你在督導中的謙遜，與此刻你對個案家庭的高效率，讓我深受感動。」
  ▪「你運用暗喻的高超技巧，為孩子建立了吐露內在痛苦的良好環境。」
・分析回饋：
  ▪「我們來分析這三次會談以來發生的模式。」
  ▪「如果有其他方式能把這情況與虐待歷史連接的話，你的想法會是什麼？」
・反應回饋：
  ▪「好像你也不知道該往哪個方向進行了。」
  ▪「當個案說你沒有情感時，你有什麼感受呢？」
・糾正回饋：
  ▪「我倒是好奇想知道除了免責聲明外，你還可以用什麼來做前言呢？」
  ▪「我在想除了母親繼續忽略孩子適當行為的問題外，我們還能想出什麼其他點子呢？」
・第一層擔心：「我擔心當母親開始談處罰時，你就轉變話題，你認為為什麼會發生這種情形？」（假設在本案中，之前有兒童虐待事件，因此監控父母對孩子的懲罰方式是非常重要的。）

- 第二層擔心：「你沒有追蹤探詢此案兒童虐待可能的事實，這既違法又違背專業倫理。」
- 評價回饋：
  - 積極正面的回饋：
    - 「你對這個家庭的回應比以前更清楚而且更富同情心，這是我們指出你應努力的方向和目標，做得好。」
    - 「你的介入對這名青少年已發揮應有的效果。」
  - 負面的回饋：
    - 「你仍忽略這個孩子情感的表達。專注他的情感表達是你督導契約的目標；我愈來愈擔心我們在這目標上所做的努力將徒勞無功。」
    - 「我一直擔心你似乎並沒有把歷程觀念融入臨床工作裡，以你的訓練層級和經驗而言，我很驚訝你的進步顯得如此吃力又費勁。」

督導師須發展出自己的回饋風格，有些資深督導師喜歡在大部分的督導時間給予受督者非常正面的回饋，頂多在最後的時候給一個負面回饋或糾正回饋，且其中摻雜著許多受督者優點強項的描述。在此優點為本的做法中，也應以誠實為上。若把優點強調到完全不提須改進的缺點時，是不符專業倫理、不信實也不富教育意義的做法。

專業知能爲本的評鑑程序

專業知能評鑑的第一步是蒐集受督者的學習評量，以決定其過去學經歷的優缺點，檢視他（她）的自我報告、實習及申請表，也可納入研究所訓練中心主任的看法。Hahn和Molnar（1991）建議受督者的評鑑可從申請實習時開始進行；當實習委員會審查申請人資格時，看他們的優缺點，在成功的申請者中篩選出中意人選。下一個步驟是建立評鑑過程，請訓練中心主任或實習指導教授在錄取後直接給予受督者回饋，或可透過檢視表或李克特氏量表，針對某特
208 定重點及訓練上的專業知能予以回饋。此外，須蒐集督導師對受督者的觀察及受督者對自我專業知能的報告，藉此建立訓練契約的目標。督導師可把某特定任務分割成數個部分（範例請見本書第三章），要求受督者以漸進方式完成自我評量。或由受督者針對較主要的部分做自我評量，經督導師根據觀察和受督者的表現予以確認或肯定。

督導契約

書面的訓練契約或工作合約（Proctor, 1997）是建立受督者和督導師或與機構之間關係的重要成分，也是倫理結構和評鑑的重要部分。督導契約可說是「個別化學習者的契約」（Cobia & Boes, 2000），且一定要以白紙黑字的方式寫下（Osborne & Davis, 1996）。契約應在訓練之前或初期，由督導師主動擬妥（Sherry, 1991），與受督者雙方簽名後，各留影本一份（Bridge & Bascue, 1990），帶到督導中，作為查詢督導目標及期望之參考。此外，督導契約也有結構的功能，本質上類似督導關係（Ronnestad & Skovholt, 1993）。契約除了滿足合法訴訟程序和受督者的知後同意之外，它也對清楚表達督導目標及期望貢獻良多。因受督者及督導師須時時審視並處理目標和期望，這樣的做法能提升督導的效能（Leddick & Dye, 1987）。讓受督者參與制定督導契約的過程。更可增強受督者的學習責任感（Osborne & Davis, 1996）及自主性。

在附錄A已有督導契約樣本和範例。創造多元系統作為理論導向之功能，把操作手冊式治療、系統及情態納入程序（Shaw & Dodson, 1988）。重要的是，要注意心理測量對專業知能正確評量的重

要性，須把評定員間信度（interrater reliability）當成努力的目標。我們建議隱喻、歷程、自我感及關係都應有發展漸進的變化，且均可納入評鑑過程作為督導及評鑑專業知能歷程的基石。心理學門博士後研究及博士實習中心學會（Association of Psychology Postdoctoral and Internship Centers, APPIC）網站（http://www.appic.org）有許多專業知能評量方案的範例，可供參考。多數範例是分析各訓練課程任
務要素，行為導向且經督導師評定的專門類別。有些評定是根據觀 209
察，有些則根據某些反應片段而得。

督導目標須經督導師和受督者雙方同意，應包含進步的評鑑定義，陳述中要表明達到目標的時間，及督導目標未達成時督導師的責任（Cobia & Boes, 2000）。督導契約的重點有：受督者發展性的需求及優點、督導師的專業知能及雙方的責任與本分、程序的考量與機構所提供的機會，包括個案的獨特性質與特點、督導目標、方法及重點（Ronnestad & Skovholt, 1993）。Lehrman-Waterman 和 Ladany（2001）研究「受喜愛的督導目標特質」後，做了以下的綜合結論：督導目標要明確具體、實際可行或可實現、可測量出，能依照不同的重要性依序排列且加以定義。在督導契約中，也能載明督導執行的次數與長度、執行地點與方法、監控活動的種類等（Osborne & Davis, 1996）。

督導契約也可列出可使用的資源，以確保在實習機構內實際可行的清楚溝通，如受督者規劃與訓練機構及其宗旨配合的目標。此外，方法也須明確溝通，包含：程度（錄音、錄影的觀看與討論的方式）、現場觀察、督導介入（角色扮演、會談中場的督導回饋或教導等）、觀察督導師治療個案等。督導師做現場督導是保護專業倫理的安全措施（Cormier & Bernard, 1982）。觀察的功能在於提升對訓練模式的遵守，改進督導溝通並處理歷程中移情和反移情的問題。在這種情況下，有必要清楚表達自身的理論傾向，例如決定督導關係是否被視為改變的重要原動力是一主要問題（Ronnestad &

Skovholt, 1993）。

督導契約上應清楚說明督導歷程評鑑的內容（Osborne & Davis, 1996），包含督導次數、種類（如正式或非正式、書面或口頭）、掌握的時機及頻率。此外，契約尚應標明「評鑑是督導師的主要角色」（Osborne & Davis, 1996, p. 129），註明資料記錄的方式（如由學校或機構提供的正式評鑑表、學校給的口頭回饋或信函的敘述
210 等），寫清楚哪些人會得到哪部分的評鑑，如此方能建立保密限制（Osborne & Davis, 1996）。

個別化的標準督導契約雛形應包含符合受督者及訓練機構雙方需求的結構。方案的設計應謹慎運用臨床服務結構的優勢和弱點及對機構的要求。在對機構的要求上，我們認為要更明確與詳盡，依各方案的個別性來設計。

督導契約中也會含有一些量化評鑑的元素，構成系所的要求（如生產效率、錄影數量、各組心理診斷的完成量、個案多樣性、診斷及服務家庭的組合狀況），而質化評鑑則根據受督者的表現（如評鑑表所列舉出的各種表現）。

督導契約雛形

Osborne和Davis（1996）提供了一個督導契約大綱，而Sutter、McPherson 和 Geeseman（2002）也提供了一個含多層面的督導契約雛形。在此雛形中，督導師和受督者同意訓練的目的及持續的期間、付款安排、失職保險及文件紀錄的期望。督導師同意遵守所有專業倫理、法律及辦公室的規定與政策、能騰出時間來督導受督者、確定缺席次數、記錄督導及提供評鑑等。而受督者則會同意記錄督導的活動、遵守專業倫理、法律及辦公室規定與政策，並將沒有治療執照的受督者身分告知個案。Osborne 和 Davis（1996）的契約大綱則不大相同，它包含督導目的目標、服務內容、評鑑方法、督導師及受督者的責任與本分、程序考量（如有關紀錄、錄音及衝

突化解等）及督導師專業知能範圍的定義。

Sutter 等人（2002）的契約設法解決了許多結構、倫理及程序上的問題，但忽略了受督者個人成長與發展的質化因子、個人化或實用因子的部分。Osborne 和 Davis（1996）則把這忽略的部分納入他們的督導契約大綱中，但未把單個專業知能或個別化訓練目標一一呈現列舉；理想上，契約應包含及列舉出上述所有的因子。本書附錄 A 有督導契約樣本，它不是範例，僅作為樣本，供人參考而已。

契約的明確性及具體程度是契約中重要的部分。Ronnestad 和 211
Skovholt（1993）提出設立目標的兩個重點：把目標普及到具有意義的程度，同時又明確具體到足以評量的程度。他們強調過於經常改變目標或死板地保持目標都有危險。Talen 和 Schindler（1993）提出以目標為導向的督導計畫，發展出結合目標、治療計畫、概念模式、治療技巧、診斷個人及專業問題的模式。值得注意的是，此模式有兩點獲利——提升督導關係及催促評鑑。在此模式下，由受督者來定義問題及明確的要求，再依訓練計畫的模式來發展督導目標，確定督導程序與策略來協助達成目標。有人建議督導策略應包含整合的督導資料（如評量資料和治療歷程）、擴展受督者的替代回應及使用個案例子來進一步闡述介入計畫。

三百六十度全方位回饋

凡研究評鑑的人都會同意：評鑑最好是使用多種來源的資料（Fuqua, Newman, Scott, & Gade, 1986; Lambert & Ogles, 1997）。需要的推論數量愈多，則評定者間信度會愈低（Shaw & Dodson, 1988）。問題是須測量行為的特質十分有限，以此決定哪一種行為會構成哪一種成果；如果資料不是以系統化的方式取得的話，則學生評鑑的過程將充滿著變數及低信度。理想上，應採多種資料來評量同一面向，例如受督者發展成為督導師的歷程。Cone（2001）提倡在看到個案成果時，應測量個案結構成分的多層面來估算它的相對效能。

「多位評量者回饋」在商界是普遍的做法，評量是由三百六十度全方位觀點而來，包括同儕、管理者、個案及直接報告（Sala & Dwight, 2002）。證據顯示這種回饋對增加受督者對自我表現的察覺相當重要（J. R. Williams & Johnson, 2000）。反之自我監控與自我評量在效度上是有問題的，因它們與其他觀念的相關性甚低；同儕、直接報告和管理評量的相關程度則呈中等（Sala & Dwight, 2002）。J. R. Williams 和 Johnson（2000）發現，受督者自我評量的分數比督導師的評量來得高（受督者對自己比較寬大為懷），但另
212 有一研究顯示，受督者只有在與個案的關係（如對個案的了解、溝通及信任）與問題解決導向行為上的自我評量分數較高而已（Church, 1997）。個案也會在這些項目上評得最高，觀察團隊也在這些地方有較高的一致性，尤其是創意的部分（Church, 1997）。於是研究者做了這樣的結論：不同的專業知能最好是用不同種類的評量表來分析，因此，多位評量者調查問卷是最理想的評量方式（Church, 1997; Sala & Dwight, 2002）。

然而，同時也有證據顯示，有很多受督者透過比較與調查彼此的表現來尋求回饋，或藉著監控、暗地裡比較他們與別人的表現來評量他人的回應，這種狀況中，受督者的自我評量與督導評量會愈趨一致。反之，受督者若愈少追求他人的回應，則自我評量與督導評量則會較少有一致性（J. R. Williams & Johnson, 2000）。事實上，J. R. Williams 和 Johnson（2000）發現，受督者的監控和自我評量與督導師的評量有高度一致性，但調查卻沒有這種一致性；而監控又比調查發生的頻率要來得高。另外與評量一致性相較之下，管理自我察覺與提升管理表現之間（Church, 1997），及自我監控與工作相關人際效度之間有關聯（Warech, Smither, Reilly, Millsap, & Reilly, 1998）；三百六十度評量與自我評量間的高匯集相交處被視為是自

我察覺（Church, 1997），但以上結果都是商界的督導關係，因此在引用上須謹慎，儘管如此，本模式對訓練者的表現分析仍提供了一個有趣的入門。Falender 和 Shafranske（2004）考慮將它應用在心理訓練上。

評鑑提示規定

Hanna 和 Smith（1998）提出為表現評量發展評鑑提示規定（a rubric for performance assessment），取代系所合格標準或與之並行使用。「評鑑提示規定」的定義是依照一致同意的標準，評量學生表現的量化方法。由於評鑑表現及理論技術的要求，評鑑提示規定允許評量帶有明確具體的標準、角度及各種不同訓練層級所指定的表現層級。Hanna 和 Smith（1998）認為在評鑑提示規定上，應清楚描述每個評鑑面向及每個層面成就的具體例子。以下是有關「建立
諮商關係」的專業知能例子：5 是最高等級，表現為「97%的時間 213
投入使用諮商核心條件的努力中：同理心、無條件正面關愛、真誠、具體及有目的」（Hanna & Smith, 1998, p. 276）。1 是最低等級，其表現為「在表現和使用諮商核心條件上有嚴重困難」（Hanna & Smith, 1998, p. 276）。評鑑提示規定的優點是它能個別適應及反映系所的專業知能，可應用在等級量表及評定者間信度的評鑑上。

評鑑、督導評量表及督導滿意度

證據顯示受督者若對督導的經驗給予高評分，則督導師對受督者也有高分的評價（Kennard et al.,1987），從督導師和受督者的情感契合因子可看出受督者是否喜歡督導師，正如 Ladany、Ellis 等人（1999）的研究顯示情感契合關係、受督者對督導師個人特質的正面看法及受督者對自己在督導中的行為有正面判斷等因素，均與受

督者在督導中享有更多自在與舒適呈正相關。受督者「喜歡」督導師是與整個評鑑歷程有關聯的，如果只使用督導師完成的評定量表來做評鑑的話，則顯示的關聯性會更大。

然而最具成效的督導卻不是令受督者最滿意的督導（Ladany, Ellis, et al., 1999）。換言之，給予嚴謹回饋的督導師可能不是受督者的最愛，至少在給予回饋的督導時期是如此。本主題需要深入的研究，尤其在有效回饋及它與個案成果其他變項間的關聯，及有效回饋與受督者滿意度、發展階段及進步之間的關聯。

專業知能爲本的總結式評鑑之潛在正規模式

個人評鑑、目標中心評鑑可能會被督導師和受督者用在現場督導或錄影晤談督導中。在精微諮商（Microcounseling）的範例中，Daniels、Rigazio-Diglio 和 Ivey（1997）列出一系列的訓練過程，是一種內置的評鑑元素，來自於基準功能的定義，而此功能又須符合先決的標準。訓練行為是透過共同語言的發展、示範的使用、受督
214 者的自我觀察及督導師的大量回饋，逐步形塑而成。技術的層次是心理治療師／諮商師需要累積增加的發展順序，從基本的專注技巧到最高層的個人風格與理論。然而也有人指出，使用直接面質和自我揭露可能有文化上的困難（M. T. Brown & Landrum-Brown, 1995），造成個案的不適，因此建議心理治療師／諮商師在建立穩固治療／諮商關係前，應少用面質或讓人感到壓力的風格。

評鑑或缺乏評鑑的倫理問題

本書第七章已詳盡討論過倫理的考量，然而專業倫理是評鑑中最重要的考量。受督者或許無法誠實地針對督導師的缺點及不足給予回饋，因他們須仰賴督導師，為他們寫推薦函到學校或工作地

點。雖然受督者看得到督導師的倫理過失（Ladany, Lehrman-Waterman, et al., 1999）、督導中產生不良後果的事件（Gray et al., 2001）和衝突（Moskowitz & Rupert, 1983），他們仍可能不願意針對這些問題給督導師回饋。因此在蒐集受督者對督導師的表現回饋時，姑且把他們的報告看成是非確定的回饋。

督導一開始，在未清楚界定的部分就對受督者做事後檢定因素（ex post facto）的評鑑，已違背公平訴訟程序及知後同意權（Forrest et al., 1999），例如，內在運作功能是受督者經常被引述造成困難的部分。在一調查研究中，幾乎有一半系所未定期評鑑這個部分（Olkin & Gaughen, 1991），大部分系所也未表示願意做此項評鑑。唯一例外的是「專業諮商表現評鑑表」（Professional Counseling Performance Evaluation），它有成熟、專業知能及正直的部分及自我控制、誠實、公平和尊重等項目（Kerl, Garcia, McCullough, & Maxwell, 2002）。受督者的角色效能常在暗中受到評鑑（Vespia et al., 2002），受督者常搞不清楚究竟督導師要談論督導關係，抑或要受督者給予回饋（Kurpius et al., 1991）。McCarthy 等人（1994）發現，48%的研究樣本表示督導師—受督者關係很少被提出來討論，27%表示督導關係從未被討論過。

錄取標準

心理訓練的錄取標準及合格系所是否應有一必備的適宜度或個性特質的要求，一直是爭議的主題。拿心理界和律師界的錄取觀點 215
來做比較，律師界要求良好道德品格及適宜度；Johnson和Campbell（2002）談到心理系所核定原則中，從未提過要求品格及適宜度這回事（American Psychological Association, 2002e），也從沒有系所在申請面談時明確具體地詢問申請者這方面的情形。他們敦促應發展適宜度的要求，內容包含心理穩定度、正直、人格調適、負責任地使用藥物、慎重及關懷人類等項目。

矯正措施

本章一開始就提到評鑑可能會加速矯正的過程，在少數極端的案例中，評鑑確實加速了公平訴訟程序，將受督者推向退場的終點。許多文獻將這類學生稱為「有缺陷或有障礙的學生」，但最好使用其他的用語，以便與美國身心障礙法中所稱的「障礙者」加以區分。美國身心障礙法所稱的「障礙」指的是：「任何精神或心理疾病，如智能不足、器質性腦部綜合症狀、情感或精神疾病或特定的學習障礙」。殘障被定義為「一個人的肢體或精神障礙，嚴重地限制此人一項或多項主要生活上的活動」（Americans With Disabilities Act of 1990, 42 U.S.C. §12102(2)(A)），有這樣的紀錄或被視為有此障礙者（U.S. EEOC, 1992, p. I-3; Bruyere, 2002）。

本書使用「有行為問題的受督者」來形容不符合預定表現標準的受督者。若受督者符合美國身心障礙法的殘障標準，則須做合理的調整。但「即使申請者／實習生／博士後學員聲稱他們是合格的殘障人士，有權接受復健法（Rehabilitation Act）或美國身心障礙法的保護，實習機構或系所卻沒有義務這樣做，除非此人能在他人協助或無他人協助下，履行主要的職務功能」（Mitnick, 2002）。

有行為問題的受督者

訓練上的一個重大問題是確認引發問題的特質。首先的問題是系所規定的評鑑標準與確認學生問題層面的歷程缺少一致性（Forrest et al., 1999）。再者，各系所對「有問題」的定義不同，甚至同一機
216 構，由於使用的標準不同，也會有不同的定義出現（Forrest et al., 1999）。Hahn和Molnar（1991）發現「三十三所學校中，有八所根

本沒有做到評鑑程序的要求，這方面的失敗已到達嚴重的程度，並未區分合格與不合格的畢業生候選人」（p.415）。

Overholser和Fine（1990）曾區分專業知能不足的種類：缺乏知識、不合格的臨床技巧、有缺陷的技術、判斷能力差、令人不安的人際特質。

Lamb等人（1991）也為訓練情境中的障礙（即我們所說的「引發問題的行為」）做了以下的定義：

> 凡干擾專業運作功能，反映在下列一種或多種方式的行爲，均視爲障礙行爲：(1)不能夠或不願意獲得及結合專業標準與個人專業行爲與才能；(2)不能獲取專業技術，使專業知能達到可接受的程度；(3)不能控制個人焦慮、心理失調及影響專業功能運作的過度情緒反應。（pp. 291-292）

他們定義出受督者違背專業倫理的行為及障礙（或有問題的特質），其中出現重複的觀點：「所有違背專業倫理的行為都反映出障礙，然而障礙可能涉及其他不同面向的專業行為，它可能會也可能不會導致違背專業倫理的行為」（p. 292）。但Lamb等人（1991）仍強調系所遵守倫理規範的重要性，如提供評鑑的訓練、確保公平訴訟程序，及使用及時評鑑程序等。

在「不勝任」、「有問題」和「不合專業倫理」三者定義的爭議中，Forrest等人（1999）下此結論：要為有問題表現的學生下一個廣泛的定義是相當困難的，「因為有些不合專業倫理或不勝任的專業行為，不一定是降低的專業功能所導致的結果，更可能的情況是受督者根本沒有能力達到最低的合格專業運作標準」（p. 632）。因此，「有問題」的個人，其問題是出在他（她）「永遠沒有辦法」達到可接受的臨床或執業倫理標準，但這情況在訓練中又未能被指認出來。

Lamb 等人（1986）進一步地將「不勝任」與「勝任但仍有問題存在」的受督者區隔開來：

> ⑴有問題的實習生在問題確認出來後，不承認、不了解也未能面對這些問題，⑵此問題不是可經教導訓練或學業糾正的小小技巧問題而已，⑶此實習生所提供的心理服務品質持續地受到問題的負面影響，⑷這問題不是僅限於專業運作的一個部分而已，⑸這問題需要訓練工作人員大量不成比例的注
> 217 意力，⑹實習生的行爲不因評鑑回饋、矯正及時間而有任何好轉的跡象。（p. 599）

即使施以密集的矯正，仍未能看到改變。

每年有問題的受督者約有 3.3%（Olkin & Gaughen, 1991; 54%回收率）到 4.2%或 4.8%之間。在過去五年內，66%的系所回報，至少有一位實習生是有問題的〔Boxley, Drew, & Rangel, 1986（29%回收率）; Forrest et al., 1999〕。其中接受矯正的問題行為有：違反倫理的行為、心理病態行為、課業不及格、治療技巧或評量技巧不合格、臨床判斷力差、人際技巧差、對督導的回應有問題、理論技巧差及人格不成熟（Biaggio, Gasparikova-Krasnec, & Bauer, 1983; Forrest et al., 1999; Olkin & Gaughen, 1991）。Procidano 等人（1995）發現 89%研究系所呈報過去五年中，至少有一例是專業不足的問題而非課業問題。大多數的缺點都與臨床技術、人格或情緒問題有關。

在 Mearns 和 Allen（1991）調查研究生系所經驗的困難，顯示與同儕的問題行為有關（30%學生回收率，18%教師回收率）。95%的心理研究生受訪者表示，他們一直都知道同儕有嚴重的問題特質，影響著專業功能運作。此外，研究顯示教師低估了研究生面質同儕的人數及學生情感回應的強度（如焦慮、憂傷或罪惡感）。同時，教師又高估了學生不處理問題行為的人數。事實上，許多有問

題的受督者，其問題是透過同儕受督者向老師反映才得到注意，或由社區場地安置中心或實習機構督導師反映給教師。尤其當問題是屬於內在功能或人際功能時（Olkin & Gaughen, 1991）。

對受督者問題行為的立即關切是因它對個案可能造成的傷害（Frame & Stevens-Smith, 1995）、對大眾的傷害及違背專業倫理「不傷害」的準則（nonmaleficence）。在美國已取消了實習口試，有人擔心去除這一層篩選，把實習更重的職責放在督導師身上，讓他（她）確認出有問題的受督者。

目前執業中，有嚴重問題的執業心理師比例約 15%至 27%，而其中 7%至 14%未尋求任何協助（Wood, Klein, Cross, Lammers, & Elliott, 1985）。他們的問題包括精神疾病、不當性行為、工作倦怠、藥物濫用，及因犯罪而被吊銷執照（Laliotis & Grayson, 1985）。另外，個人關係問題、治療特別困難的個案也可能導致壓力，出現有
問題的情況（Sherman & Thelen, 1998）。有問題的心理師應與不稱 218
職（Kutz, 1986）和違背倫理（Stadler, Willing, Eberhage, & Ward, 1988）的心理師區分開來。Koocher 和 Keith-Spiegel（1998）預估遭投訴的心理師中，約近半數顯然有個人的問題，是造成違反專業倫理的原因之一。

Wood 等人（1985）的研究中，有一小部分的受試者曾把他們認為有問題的同事提報給監管單位，但不知有多少心理師曾接觸這些有問題的同事，想辦法為他們解決令其困擾的憂煩和問題。值得注意的是，美國心理學會新的倫理規範（American Psychological Association, 2002a）刪除了 1992 規範的 1.13(b)：「有責任在早期就注意到他們個人的問題徵兆，並取得協助，解決此問題」（Lamb, personal communication, 2002）。至於多少有問題的心理師最後成為了督導師，則不得而知。

退場機制

引導受督者退出訓練的過程有多種，Biaggio 等人（1983）發現大部分系所沒有心理臨床系所學生的退場機制。Boxley 等人（1986）報導，44%受訪的實習系所（29%回收率）沒有受督者退場的合法訴訟程序，也無相關的積極作為。另 10%受訪系所覺得根本不需要建立這樣的程序。66%受訪系所則回應沒有辦法來確保即將退場實習生的合法訴訟程序。然而 Procidano 等人（1995；32%回收率）的研究顯示，74%受試研究所有因應學生專業不足的政策，且顯示出政策的誕生與學生提報專業不足案例之間的關聯，或許政策因專業不足而誕生，或許政策催化了學生對專業不足的辨識。

督導師要牢記：把重點放在對不合格表現或行為的具體明確描述上，而非找尋解釋這些表現的因素。同樣地，督導師須熟悉退場過程中可供參考的法律例子。退出的學生可在美國憲法第十四條修正案或其他就業條款的保護下，提出違反合法訴訟程序的控訴；因此督導師所用的程序不可武斷、反覆無常、具有歧視性或差別待遇（Knoff & Prout, 1985）。

研究顯示退出的學生比例也不同，52%（Vacha-Haase, 1995, as reported by Forrest et al., 1999）到 86%（Biaggio et al., 1983）的系所表示，至少有一位學生遭到勒退，在三到五年前，平均一位學生從
219 美國心理學會核准的諮商／心理系所勒退（Gallessich & Olmstead, 1987，回收率 67%）。根據 Tedesco（1982）的調查研究顯示，美國心理學會核准的系所裡，三千三百二十五位實習生中，有五十一位未能通過專業訓練，另有八十九位考慮提早退出，但卻未真正著手進行，二十四位實習生任其選擇去留，其他二十七位則遭勒退。退場的標準有課業表現不佳、缺少及時的進步表現、實習或有一門科目不及格、不合倫理的行為、臨床表現或判斷令人失望、人際表現不成熟等（Biaggio et al., 1983; Gallessich & Olmstead, 1987）。

Tedesco（1982）認為最常見的理由是情緒不穩或顯現人格異常。

有幾個司法先例提供退場標準的相關準則：專業相關的人際關係技巧被視為包含在學業範疇內（Greenhill v. Bailey, 1975, 自引 Knoff & Prout, 1985），若指定的缺點與系所教師相關時，則矯正措施是在教師的範疇內（Shuffer v. Trustees of California State University and Colleges, 1977, 自引 Knoff & Prout, 1985）。在密蘇里大學負責人委員會對抗 Horowitz 一案（1978）中，醫學院學生因不合格的臨床表現而被勒退，其他原因尚有同儕及醫病關係、個人衛生等。最高法院裁決第十四條修正案下的所有權利都受到充分的保護（Knoff & Prout, 1985）。另一個案子 Alanis 對抗德州大學健康醫學中心（1992），不適合行醫被視為是醫學院勒退的學業因素（Kerl et al., 2002），法院遵從學校的學業評鑑，在標準學術常規之後，使用適當的合法訴訟程序（Kerl et al., 2002）。

因應受督者問題行為

Lamb 等人（1991）討論因應受督者問題行為的四步驟模式。步驟一，發生在早期的評鑑過程，督導師找出受督者功能運作上的問題，諮詢系所並加以澄清，適當修正其看法。記錄一切過程，以期符合合法訴訟程序；給受督者大量矯正的機會，並給予正式回覆。

若步驟一的措施沒有看到受督者的改進，接下來要進行額外的討論及記錄此問題行為，開啟了步驟二。訓練的工作人員實施全面介入並觀察其衝擊。督導程序須調整，督導進一步的要素及其他介入法也視情況加入。在步驟一或最遲在步驟二，我們把學校納入矯正計畫，在這裡，須用明確具體的時間表和清楚表達的表現期望， 220
此時，須通知受督者的學校。

若還需要進一步介入時，則開啟了第三步驟或考慮將受督者自系所勒退。若允許受督者以試讀來嘗試，則應以書面通知受督者，並將此資訊同時通知學校。通常整個過程，受督者和學校都會得到回饋。遵守合法訴訟程序，若受督者選擇上訴，則應包含上訴過程的步驟；若受督者被勒退，要同時通知受督者與學校雙方，規劃離開的時間和過程。

步驟四，謹慎處理勒退和試讀對其他受督者、教職員、系所及受督者自身的衝擊。

有問題的督導師

督導師也可能因個人或外界因素而不能履行督導的職務功能。討論有問題的督導師時，引導性的假設前提是：這位督導師以前的運作功能是在更高的專業知能程度上（Forrest et al., 1999）。Muratori（2001）曾提到連續低效能的督導師；其中有些可透過經他人指引的督導來加以改善，有的督導師則根本問題重重，無法改善。Muratori（2001）認為，被問題督導師督導的受督者面臨嚴重的危險因子，因權力差異及受督者可能困陷在督導關係中的事實，使他（她）別無選擇，無路可走。我們提到這問題，因為這方面的討論仍是嶄新的主題。受督者和有問題的督導師一起工作，所承受的壓力與負擔，遠超過一般督導師和有問題的受督者一起工作的負擔。通常受督者沒有可遵循的規定程序或指導大綱，再加上權力差異，使得雪上加霜。

問題行爲的預防

Coster 和 Schwebel（1997）提議，凡認為自己有困難症狀要處理的心理師，可利用一些方法來幫助自己，而這些方法在預防問題
221 行為上也頗有成效，其中包含：來自同儕、配偶、同伴、家人、朋友的人際支持；增加內在活動，如監控自我察覺；減少工作量，增加休閒活動及睡眠時間；強調對專業生命週期的覺知；積極參與專

業及民間的活動，包含各種參與專業的方式及自我照顧。Coster 和 Schwebel（1997）提出一連串的問題，詢問自認身陷嚴重問題行為危機中的心理師，引發他們對進步情況的回答，這些回答來自於細微的自我察覺，或透過同儕協助，或諮詢其他治療師所得的後設認知技巧（metacognitive skills）（Coster & Schwebel, 1997）。受督者須接受訓練，以確保對失功能有主動積極的覺察力、預防及自我監控的能力。Guy 和 Norcross（1998）提供了絕佳的自我照顧檢核表。

Lamb（1999）建議治療機構須對專業界限困境提出更有效的辨識與協商方法，使之成為問題行為的預防策略，這些方法包括：綜合導向，含社會人際網，建立和諧關係的機會，提供支持性環境；將表現期望和問題行為的書面指導方針分發給受督者；提供受督者挑戰評鑑的開放管道；著手處理專業界限的問題，提供處理此類問題的指導方針；透過角色扮演及其他方法來辨識及處理專業界限問題；參加自助及焦慮因子研討會，包含處理焦慮因子的方法。

Slimp 和 Burian（1994）列出預防違背倫理的方法。首先，機構要設立內部倫理委員會，包含教職員及實習生，同時要請與機構無工作隸屬關係的倫理諮詢師，或利用當地或美國心理學會的倫理委員會，建立處理諮詢委員會的政策與程序、可諮詢的情況及矯正程序與制裁、處理倫理委員會建議，與採取正式行動須遵循的指導方針。

矯正

諮商師教育及督導學會（Association for Counselor Education and Supervision, 1995）對矯正提出以下準則：

> 2.12 督導師透過對受督者持續的評量與評鑑，應了解受督者
> 所有可能阻礙未來專業表現的個人及專業上的限制及缺點。 222

> 督導師有責任向受督者推薦矯正的協助，也有責任從訓練系所申請的諮商機構或州許可的單位中，篩檢出不合格的受督者，他們不能提供具有專業知能的服務。這些推薦應專業且清楚地以書面方式向接受評鑑的受督者解釋。

Olkin和Gaughen（1991）大力推薦在處理問題學生時，須用主動積極來取代被動。理想上，處理工作包含在訓練開始時，就要與受督者簽立清楚的契約，載明政策、期望、期望的行為及其運作、例行的評鑑及對要求的回饋等。

訓練時期是找出問題及改善問題的最佳時機。心理師相信矯正的力量，問題行為只有在不面對、不處理且持續惡化下去時，才會產生問題（Vasquez, 1988）。透過監控和評鑑、改變個案的負擔量、使用徹底深入的介入法（如現場觀察或與督導師共同治療）、補課及補假等（Lamb et al., 1987），均可達到矯正的目的。設立目標、提供更多的回饋來提升督導工作的關係（Lehrman-Waterman & Ladany, 2001）。受督者接受個人治療及增加額外的臨床實務經驗，是另一種可選擇的做法（Knoff & Prout, 1985）。雖課程和個人治療是常使用的矯正方式，Olkin和Gaughen（1991）對治療矯正曾提出警告：系所沒辦法設定治療的目標和時間表，這個大權是掌握在受督者和他（她）的督導師手上。此外，保密性使得系所不能知道受督者進步的情況。

另一個有關治療的問題是，治療到底是針對學業功能問題抑或臨床功能問題所做的矯正選擇（Olkin & Gaughen, 1991）。在矯正受督者不當性行為的案例中，Layman和McNamara（1997）關心訓練期間很少發現有不當性行為受督者的事實，他們認為這會阻礙早發現早治療的可能性。酗酒可能是在實習期間比較明顯的問題。受督者的回顧分析中顯示，接受酒癮復健的心理師表示他們在二十四歲時已有酗酒傷害的後遺症（Skorina, Bissell, & DeSoto, 1990），且多數發生在研究生訓練期間。

訓練系所一定要建立明確具體的矯正步驟，來幫助受督者調整問題行為的運作功能。風險因子在實習期間是隱藏在內的狀況（Kaslow & Rice, 1985; Lamb et al., 1987; Lipovsky, 1988）。訓練系所中心主任及督導師清楚了解訓練期間的循環充滿了嚴重危機與威脅，如實習的壓力、工作倦怠、疲累及一般性的脆弱（Lamb et al., 1982）。此外，尚有合法訴訟程序的步驟、行動計畫與時間表、訓練教師及同儕的支持性關係、進一步的監控、以優點為本的導向及注重持續的改進等。值得注意的是，受督者和督導師對訓練環境支持度的看法有所差異。督導師和教師可能認為訓練中心給予受督者的支持度高，但受督者仍可能未感受到支持。此種可能性需要研究進一步來探索。

Wise、Lowery 和 Silverglade（1989）認為，多數矯正重點放在技術發展、工作坊、督導團體、諮詢及繼續教育經驗上，然而矯正仍須處理特定的問題，如技術發展被個人問題阻撓時的困難。他們建議受督者接受個人諮商，他們認為最好的時機是在受督者未諮商／治療個案之前，治療師的認同感已部分建立起來，此時有更大的領悟力，是轉介的最佳時間點。

對督導師的評鑑

受督者對督導師的督導表現給予回饋，應是評鑑歷程中不可或缺的一部分。事實上，Sherry（1991）提議它成為督導專業知能評量的一部分，所有受督者應對督導師進行評鑑，給予回饋，朝督導契約目標前進，定期檢視督導目標及督導師的督導表現。此外，督導師應自我評量，考量成功、失敗及他們自認需要改進成長的部分。然而，文獻卻在某種程度上忽略了督導師的各種評鑑（Dendinger & Kohn, 1989）。有人建議受督者可依督導師在下列各項目上的表現予以評鑑：關係、一致性的程度、知識及溝通能力。而受督者對行政人員的評鑑項目則有：生產效率、錯誤比例及抱怨（as reported by Dendinger & Kohn, 1989）。有不少為此目的設計的評鑑工具，如「督導滿意度問卷」（Supervision Satisfaction Questionnaire）（Ladany, Hill, Corbert, & Nutt, 1996）、「受督者對督導的看法」（Super-
224 visee Perceptions of Supervision）（Olk & Friedlander, 1992）、「受督者／受訓學員對督導相關知識、技能的自我評量」（Supervisee/Trainee Self Assessment of Supervision-Related Knowledge and Skills）（Borders & Leddick, 1987）。Ladany、Hill、Corbert 和 Nutt（1996）製作的「督導滿意度問卷」，討論的是受督者對督導的整體滿意度，但並未讓他們針對不滿意的部分提供明確具體的回饋。Olk 和 Friedlander（1992）的「受督者對督導的看法」（在本書附錄H，又稱「角色衝突及角色模糊量表」），結合受督者對督導的觀點與未確定的程度予以評量。Borders 和 Leddick 的量表是針對特定任務蒐集回饋的最佳測量工具（1987；見附錄 G「督導師專業知能量表」），它分為教學、諮商、諮詢及研究技能等類別。另一個量表由 Hall-Marley（personal communication; and modified by Falender，見附錄 L「受督者評鑑檢核表」）制定，主題是對受督者專業知能的整體期望。Hall-Marley（personal communication；見附錄K「督導師回饋表」）蒐集並組織受督者對督導師的回饋，與系所目標及契約相配合。

Herrmann（1996）製作了一個含三部分分量表的量表，為醫學院學生評鑑督導師之用。第一部分，使用關鍵事件來決定受督者每週與督導師共處的時間、過去半年內督導師現場督導或錄製的晤談數量。第二部分是由住院醫師就督導師的熱心、組織能力、清晰度、知識、臨床督導技能、示範能力及能騰出給受督者的時間等項目給予評分，並列出描述性因子以引導評分（因子如角色示範，經常性回饋，建設性批評，對性別、倫理、文化及社經地位建議的敏感度等）；之後，住院醫師給督導師一個整體分數，用李克特氏五點量表，從最差到最優的等級。第三部分，住院醫師可針對督導師的優點、主要缺點及須改善的督導品質寫下敘述性的評語。Herrmann（1996）發現要住院醫師把量表交到系所辦公室並附一封信函，證實他的身分（此信函在收到量表後，立即抽出銷毀），以完成系所要求，此舉立即使量表的回收量爆增。大型訓練系所允許住院醫師不具名，結果顯示他們對督導師的回饋非常正面。另一個量表為Ramsbottom-Lucier、Gillmore、Irby 和 Ramsey（1994）所採用，他們要求住院醫師使用李克特氏六點量表來評鑑臨床督導師的知識、分析能力、清晰度、熱心及組織能力、建立和諧關係的能力、回饋及方向、臨床技巧的示範，並考量學習者的程度及督導師的可接近性。住院醫師同時用李克特氏四點量表評定他們自認為參與督導的程度，所得結果信度高，尤其是門診部分。

225

系所評鑑

系所評鑑應是一個高順位的重要評鑑項目，但系所評鑑除了系所本身有興趣研究內部推行的標準外，很少有其他人會注意到它。Norcross 和 Stevenson（1984）發現博士班實習主任用來評鑑系所的主要因子為：學生得到的實習品質及實習督導師所給予的回饋。另一個重要的測量方式是由受督者給予督導師量化的評鑑。有人把重點放在受督者團體在不同訓練情境下的比較（Aronson, Akamatsu, & Page, 1982），並調查受督者如何獲得專業心理訓練所重視的技巧（如同理心）。方法學上的問題，如需要更精密巧妙的測量工具，可能超越紙筆測驗及評量個案成效所造成的衝擊，已開啟未來系所評鑑的新方向。

本章概要

總而言之，評鑑是心理師／諮商師的訓練重心。正如Robiner、Saltzman、Hoberman、Semrud-Clikeman等人（1997）所做的總結，

> 評鑑需要對受督者執行適當臨床判斷的能力及受督者臨床的精熟度予以評價，至於決定受督者是否有能力繼續接受高等的訓練，最終能在臨床上獨立自主，則全依據督導評鑑的結果。（p. 50）

要做好評鑑所需的專業知能為：有能力創造自我評量、表現評量和專業知能本位評量；有能力做好形成性評量與總結性評量。被引用的一些測量工具為更詳盡的形成性評量鋪路。而有專業知能的督導師會把評鑑考量、回饋和正式評鑑的結果融入督導關係中。

評鑑專業知能

督導師應具備的評鑑專業知能有：

- 有能力為新進受督者做評量計畫與整體安排，找出他們的優點和待改進處及實習期間的發展計畫
226 - 有能力制定督導契約
- 有能力制定評量受督者表現和行為的工具
- 督導師有能力對自己做自我評量並為受督者實施自我評量測驗
- 有能力在持續發展的基礎上提供形成性評量及總結性評量
- 有能力讓受督者說出對自己的回饋並利用此回饋

09 第九章

專業臨床督導實施之演進

多年來督導的研究得到一個結論，即督導的風貌在不斷改變 227
中。高品質督導所需要的專業知能範圍已讓我們印象深刻，它不只包含臨床師、教育家、督導師和諮詢師應具有的知識和技能，更需要有許多個人和人際關係的特質。督導專業知能會在持續演進中，與專業心理學發展的步伐一致，配合著群眾的需要及服務本質上的改變，負起評估受督者專業知能及成效的責任與要求，我們可說督導是專業發展的核心。

我們的用意是要把督導從臨床工作中區分出來，提升它的地位，使之成為一具有獨特專長的領域，而此專長需要教育、訓練和管理充分的支持方能竟功。督導誠然是一與眾不同的專業工作，理應得到認同與賞識。希望我們的工作有助於建立督導領域的正統性、合法性，透過適當方法來增加大家對督導專業知能的表達及發展的興趣。

本書旨在透過觀念研究及學術基礎來考量臨床督導的進步與推
廣。為了實踐此目標，我們提供建議並提出相關概念及評量工具， 228
把重點放在理論與實務的結合、歷程中各階段的評鑑、完整的督導關係、履行具有倫理價值的督導工作，欣賞多元化、多樣性，同時又遵奉專業知能為最高圭臬的專業性工作。我們提倡使用專業知能本位督導模式，它使督導目標益臻完美，且支持實驗研究。在對督導歷程日益了解的情況下，可把本模式提供的想法和做法應用在當地的臨床督導機構上。督導課程的發展需要配合個別訓練場所、醫院、機構、系所及大學的獨特需要及特質。積極改善督導實務是心理治療／諮商體系每個層級全心投入、支持與承諾的全面性工作，如學校當局、治療機構、臨床教師及個別督導師等，有個人層面，也有整體機構的參與，反映出督導的專業價值及對專業知能實務的全心奉獻。

當前的機會和迫切的挑戰

無論現有的臨床訓練及督導品質為何，機會和挑戰永遠存在。就定義上來說，專業知能永遠在提升中；為了跟得上對它的了解，個別督導師及其所屬的學校和機構都有責任和機會持續追求及改進其品質（Nelson, Batalden, & Ryer, 1998）。除了持續發展個人專業知能（見本書第三章）、多元性（見本書第六章）及專業倫理與法律判斷（見本書第七章）之外，訓練機構可開發新的課程來配合當地的獨特狀況，系統化地提升督導師的專業知能。心理專業已發展出「實務改進模式」（practice improvement models, PIMs）來改善臨床實務的品質，也許影響臨床行為是提升督導專業知能的適當做法。

Cape 和 Barkham（2002）確認改進臨床實務的方法有：訓練工作坊、臨床督導、臨床準則、以證據為基礎的臨床方法、以實務為基礎的臨床方法、臨床審查、成效監控與管理、成效基準及持續的品質改進（p. 285-286）。其中以訓練工作坊、督導臨床督導工作、督導準則、有實務基礎的臨床方法及成效監控管理，對提升地方臨
229 床督導實務工作特別有效，尤其是使用在實驗而非教導教條式的工

作坊和在職訓練研討會，對訓練及專業發展提供了直接又易明瞭的方法及建議。此外，持續發展的同儕督導與評論，依照美國心理學會「臨床督導專業倫理準則」（Ethical Guidelines for Clinical Supervision）（Association for Counselor Education and Superrision, 1995）所述，提供每位參與者形成性評量及學習機會。對各種程度的督導師提供持續督導與支持，是強化督導實務的介入方法。本書中陳述的督導準則可將歷程引入督導中特別重要的內容領域，如文化及多樣性專業知能（American Psychological Association, 1993a, 2000, 2002b）。臨床準則的優點是簡潔，當準則發展臻至成熟時，「不管是基於研究證據或共識，應把重點放在與適當實務做法一致的部分」（Cape & Barkham, 2002, p. 291）。

實務基礎方法直接聚焦在督導師的實務工作上，正如 Milne 和 James（2002）在專業知能本位督導模式所說明的（見本書第一章），將督導師自陳評量結合督導準則、督導師行為客觀分析和詳盡的自我評量（見本書第三章之 Belar et al., 2001）作為改進督導師行為的工具。監控和管理與督導成效評量有直接的關係。目前太多評量程序都仰賴著受督者自陳的專業知能和對督導的滿意度報告，未能真實測出個案進步成效或受督者臨床專業知能的發展。成效評量應由受督者在治療會談所展現的觀察技巧或透過個案回應評量獲得（Lambert & Hawkins, 2001）。

基準也可用來評量專業知能。專業知能層級可操作控制或由明確具體的行為基準來界定。在某種程度上，督導師效能可藉著受督者在訓練過程中所獲得的基準評鑑出來。這樣的做法使得專業知能本位督導模式益臻圓滿，得以確立具體明確的專業知能要素、訓練目標及建立起評量表現目標的歷程。期望使用多元實務改進模式（PIMs）較單一介入策略更能發揮影響力影響著督導師的行為、受督者成效及個案成果的功效。我們呼籲個別督導師及系所對自身的一般督導專業知能及單個特定督導專業知能做自我評量，如個人因素、多樣性、倫理與法律及評鑑等，於現有結構上，提升系所及機構的運作功能。

230 我們在考量督導持續改進的步驟上，借用 Cape 和 Barkham（2002）對臨床實務改進的建議：

> 改善循環圈：從了解應改善的督導和臨床實務開始，督導師和臨床教學團隊在採用整合性的改善做法中獲得實利。改進的最佳起始點是個人及團隊自認爲有缺弱的地方或新發展的領域。特定領域的實務改進計畫有三個重點階段——歷程輔導、歷程監控及成效管理，均有可能產生很大的衝擊力。
>
> 歷程輔導：臨床及督導實務準則的發展有必要把重點放在純熟的執行治療介入及督導工作上。工作坊和同儕督導與評論可用來支持實務準則中的實務工作。
>
> 歷程監控：介入的主要面向需要有結構化的歷程監控方法來配合。當得到回饋時，它可加速適應督導和臨床實務的歷程。此因子提供形成性評量並允許行動中的思考及反省，以影響改善循環圖。
>
> 成效管理：組成成效管理的方法需要予以標準化，且由督導師來界定，如此才能有一致性，實驗資料才能被視爲與臨床智慧同樣具有價值。（採自 J. Cape 和 M. Barkham，2002 年在 *British Journal of Clinical Psychology, 41,* pp. 285-307 所發表的〈執業改進法：觀念基礎，證據本位研究與執業本位的推薦〉，版權 2002，持有人 the British Psychological Society，取得作者同意轉載。）

臨床督導系所可透過合作新方案來確保督導的系統化並持續地朝向改進的目標前進。

除了正式的督導改善實務外，我們還建議發展反省及反身的技巧，如本書第一章所討論的，它有益於督導師和受督者雙方發展後設認知觀察和自我評估的能力。這些技巧具有相當的重要性，尤其對於監控督導工作結盟及實踐至高價值的完整督導關係、倫理價值為本的實務工作、欣賞多樣性與專業知能導向的治療工作而言。

我們認為上述價值對專業心理的治療和督導工作都非常重要。然而它們在督導關係的全面展現上需要謹慎及細心的思惟。督導師 231
可能認為督導關係本來就很堅固完整，因中間並沒有任何違背專業倫理或界限的地方。但督導師隱藏在內心對受督者的肯定或貶抑將會影響督導關係完整的發展，間接也會影響到督導工作結盟的支持與提升。如督導師始終準時進行督導，並全心參與受督者對問題的探索，對關係所發揮的影響力要比偶爾只給受督者一個建議的效果來得大。同樣的，欣賞多元化需要持續的專注與技巧，尤其當個人的目標是要對前所未有的文化影響有廣泛的了解，而不是只對治療中的種族角色做膚淺刻板的評量。重視這些價值，忠實地承擔起督導師的責任，完成每個項目（如個案管理、教學、諮詢、督導及評鑑），對奠基於價值和倫理的實務工作，獻上自己的力量。不僅外在的公開行為要保持著專業界限，連隱藏在內的吸引力也要遵循此界限。謹守職權，對它心存敬意，避免任何不當的雙重關係，包含假借督導之名來行使治療之實的錯誤行為，用行動來支持專業倫理。此外，在奠基於價值的督導關係中，督導提供了充沛體驗人性價值的經驗——真誠、同理、獻身於他人福祉、忠於專業、謹守個案照護的最高標準，及許多未提到的部分。催化專業知能的發展也是一種崇高的價值。有信心把才華轉變成個人特長，不願把目光浪費在弱點，拒絕把精力荒蕪在盡是批判的環境中，發願以尊重為師，努力創造接受評鑑且將它充分融入的環境。用信任合作的關係，媒合心理專業中的科學精神與實務，兼容並蓄證據為本的實務與心理治療分析的觀點及督導歷程。

瞥見未來

督導是訓練心理／諮商從業人員的最前線，須面對及處理醫療照護系統日益多元的人口需求，不斷調整服務的本質。心理師比過去任何一個時候，都要有能力在臨床不斷改變的風貌中，將治療技術用新穎的方式發揮出來。臨床專業知能被視為是知識、技術與價值，用獨特的結合體配合著地方需求，提供實用的方向與目標。督導師可強調專業知能的移轉彈性，而非死板固守態度，僅將學習局
232 限於執行某特定類別的治療形式而已；督導師藉此提升了專業遠景。Norcross 和 Halgin（1997）在呈現整合的督導模式時，認為：「應把重點明確無誤地放在『如何思考』而非『思考什麼』。這些經調整的重點產生了包羅萬象的多元主義及自我演化成的臨床風格，與年輕不識世事的追隨者或不用心的模仿者大異其趣」（p. 218）。Plato 把醫生分成兩類：一是奴僕醫生（the slave doctors），他（她）「僅靠服從尊師及觀察大師來獲取醫學知識，從不與病人個別交談，僅依經驗開處方」；另一類是真正的醫生，「他的學習經科學洗禮，專注於病人的個別狀況，並依據個別狀況來進行醫療，仔細查問內容細節，直到能深入症狀的本質核心為止」（引自 Jackson, 1999, p. 41）。督導努力培養具有反省專業精神特質的實務工作（Schön, 1983, 1987），並灌輸臨床科學家的觀點，這樣做，基本上是需要具備「知道如何進行臨床思考」的能力。督導一定要對心理／諮商專業的發展有敏銳反應（Norcross, Hedges, & Prochaska, 2002），如實證支持的治療法，其發展與推進（Addis, 2002），改變心理師角色，以納入主要健保給付的部分（R. T. Brown et al., 2002），加入心理藥理學及以科學為基礎的實務改革（Beutler, 2000）。

臨床督導實務工作需要針對有效的督導方法做更深入的研究發

展，尤其是有關整合科學與實務、倫理與法律、發展文化和多元專業知能、形成性及總結性評量，最終是建立專業知能準則，完成這些工作需要有實驗、證據基礎及理論基礎。督導訓練透過研究所教育與臨床訓練經驗協調與配合，並整合知識、技能與態度，方能走向具有專業知能的實務工作。我們的心智無須被改變中的風貌所迷惑，新觀點與新的思考方向必能引領著督導師追求這前所未有的遼闊機會，去獻身培育那些服務於社區的下一代心理師及諮商師，並督導其專業之發展。

附錄 A 233

督導契約大綱樣本（Sample Supervision Contract Outline）

本契約是為說明督導契約涵蓋內容而設計，其中含督導師角色定義、受督者角色定義及督導關係之定義。督導契約在督導關係及督導工作結盟關係的發展上占重要地位；由於它清楚載明督導師對受督者的期望與要求，因此它在啓動受督者角色功能上亦十分重要。本契約為樣本契約，各機構依其實際需求予以修改（製作者：Falender, 2003）。

本督導契約為＿＿＿＿＿（受督者姓名）和＿＿＿＿＿（督導師姓名或機構全名）之間的合約。

生效日期：＿＿＿＿＿

本督導的目的為（如完成實習課程或核發執照）＿＿＿＿＿

壹 清楚界定出督導師提供給機構的服務項目及內容（這部分通常在督導開始前兩週完成）

一、督導次數、督導時間、督導期間、督導種類（個人督導或團體督導）、出席要求。

二、督導師的明確專業技能項目（請加以定義）包含教育經歷、督導經歷與多元文化專業能力。

- 督導師將尊重並處理存在於自身—受督者—個案三人之間的文化差異及多樣性差異。

三、督導模式與理論，包含發展模式。

四、指導介入策略的理論傾向。

五、設計個案家庭作業之道。 234

六、期望督導師投注心力在專業發展、學習、教學、提攜後進及受督者個人發展上。

1.期望督導關係中有開放的溝通及雙向回饋。

2.期望督導師不對受督者做心理治療或諮商。

3.期望督導師探討案情資料裡的價值、信仰、人際偏見及衝突，因它們是反移情的主要來源。

七、督導形式，如督導師的角色及督導師對受督者的期望。

八、檢查文件及個案報告記錄的情形，包括繳交日期。

九、督導師是否有空與受督者見面或做督導會談。

十、督導會談取消及改期的程序。

十一、為緊急狀態下定義並制定緊急聯絡流程。

十二、遵循機構要求，包含專業倫理、證照及法律規定。

十三、督導契約應載明形成性評量及總結性評量，其詳細定義、執行時間及評量方式。

1.督導一開始，就須訂妥評量方式。

2.包含自我評量及同儕評量。

十四、專業水準。

1.須標註「督導師應具備的專業水準典範」等字句。

2.受督者須簽署「知後同意書」（informed consent），內容包含評鑑、保密、合法訴訟程序及對受督者的抱怨等。

十五、督導契約中須載明下列項目：督導師所負的督導責任及義務、受督者須提供個案的完整資料及檔案、受督者要遵循督導師的最後決議並重視個案福祉。

1.督導師期望當受督者持有不同意見時，能表達出自己的看法。

2.督導師期望受督者能討論督導關係中的衝突。

十六、重視個人價值、信仰系統、偏見、衝突和傾向，並加以處理。

十七、治療訓練開始及持續期間，督導師應注意到受督者的學習需要並加以回應。

十八、重視受督者的空間及資源。

十九、澄清經濟的安排。

二十、安排怠忽職守或瀆職保險。

貳 清楚界定出受督者在訓練機構應遵守的項目

一、時間的約定，包含訓練要求的時間、日期及規定的督導出席時數。

二、遵守訓練機構專業倫理、證照、監管權及法律的規定與原則。

三、遵守專業界限的具體規定（如避免與個案、同事及訓練單位工作人員發生多重關係，因可能導致私心利用或失去客觀性的不良後果）。

四、不與個案發生性關係。

五、受督者應告知自身過去的經驗，包含專業技能的部分。

六、文件紀錄（包含督導會談應完成的文件報告等）須依美國心理學會（APA）文件紀錄準則或其他訂立的標準完成。

七、遵守錄音及錄影的規定。

八、清楚寫下對受督者生產效能的期許，如每一項目的詳細清單（團體、家庭、成人、多元化因子、發展層次、經實驗或經驗證實的模式及諮詢等）。

九、出席、取消會談、改期的要求及程序。

十、期許受督者在督導會談時準備妥當。

十一、要求受督者出席研討會、個案會議及其他會議。

十二、受督者有責任在緊急情況下隨喚隨到。

十三、期望受督者在個案案情構思上涵蓋下列項目：理論架構、多元化觀點、經由經驗和研究證實、發展的考量、若有不同的診斷結果，宜謹慎處理。

236 十四、開放性的學習，把學習當成連續發展的終身過程。

十五、接納回饋並保持開放的心。

十六、要求受督者將其受督身分告訴個案，並將督導師的姓名及聯絡方式給個案。

參 督導關係

一、須在契約上載明下列重點：督導是雙向的關係，透過督導關係來提升成長並完成良師益友的關係。

二、督導師和受督者共同發展督導目標。

三、期望督導師擁有催化正向學習關係的技巧，其中包含尊重、鼓勵受督者獨立自主及加強學習經驗。

四、期待受督者能開放心胸接納正向學習關係的催化。此關係包含著尊重、鼓勵自主，及提升訓練的經驗。

五、謹慎留意並尊重督導關係兩人組及個案—受督者—督導師三人關係組所需的多元專業技能。

受督者簽名：＿＿＿＿＿＿＿＿ 日期：＿＿＿＿＿＿＿＿

督導師簽名：＿＿＿＿＿＿＿＿ 日期：＿＿＿＿＿＿＿＿

附錄 B

督導工作結盟量表（Working Alliance Inventory）

「督導工作結盟量表：受督者量表及督導師量表」是評量督導關係及工作結盟關係中三大要素的有效工具，此三大要素為「督導工作」、「督導關係」及「督導目標」；評量督導師和受督者對督導工作、督導關係及督導目標觀點的契合。本量表的概念堅實完整，能有效加強督導溝通及工作結盟，由於本量表缺少信度、效度資料，因此表中的題項仍有更改的可能。

督導工作結盟量表：受督者量表

（Audrey Bahrick 製作，愛荷華大學諮商中心）

指導語：以下敘述為一般受督者對督導師可能有的感受和想法，在你閱讀時，將空格想像成你督導師的名字，使用七等級為每個敘述項目評分：

1	2	3	4	5	6	7
從來沒有	甚少有	偶爾有	有時有	通常有	常常有	一定都有

如句中的敘述是你一直都有的感受（或想法），則填寫 7，如你從沒有過這樣的感受（或想法），請填寫 1。或用介於 1 和 7 之間的數字來代表符合的情況。

請勿思考過久，我們要的是你的第一印象。

1. 和__________在一起，我覺得不自在不舒服。
2. 對於我需要在督導中完成的事，__________和我有共識。
3. 我擔心督導會談的結果。
4. 督導給我全新的角度來看待自己身為諮商師的角色。

5. ＿＿＿＿＿＿和我了解彼此。
6. ＿＿＿＿＿＿對我目標的察覺正確無誤。
7. 我搞不清楚自己在督導中在做些什麼。
8. 我相信＿＿＿＿＿＿喜歡我。
9. 我希望＿＿＿＿＿＿和我能澄清督導會談的目的。
10. 對於我在督導中應有的收穫，我和＿＿＿＿＿＿看法不同。
11. 我認為和＿＿＿＿＿＿並未有效地利用在一起的督導時間。
12. ＿＿＿＿＿＿不了解我想在督導裡完成的目標。
13. 我清楚了解自己在督導中承擔的責任。
14. 督導會談的目標，對我而言，非常重要。
15. 我覺得＿＿＿＿＿＿和我在督導中進行的事物並不是我關切的事。
16. 我覺得＿＿＿＿＿＿和我在督導中所做的事能幫助我達成想要成為有效能諮商師所需的必要改變。
17. 我相信＿＿＿＿＿＿真誠關心我的福祉。
18. 我清楚知道＿＿＿＿＿＿要我在督導中完成的事物。
19. ＿＿＿＿＿＿和我尊重彼此。
20. 我覺得＿＿＿＿＿＿隱瞞了他對我的感受。
21. 我肯定＿＿＿＿＿＿有能力督導我。
22. ＿＿＿＿＿＿和我朝共同一致的目標邁進。
23. 我覺得＿＿＿＿＿＿欣賞我。
24. ＿＿＿＿＿＿和我對於我應加強的部分有共識。
25. 在督導會談後，我更清楚知道如何改進我的諮商技巧。
26. ＿＿＿＿＿＿和我彼此信任。
27. ＿＿＿＿＿＿和我對於我須加強的部分持不同的意見。
28. 我看重＿＿＿＿＿＿和我的關係。
29. 我覺得在和＿＿＿＿＿＿的督導會談裡說及做「正確」的事非常重要。

30. ＿＿＿＿＿和我共同訂立督導目標。
31. 督導中發生的事讓我感到挫折沮喪。
32. 對於我需要努力加強的部分，我和＿＿＿＿＿已建立清晰的了解。 239
33. ＿＿＿＿＿要求我做的事，沒有一點道理。
34. 我真搞不懂這督導會有什麼結果。
35. 我相信＿＿＿＿＿和我解決我問題的方式是正確的。
36. 我相信即使我做的事＿＿＿＿＿不同意，但他（她）仍會為我著想。

督導工作結盟量表：督導師量表

空格請想成受督者姓名

1. 我不喜歡和＿＿＿＿＿在一起。
2. 對於應在督導內完成的事，＿＿＿＿＿和我有共識。
3. 對於督導會談的結果，我感到憂心。
4. ＿＿＿＿＿和我對目前督導活動的實用性，非常有信心。
5. ＿＿＿＿＿和我均同意他（她）的督導目標。
6. 我覺得自己真的了解＿＿＿＿＿。
7. ＿＿＿＿＿搞不懂我們在督導裡在做些什麼。
8. 我相信＿＿＿＿＿喜歡我。
9. 我覺得需要為＿＿＿＿＿澄清督導會談的目標。
10. 對於督導會談的目標，我與＿＿＿＿＿看法不同。
11. 我認為和＿＿＿＿＿共度的督導時間並沒有有效地利用。
12. 對於督導中企圖完成的事物，我有些懷疑。
13. 我非常清楚＿＿＿＿＿在督導中應負的責任。
14. 目前督導會談的目標對＿＿＿＿＿相當重要。
15. 我和＿＿＿＿＿在督導中進行的工作與他（她）關切的問題沒有關聯。

240 16. 我覺得我和__________在督導中所做的將幫助他（她）成為一個更有效能的諮商師。

17. 我真心為__________著想。

18. 我非常清楚知道自己對__________在督導會談中的期望。

19. __________和我彼此尊重。

20. 我覺得自己沒有誠實告訴__________我對他的感覺。

21. 我自信本身有能力來督導__________。

22. __________和我朝向兩人共同設定的督導目標前進。

23. 我欣賞__________這個人。

24. __________和我對於須努力的督導工作重點具有共識。

25. 督導讓__________更清楚知道要如何改進自己的諮商技巧。

26. __________和我已建立了相互的信任。

27. __________和我對他（她）須努力的目標看法不同。

28. 對__________來說，我們的關係相當重要。

29. __________有些擔心如果說錯話或做錯了事，我會反對他（她）。

30. __________和我共同設立督導目標。

31. 我要求__________要在督導裡做的事，讓他（她）感到沮喪。

32. __________和我都清楚了解他（她）必須繼續努力的事物。

33. __________認為我們在督導中的作為根本沒有意義。

34. __________不知道督導能帶給他（她）什麼成果。

35. __________相信我們針對他（她）的問題所採取的做法是對的。

36. 即使__________的做法我不苟同，我仍尊重他（她）。

241 督導工作結盟量表計分卡（督導師量表及受督者量表）

督導工作題號：2, 4, 7, 11, 13, 15, 16, 18, 24, 31, 33, 35

2	4	7	11	13	15	16	18	24	31	33	35
+	+	-	-	+	-	+	+	+	-	-	+

督導關係題號：1, 5, 8, 17, 19, 20, 21, 23, 26, 28, 29, 36
- \+ + + + - + + + + - +

督導目標題號：3, 6, 9, 10, 12, 14, 22, 25, 27, 30, 32, 24
- \+ - - - + + + - + + -

附註：本表來源為A. Bahrick（1987）「工作結盟量表—訓練版」（Working Alliance Inventory-Training, WAI-T），未出版的博士論文，俄亥俄州立大學諮商系所，得作者同意轉載。

243

附錄 C
跨文化諮商量表（修訂版）
(Cross-Cultural Counseling Inventory—Revised)

Hernandez和LaFromboise（1983）為督導師評量受督者文化察覺力而設計，本表含二十題李克特氏六點量表，依據美國心理學會諮商心理學會（第十七部門）所界定的跨文化諮商專業能力發展出的量表（D. W. Sue et al., 1982）。內容包含跨文化諮商技巧、社會政治覺察及文化敏感度。本量表編製精良，含效標關聯及內容效度。但評分的督導師須具備傑出的文化專業能力，方夠資格評分。LaFromboise等人（1991）強調截至目前為止，本量表應是訓練機構為降低受督者跨文化焦慮及自我評鑑反省的主要工具。督導師可將本量表當成訓練作業，提升工作人員及受督者的文化察覺能力，並找出他們須進一步接受的教育及訓練項目。

跨文化諮商量表（修訂版）

評分等級

1=非常反對	2=不同意
3=有些不同意	4=有些同意
5=同意	6=非常同意

1. 諮商師清楚地知道自己的文化傳統。	1	2	3	4	5	6
2. 諮商師珍惜並尊重不同文化間的差異。	1	2	3	4	5	6
3. 諮商師清楚知道自身的價值觀對個案可能的影響。	1	2	3	4	5	6
4. 諮商師能接受自身與個案的差異。	1	2	3	4	5	6
5. 當諮商師與個案之間有巨大的文化差異時，諮商師願意提出轉介的建議。	1	2	3	4	5	6

6. 諮商師了解現存的社會政治系統及它對個案的影響。	1	2	3	4	5	6
7. 諮商師了解個案的文化且能夠呈現出相關的知識。	1	2	3	4	5	6
8. 諮商師對諮商和治療過程甚為了解。	1	2	3	4	5	6
9. 諮商師清楚了解制度障礙對個案狀出況可能帶來的影響。	1	2	3	4	5	6
10. 諮商師有能力引導個案做各種口語及非口語的回應。	1	2	3	4	5	6
11. 諮商師能正確地傳送及接收各種口語及非口語訊息。	1	2	3	4	5	6
12. 諮商師能建議對個案有利的制度介語入技巧。	1	2	3	4	5	6
13. 諮商師能送出符合個案的正確溝通訊息。	1	2	3	4	5	6
14. 諮商師努力以個案的文化經驗、價值觀及／或生命風格背景來看個案現有的問題。	1	2	3	4	5	6
15. 諮商師能向個案展現自身的價值觀。	1	2	3	4	5	6
16. 諮商師能與個案自在交談。	1	2	3	4	5	6
17. 諮商師能辨認出自身與個案文化差異所造成的限制。	1	2	3	4	5	6
18. 諮商師重視個案身為少數族裔的社會身分。	1	2	3	4	5	6
19. 諮商師清楚了解身為諮商師所負的專業責任及倫理責任。	1	2	3	4	5	6
20. 諮商師能安然接受文化差異的存在。	1	2	3	4	5	6

附註：採自 T. D. LaFromboise, H. L. K. Coleman 和 A. Hernandez 1991 年在 *Professional Psychology: Research and Practice, 22,* 380-388 所發表的〈跨文化諮商表—修訂版的發展及因素結構〉，版權 1983，所有人 A. Hernandez 和 T. D. LaFromboise，經同意轉載。

附錄 D

245 多元文化諮商知識及覺察量表（Multicultural Counseling Knowledge and Awareness Scale, MCKAS）

本量表為 Ponterotto（2002）編製的多元文化諮商知識及覺察量表，內含三十二題李克特氏七級量表，主要欲測量多元文化相關的一般知識及歐洲中心論的歧視，其中知識題占二十題（均為正向題）及察覺題十二題（其中十題為反向題）。本自陳式量表使用普遍，具建構效度，在提升多元文化諮商知識及覺察自我評量為一有效工具，然須注意本量表僅供個人評量之用（Ponterotto, Gretchen, et al., 2002）。

多元文化諮商知識及覺察量表

選擇符合你的等級，填入各題：

1	2	3	4	5	6	7
完全不正確			有些正確			完全正確

1. 我相信所有個案都要在諮商時，與諮商師保持直接的視線接觸。
2. 透過諮詢、督導及繼續教育課程等方式，我監控自己在多元文化諮商的功能，藉此檢視自身的少數族裔／文化諮商技巧。
3. 我知道有些研究指出少數族裔得到的諮商治療與主流族裔相較之下，等而次之。
246 4. 凡不願討論自身隱私的個案是屬抗拒強、防衛高的類型。
5. 我知道有些諮商技巧或學派比較能夠超越文化，對各種文化背景的個案均具效能。
6. 對描述少數族裔精神心理健康狀態的「文化缺陷」和「文

化剝奪」現象，我很熟悉，也了解這些標籤是如何助長歧視並使之持續不歇。

7. 我覺得近年來對諮商多元文化問題的關注有些過分且根本無此必要。
8. 我了解即使是來自同一族群的個體，也會因個人價值觀、信仰及不同的同化程度，而呈現出許多個別差異。
9. 我知道研究顯示少數族裔個案較主流族裔個案更可能被診斷出精神疾病的症狀。
10. 我認為個案應把核心小家庭看成是最理想的家族型態。
11. 我認為所有個案都應努力加強自身的競爭性和成就。
12. 我知道不同種族對非語言溝通有不同的解釋（如人身距離、視線接觸及握手等）。
13. 我了解種族歧視和壓迫的衝擊和運作情形，且種族歧視的想法已感染到精神醫療專業。
14. 我認識到諮商師一個案在問題看法及諮商目標上的不一致，會降低諮商師的可信度。
15. 我知道有些少數族裔人士認為心理專業的功能是在維持及提升白種人權勢集團的身分和權力。
16. 我對不同少數族裔團體的同化模式十分熟悉。
17. 我了解文化及種族歧視在少數族裔團體的認同及世界觀發展上所占的角色。
18. 我相信重視少數族裔個案的客觀性及理性思考至為重要。
19. 我知道對不同少數族裔團體所使用的特定文化諮商模式。
20. 我相信個案應該把男性主導的諮商視為是最理想的諮商結構。 247
21. 我了解諮商的成敗與障礙都與跨文化諮商關係有關。
22. 我能坦然接受自己和個案有不同的種族和信仰背景。
23. 我知道制度障礙會阻礙少數族裔使用精神醫療的服務。

24. 我認為個案應表現出某種程度的心理思惟和水準。
25. 我相信少數族裔個案能從主流諮商師身上獲得至大福祉，因主流諮商師擁護白種人中等階級的價值觀及行為規範。
26. 我了解在美國社會身為白種人，就占了優勢。
27. 我了解諮商主流學派傳承的價值觀，也知道這些價值觀可能與來自不同文化個案的價值觀衝突。
28. 我了解有些少數族裔認為諮商與他們自身的生命經驗背道而馳，不適合他們也無法滿足他們的需求。
29. 我了解在美國社會身為少數族裔必須面對白種人無須面對的挑戰。
30. 我相信所有個案把照顧自己看成是首要任務。
31. 我能敏感察覺少數族裔個案轉介到相同族群諮商師的可能原因，包括個人偏見、使用的語言及種族認同發展等。
32. 我知道有些少數族裔人士相信不論少數族裔的學生潛力、興趣或抱負為何，諮商師都會把他們引入非學術的領域。

感謝你完成本量表，若對量表有任何想法、意見，請寫在下方。

248

計分

多元文化覺察部分有十題為反向計分，即低分代表高察覺。須先將答案依下列轉換表進行轉換

答案		分數
1	=	7
2	=	6
3	=	5
4	=	4
5	=	3
6	=	2
7	=	1

本量表的兩組分數之間關聯性稀微（r=0.36），支持量表內單個分量表的獨立解釋（see the review in Ponterotto & Potere, in press）。

知識分量表（二十題）：2, 3, 5, 6, 8, 9, 12, 13, 14, 15, 16, 17, 19, 21, 22, 23, 27, 28, 31 及 32。

這些題目全是正向敘述，即高分代表對多元文化諮商議題具有廣博知識；分量表總分從 20 分到 140 分，平均每題 1 到 7 分（將全部總分除以題數 20）。

覺察分量表（十二題）：(1), (4), (7), (10), (11), (18), (20), (24), (25), 26, 29 及(30)。

括弧內的十題是反向計分，本分量表從 12 分到 84 分（每題平均 1 至 7 分，總分 84 除以題數 12）。所得分數愈高代表對多元文化諮商議題有更敏銳的覺察。

附註：本量表沒有臨界分數來顯示「滿意」的多元文化諮商知識和覺察程度。轉載自 J. G. Ponterotto, D. Gretchen, S.O. Utsey, B. P. Rieger, and R. Austin (2002), "A Construct Validity Study of the Multicultural Counseling Awareness Scale (MCAS)," *Journal of Multicultural Counseling and Development, 30,* pp. 153-180.版權 2002，所有人 Joseph Ponterotto，經同意轉載。未經許可，不得影印或散發，聯絡人及地址為：Joseph G. Ponterotto, Division of Psychological and Educational Services, Room 1008, Fordham University at Lincoln Center, 113 West 60th Street, New York, New York 10023-7478 (e-mail: Jponterott@aol.com).

249

附錄 E
諮商心理多元文化專業知能檢核表（Multicultural Competency Checklist for Counseling Psychology）

多元文化專業知能檢核表（Ponterotto, Alexander, & Grieger, 1995）是為協助系所教師評估其提供多元文化訓練之進展狀況所設計。此表可由系所主任或教師們填寫；內容有少數族裔人數比例、課程議題、臨床執業及督導、研究考量、學生及教師專業能力評鑑及系所環境等大項；本量表是訓練系所評量多元文化專業能力的絕佳工具，雖它原為心理諮商設計，仍可適用於任何欲提升多元文化專業能力的機構。

諮商心理多元文化專業知能檢核表

	專業能力	
少數族裔人數比例	達到標準	未達標準
1. 30%以上的教師為少數族裔。	______	______
2. 30%以上的教師會說兩種語言。	______	______
3. 30%以上的學生會說兩種語言。	______	______
4. 30%以上的支援工作人員為少數族裔（如祕書、研究助理）。	______	______
課程議題		
5. 系所課程中有多元文化的必修課。	______	______
6. 系所課程要求或推薦一門到多門多元文化選修課。	______	______
7. 多元文化議題普遍融入所有課程中，教師能具體證明多元文化議題存在於課程大綱內。	______	______

	達到標準	未達標準
課程議題		
8. 使用多元的教學策略及程序，如採用個人成就表現與合作學習模式。	______	______
9. 用不同的評量方式來評鑑學生的表現及學習狀況，如口頭報告及書面報告。	______	______
臨床執業及督導		
10. 學生接觸的個案裡，有30%以上是少數族裔個案。	______	______
11. 多元文化議題是系所及機構督導的重點。	______	______
12. 受督學生有在不同文化或不同族裔社區生活的經驗，如到國外念書（至少一學期以上）。	______	______
13. 師生組成「多元文化事務委員會」，積極提出多元文化新方案，扮演領導及支持角色。	______	______
研究考量		
14. 系所教師的研究重點為多元文化議題。	______	______
15. 系所教師多元文化議題的研究量豐富；教師的出版及發表可為最佳佐證。	______	______

專業能力

達到標準　未達標準

研究考量

16. 學生在多元文化研究上獲得教師積極的指導，可由師生合著的多元文化文章或完成的論文看出。 ______ ______

251 17. 師生研究著作中明顯呈現多元化的研究方法，包含質性研究及量的研究。 ______ ______

學生及教師專業能力評鑑

18. 學生學年評鑑（或期末評量）中的要項是多元文化議題的知識及敏察能力；系所應有評估此專業能力的機制。 ______ ______

19. 教師教學評鑑的要項之一是教師能將多元文化議題融入課程中，不論學生的文化背景為何，教師能使所有學生在班上感到自在坦然。 ______ ______

20. 學生畢業考會出現多元文化議題的考題。 ______ ______

21. 系所在修業期間會針對多元文化專業能力提供可靠具效度的自陳式紙筆測驗。 ______ ______

22. 系所在學生修業期間會提供有效的檔案評量來審核他們的多元文化專業能力。 ______ ______

專業能力

達到標準　未達標準

<u>系所環境</u>

23. 系所環境應反映出對多元文化的重視及欣賞（如藝術作品、海報、繪畫及使用的語言）。 ______ ______

24. 系所應在系所或學院內有類似「多 252
元文化資源中心」的場地，學生可在此聚會。房間的裝潢及軟體（如書籍、雜誌、影片）均反映出豐富的多元文化。 ______ ______

附註：轉載自 J. G. Ponterotto, C. M. Alexander 和 I. Greiger 1995, "A Multicultural Counseling Checklist for Counseling Training Programs, " *Journal of Multicultural Counseling and Development, 23,* pp. 17-20. 版權 1995，所有人 Joseph Ponterotto，經同意轉載。未經許可，不得影印或散發，聯絡人及地址為：Joseph G. Ponterotto, Division of Psychological and Educational Services, Room 1008, Fordham University at Lincoln Center, 113 West 60th Street, New York, New York 10023-7478 (email: Jponterott@aol.com)。

253

附錄 F

受督者與個案不當性行為檢核表

(Trainee-Client Sexual Misconduct)

Hamilton和Spruill（1999）編製了「受督者及督導師風險管理檢核表」（Risk Management: A Checklist for Trainees and Supervisors）。本問卷的資料是蒐集曾在實習期間與個案發生性關係的受督者他們的回憶。量表內容包含治療師對個案的回應、治療師的需求、治療師晤談的特徵、應負職責，及督導師檢核表。本量表具高度價值，找出風險，提供預防措施並做心理教育之用。量表若回答為「是」，則警告督導師可能有不當性行為的風險。

受督者與個案不當性行為

風險管理：受督者及督導師檢核表

受督者檢核表

治療師對個案的回應

- 當個案對你提出要求時，是否很難拒絕或設限？
- 當個案處於下列情況時，你會不會在家或在辦公室接他（她）的電話？(a)當個案有危機時，(b)當個案有小問題要處理時，(c)當個案感到孤獨需要人安撫或需要和「了解」他（她）的人聊聊時。
- 你會對個案說下面的話嗎？「通常在治療上我不會這樣做，但你的情況不同……」「在這種情形下，做……應該可以。」
- 當你感到某些情境或行為會危害到個案時，你會想去解救他（她）嗎？
- 你會和他人談起你的個案嗎？

- 下班後，你的腦中仍想著個案嗎？
- 你會希望有時在雜貨店或社交場合等地方與個案偶遇嗎？
- 你愈來愈喜歡和個案分享生活私密故事嗎？而且這種分享也變得愈來愈容易呢！
- 你會找機會和個案談和治療無關的話題嗎？ 254
- 與某一個個案晤談時，你會細心打扮，讓自己看起來更有魅力嗎？
- 你會想知道個案對你的看法嗎？
- 你會找各種理由打電話給個案嗎？
- 個案的朋友後來也成為你的個案，在晤談中，大部分的時間你都在談原有的那位個案，而忽略了這位現有的個案，這有可能嗎？

治療師的需求

- 你最大的滿足是否來自於對個案的治療？
- 你的個案數量是否超出規定或比實習同儕還要多？
- 你是否感到孤單且無法從別人身上得到滿足？
- 你是否有可以一起從事愉悅的社交活動的朋友？
- 你是否有支持你的朋友？
- 你是否有一至多位知心密友，可以傾吐心事？
- 在你生命中重大的壓力是什麼？你會如何化解或適應它們？

治療晤談特徵

- 你會常為了某位個案延長晤談時間嗎？
- 你會為了某位個案，提早開始晤談或延長晤談時間或兩者都有？
- 你會把某位個案的晤談安排在可以與他（她）繼續逗留或一起走出諮商中心的時間嗎？

・當個案或你無法將晤談安排在正常上班時間內，你會把它安排在下班時間嗎？

255 應負職責

・你忘記記錄個案打來的電話嗎？
・你會對某位個案或某些特定問題表現出防衛嗎？（如上司建議你對個案無進展，依規定要做轉介時，你會勃然大怒嗎？）
・你會迴避移情或專業界限問題嗎？尤其當個案對你有吸引力時，反之亦然。
・你會不太願意告訴督導師或治療團隊有關你對個案的治療細節及資訊嗎？
・是否某位個案的有些資訊是你努力迴避不願意談的？
・關於某一個案或某些特定問題，你是否有排斥尋求諮詢或督導協助心理？
・在晤談的「敏感」時刻，是否錄音（影）帶總會出問題或用盡？治療會談通常會延續到錄音（影）帶全部用盡嗎？
・當你打電話給個案或延長晤談時間時，你會把這些事件登錄在個案紀錄裡嗎？是否有某一位個案，你常會忘記登錄？

其他

・祕書或其他工作人員有批評過你對其他個案的行為嗎？
・你會不會提議要載個案回家，或為他補習，或在治療時間地點外另訂約會？
・你會擔心個案對你的感情嗎？你擔心自己對個案的感情嗎？

督導師檢查表

- 我是否與受督者討論過如何與個案建立專業的治療關係？
- 我是否曾與受督者討論過與個案之間有性吸引力的問題，並將我的感受及做法告訴受督者。
- 我是否創造自願、樂意開放的氣氛，使受督者願意談論內在的恐懼及疑惑？
- 受督者是否了解違反專業界限的事？他（她）是否了解設立 256
專業界限的理由？
- 我有和受督者討論過本檢核表的結果嗎？

附註：轉載自 J. C. Hamilton 和 J. Spruill (1999), "Identifying and Reducing Risk Factors Related to Trainee-Client Sexual Misconduct," *Professional Psychology: Research and Practice, 30,* p. 327. 版權 1999，所有人 American Psychological Association，經同意轉載。

附錄 G
督導師專業知能量表（Competencies of Supervisors）

Borders和Leddick（1987）編製此督導師專業知能量表，其架構可依不同機構加以修改。此表能確認督導師專業能力表現的特徵並予以評鑑。諮商師教育及督導學會（ACES）督導同業網（ACES Supervision Interest Network, C. Vanzandt, Chair）在 1985 年 4 月 2 日紐約的美國諮商發展學會（AACD）會議正式通過本表。表中的等級 1 代表欠缺此能力，須培養加強，等級 6 代表精通此能力。

督導師專業知能量表

I.概念知識與技巧

A.一般技巧總類

督導師能具有下列各項知識及理解概念：

1. 督導的方法包括：						
a. 催化歷程（諮詢、諮商、教育、訓練和評鑑）。	1	2	3	4	5	6
b. 基本學理（如心理治療理論、行為理論、綜合理論、系統理論及發展理論）。	1	2	3	4	5	6
2. 督導的定義或解釋。	1	2	3	4	5	6
3. 諮商督導師工作的各種環境。	1	2	3	4	5	6
4. 在某機構裡諮商師的角色和功能。	1	2	3	4	5	6
5. 督導的發展本質。	1	2	3	4	5	6

6. 督導師適當的介入，包含：

a. 角色扮演。　1 2 3 4 5 6

b. 角色互換。　1 2 3 4 5 6 258

c. 現場觀察及現場督導。　1 2 3 4 5 6

d. 觀看／聆聽錄影／錄音帶並予以評論。　1 2 3 4 5 6

e. 提供直接建議和忠告。　1 2 3 4 5 6

f. 帶領的受督者團體至少含二人以上。　1 2 3 4 5 6

g. 教導受督者。　1 2 3 4 5 6

h. 精微諮商訓練（Microtraining）。　1 2 3 4 5 6

i. 諮商歷程互動關係（IPR）。　1 2 3 4 5 6

j. 其他（請註明）。　1 2 3 4 5 6

7. 諮商師資格標準。　1 2 3 4 5 6

8. 諮商專業倫理行為。　1 2 3 4 5 6

9. 各種諮商理論。　1 2 3 4 5 6

10. 個人諮商理論。　1 2 3 4 5 6

11. 對人類行為的假設。　1 2 3 4 5 6

12. 督導模式。　1 2 3 4 5 6

13. 責任的意義及督導師在提升責任上應負的義務。　1 2 3 4 5 6

14. 人類成長與發展。　1 2 3 4 5 6

15. 動機及需求理論。　1 2 3 4 5 6

16. 學習理論。　1 2 3 4 5 6

17. 有資源和資訊來協助處理系所目標及個案需求。　1 2 3 4 5 6

B.執業諮商師的督導

督導師應具有下列各項知識及理解概念：

18. 影響諮商執業必須考量的法律原因。 1 2 3 4 5 6

19. 能達成諮商系所目標的各種介入活動及策略。 1 2 3 4 5 6

C.受訓諮商師的督導（包含在上述 A 一般技巧總類中）

259 D.受訓管理／督導

督導師應具有下列各項知識及理解概念：

20. 自己持有的基本管理理論。 1 2 3 4 5 6

21. 各種系統發展模式。 1 2 3 4 5 6

22. 決定理論。 1 2 3 4 5 6

23. 組織發展理論。 1 2 3 4 5 6

24. 化解衝突技巧。 1 2 3 4 5 6

25. 領導技巧。 1 2 3 4 5 6

26. 電腦資訊系統。 1 2 3 4 5 6

27. 時間管理技巧。 1 2 3 4 5 6

II.直接介入技巧

A.一般技巧總類

督導師能以下列方式展現介入技巧：

1. 建立督導結構，包括：

   a. 說明督導目的。 1 2 3 4 5 6

   b. 澄清督導目標及方向。 1 2 3 4 5 6

   c. 澄清督導師在督導中的角色。 1 2 3 4 5 6

   d. 解釋督導應遵守的程序。 1 2 3 4 5 6

2. 確認受督者的學習需求。 1 2 3 4 5 6

3. 決定受督者已發展的程度並能運用自身的諮商理論。 1 2 3 4 5 6

4. 能針對受督者給予具體建議：
   a. 對個案問題的理解。 1 2 3 4 5 6
   b. 諮商歷程。 1 2 3 4 5 6
   c. 具個人諮商風格。 1 2 3 4 5 6 260
   d. 其他相關責任的表現。 1 2 3 4 5 6
5. 實施各種督導介入（見 I.概念知識與技巧）。 1 2 3 4 5 6
6. 與受督者協商所需的學習方向。 1 2 3 4 5 6
7. 利用多媒體協助督導。 1 2 3 4 5 6
8. 制定評鑑程序及工具，以決定系所及受督者目標完成度。 1 2 3 4 5 6
9. 監控心理測驗的使用與解釋。 1 2 3 4 5 6
10. 在適當情況下，協助轉介過程。 1 2 3 4 5 6
11. 促進與監管學術研究，以決定系所服務及技巧的有效性。 1 2 3 4 5 6

B.系所管理／督導

督導師能以下列方式展現介入技巧：

12. 每位教職員工的工作都有職務說明。 1 2 3 4 5 6
13. 執行需求評估。 1 2 3 4 5 6
14. 訂出目標及最終目的。 1 2 3 4 5 6
15. 監管系所活動發展。 1 2 3 4 5 6
16. 監管系所全體工作人員的責任。 1 2 3 4 5 6
17. 使用決定技巧。 1 2 3 4 5 6
18. 使用問題解決技巧。 1 2 3 4 5 6
19. 實施並協調系所全體工作人員發展訓練。 1 2 3 4 5 6
20. 實施管理資訊系統。 1 2 3 4 5 6
21. 使用團體管理策略。 1 2 3 4 5 6

22. 依據受督者及系所需要，安排工作並制定時間表。 1 2 3 4 5 6
23. 維持適當的文件紀錄，以協助督導任務的完成。 1 2 3 4 5 6
24. 監督受督者報告寫作及文件記載的技巧。 1 2 3 4 5 6
25. 診斷組織問題。 1 2 3 4 5 6
26. 使用系統觀察技巧。 1 2 3 4 5 6
27. 計畫並執行預算。 1 2 3 4 5 6
28. 進行追蹤研究及應用研究。 1 2 3 4 5 6
29. 建立一貫性、高品質的雇用及平權措施（affirmative action）。 1 2 3 4 5 6
30. 負起委託者的責任。 1 2 3 4 5 6

III.人際技巧

A.一般技巧

督導師能在督導職位上以下列方式展現人際互動技巧：

1. 能從下列觀點來對待受督者：
   a. 教師。 1 2 3 4 5 6
   b. 諮商師。 1 2 3 4 5 6
   c. 諮詢人員。 1 2 3 4 5 6
   d. 評鑑者。 1 2 3 4 5 6
2. 能說出自身處理人際關係的模式。 1 2 3 4 5 6
3. 能將督導知識與自身人際關係風格整合為一。 1 2 3 4 5 6
4. 能創造催化情境（同理心、尊重、一致性、真誠、立即性、具體化）。 1 2 3 4 5 6
5. 能與受督者建立彼此信任的關係。 1 2 3 4 5 6

6. 在適當的情況下，能與受督者建立 262
治療性的關係。 1 2 3 4 5 6
7. 能指出受督者個人及專業上的優缺點。 1 2 3 4 5 6
8. 澄清受督者影響諮商的個人需求（如儀表、行為態度、個人危機等）及專業需求。 1 2 3 4 5 6
9. 在諮商及諮詢會談中，能引導出受督者的情感。 1 2 3 4 5 6
10. 能誘導出受督者對諮商動力的領悟及觀點。 1 2 3 4 5 6
11. 在確認受督者矛盾不一致處時，能使用面質技巧。 1 2 3 4 5 6
12. 誘導受督者思考新的變通法來找出問題解決之道。 1 2 3 4 5 6
13. 在個人諮商及團體諮商情境，能展現符合工作環境要求的技能。 1 2 3 4 5 6
14. 協助受督者建立自我督導的架構。 1 2 3 4 5 6
15. 實施自我評鑑，把它當成適當專業成長典範的途徑。 1 2 3 4 5 6
16. 知道自己身為督導師之優缺點。 1 2 3 4 5 6
17. 以身作則。 1 2 3 4 5 6
18. 展現並堅持專業倫理及諮商專業的標準。 1 2 3 4 5 6

B.人格特點及品質

督導師應具有下列人格特點及品質：

1. 忠於督導師職務角色的承諾。 1 2 3 4 5 6
2. 對督導師角色所賦予的權威感到自 263

在。	1	2	3	4	5	6
3. 有幽默感。	1	2	3	4	5	6
4. 樂觀、支持、激發人心。	1	2	3	4	5	6
5. 期待受督者有承擔後果的氣魄。	1	2	3	4	5	6
6. 有敏察個別差異的能力。	1	2	3	4	5	6
7. 有敏察受督者需求的能力。	1	2	3	4	5	6
8. 用心讓自身的諮商和督導技巧日新月異。	1	2	3	4	5	6
9. 認清督導的最終目的是在幫助受督者的個案。	1	2	3	4	5	6
10. 保持受督者和督導師之間的溝通順暢。	1	2	3	4	5	6
11. 監管受督者的「能量度」，在受督者發生職業倦怠危機前先辨識出來。	1	2	3	4	5	6
12. 督導師能透過自我評鑑及他人的回饋，辨識出自身的限制。	1	2	3	4	5	6
13. 喜歡及看重自己身為督導師的角色。	1	2	3	4	5	6

附註：轉載自 L. D. Borders 和 G. R. Leddick (1987), *Handbook of Counseling Supervision*(pp. 65-70), Alexandria, VA: American Association for Counseling and Development。版權 1987，所有人 Association for Counselor Education and Supervision，經同意轉載。

附錄 H

角色衝突及角色模糊量表 265

（Role Conflict and Role Ambiguity Inventory）

本量表為 Olk 和 Friedlander（1992）編製完成，內含十三題角色衝突題項及十六題角色模糊題項，均來自實務經驗及實驗，兩大主題內容分述於下：「角色衝突」內容：對受督者身為學生角色的期許及其身為諮商師或同僚角色的期許有衝突，如要受督者遵守督導命令或做自主決定的情境。「角色模糊」內容：無法確定督導的具體期望為何；應如何根據期望來表現；無法確知督導師的評鑑為何。編製者認為此量表是受督者角色衝突及角色模糊方面具信度、效度的量表，可作為預防工具及治療工具。

指導語：下面敘述描述出受督者在臨床督導上所遭遇的問題，請在閱讀各題後，寫下你是否在這次及最近督導中遭遇此問題，1 代表你絲毫沒有這個問題，5 則表示你絕對有此問題。

我在這次及最近一次督導中遭遇此問題，因為：

角色模糊分量表

1. 我不確定要給督導師什麼資料。
2. 經驗日益豐富，雖知我應該要表現得更獨立，反而不確定該如何更善用督導。
3. 督導師期望我能做好督導的事前準備，但我不知道要如何準備督導及該準備些什麼。
4. 我不知道與個案工作時，該表現得多麼獨立自主。
5. 督導師對我工作的評鑑標準不夠具體明確。
6. 當與個案晤談時，我不確定是否符合督導師的標準與期望。 266

7. 評鑑我在督導表現的標準不夠清楚。
8. 督導師給我的評語仍讓我不清楚他（她）對我與個案每日工作的期望是什麼。
9. 我對每件事情都不熟悉，不確知督導師期望我做些什麼。
10. 我無法確定是否應在督導中談論自己在專業上的缺失，因我不知道督導師會如何評鑑我。
11. 督導師沒有給我回饋，讓我不知所措。
12. 督導師只告訴我應該處理個案，卻沒有告訴我具體的方法。
13. 沒有方針指引我在督導的行為。
14. 督導師既沒有給我建設性回饋，也沒有給我負面的回饋，因此我不知道如何處理自身的缺點。
15. 我不知道自己是一個什麼樣的治療師，我也不知道會得到督導師什麼樣的評鑑。
16. 我不知道自己能對督導師有什麼期待。

角色衝突分量表

1. 我始終覺得督導師沒有能力或能力不及我，我甚至覺得是我在督導他（她）。
2. 我認為督導師建議的技巧不適當，本想挑戰他（她），但後來想想還是別說的好。
3. 我和督導師的治療做法不同，他（她）要我用他（她）的架構，我卻認為該用自己的方式。
4. 我本想用某一種介入法，但督導師卻要求我用不同的方法，他（她）一方面要我遵照他（她）的指示，又要我判斷什麼是適合自己的方式。
5. 督導師要我做一些我認為犯法又違背專業倫理的事，而且我一定要聽他的話。
6. 我不同意督導師建議我把某議題介紹給個案，但我一定要遵從他的意見。

7. 我有點想靠自己的直覺來處理個案，但同時也知道督導師才有最後的決定權。
8. 督導師建議的技巧，我用起來並不自在，但自知一定要遵循他的建議。
9. 我並不同意督導師要我做的某個技巧，但他認為這是最適當的，而我仍須照他的話去做。
10. 我認為把某個評估技巧用在某位個案身上是不適當的，但督導師卻一定要我這樣做。
11. 我相信督導師有一次或多次表現違法或不合專業倫理，我卻對質問他此事感到猶豫不決。
12. 督導師給我的訊息混亂，我不知該注意哪個訊息。
13. 當使用新技巧時，我不清楚其中的具體步驟，因此也無法確定督導師會如何評鑑我的表現。

附註：轉載自 M. Olk 和 M. L. Friedlander (1992), "Trainees, Experiences of Role Conflict and Role Ambiguity in Supervisory Relationships," *Journal of Counseling Psychology, 39,* p. 394.版權 1992，所有人 American Psychological Assoication，經同意轉載。

269

附錄 I
督導評鑑歷程量表
（Evaluation Process Within Supervision Inventory）

Lehrman-Waterman 和 Ladany（2001）編製此量表，內含二十一題李克特氏七級自陳式量表，由受督者評估督導師在目標設立及給予回饋的有效程度；其中十三題是「目標設立」分量表，八題是「回饋」分量表。其中三分之一使用反向計分減少錯誤，「目標設立」的反向計分題是第 5、6、8、10、11、12 題，而「回饋」的反向計分題是第 4 題。編製者認為本量表信效度均佳。

目標設立及回饋對建立督導關係、提供組織架構及評估督導歷程至為重要。它們並與受督者滿意度及牢固的督導工作結盟有密切關係。

計分

正向計分題	
答案選項	所得分數
1	1
2	2
3	3
4	4
5	5
6	6
7	7

反向計分題	
答案選項	所得分數
1	7
2	6
3	5
4	4
5	3
6	2
7	1

督導評鑑歷程量表

目標設立

1. 督導師和我共同安排的訓練目標，看起來滿重要的。
2. 督導師和我一起建立的訓練目標，是我能了解的。
3. 督導師和我建立的目標十分具體。

4. 督導師和我建立的目標切合實際。
5. 我認為督導師一定不同意我在工作的過程中改變或重塑我的學習目標。
6. 督導師和我設立的目標好像對我來說太簡單了些。
7. 督導師和我設立的目標是可測量出的。
8. 我不確定訓練的首要目標是什麼。
9. 我的訓練目標在我和督導師建立關係之初就確立下來。 270
10. 督導師和我從未談過我的訓練目標。
11. 督導師只告訴我他希望我在此訓練中學到的事物，卻從未詢問過我想學習的事物。
12. 若以實習資源的角度來看，督導師和我設立的部分目標並不實際。
13. 若以實習機構提供的機會來看，督導師和我設立的目標是實際可行的，如錄影及儀器設備。

回饋

1. 督導師樂意我給他關於他督導風格的評論或意見。
2. 督導師給我的評價是公正的。
3. 我了解督導師對我諮商（治療）工作的回饋。
4. 直到學期結束，我才得到督導師對我諮商（治療）工作的回饋。
5. 直到學期結束，我才得到督導師對我諮商（治療）工作的正式總結回饋。
6. 督導師給的正面回饋和負面回饋之間相當平衡。
7. 督導師直接觀察我的治療工作，並以此為依據給我評價。
8. 督導師給我的回饋與我們當初設立的目標有直接關聯。

附註：轉載自 D. Lehrman-Waterman 和 N. Ladany (2001), “Development and Validation of the Evaluation Process Within Supervision Inventory,” *Journal of Counseling Psychology, 48,* p. 171.版權 2001，所有人 American Psychological Association，經同意轉載。

271

附錄 J

督導成果調查表（Supervision Outcomes Survey）

Worthen 和 Isakson（2000）編製本調查表用來評量受督者對督導的看法。內含二十題李克特氏七級量表，在追蹤受督者對督導持續改變的看法上，具有相當成效。編製者建議督導過程中可持續或間隔使用本調查表，尤其是用來做形成性評量效果尤佳，因調查結果直接反饋到督導過程。

督導成果調查表

督導師姓名：＿＿＿＿＿＿　　日期：＿＿＿＿＿＿

請根據你目前的督導師來回答以下問題，本調查表中的「治療師」、「治療」也可換成「諮商師」、「諮商」或「心理治療師」、「心理治療」。使用下列評分量表：

1	2	3	4	5	6	7
完全不同意			適度同意			完全同意

1. 督導師給我的支持和挑戰，幫助我成長。　1 2 3 4 5 6 7
2. 督導幫助我成長為專業治療師。　1 2 3 4 5 6 7
3. 督導師讓我覺得日益茁壯，肯定我在專業成長上所付出的努力。　1 2 3 4 5 6 7
4. 督導師確認出我的優缺點，藉此協助我找出我仍須努力的部分。　1 2 3 4 5 6 7
5. 督導師幫助我把複雜的個案看得更清楚。　1 2 3 4 5 6 7

6. 督導提升我理解個案的能力。 1 2 3 4 5 6 7

7. 督導幫助我檢視及修改我的督導方式並使它更臻完善。 1 2 3 4 5 6 7

8. 督導幫助我冒著風險，邁向專業成長及高效能治療。 1 2 3 4 5 6 7

9. 我與督導師的關係是接納、信任及尊重。 1 2 3 4 5 6 7

10. 督導師給我的回饋鼓舞著我不斷嘗試著改進。 1 2 3 4 5 6 7

11. 督導幫助我把所犯的錯誤看成是學習的經驗。 1 2 3 4 5 6 7

12. 督導師所做的示範幫助我對治療學習更多。 1 2 3 4 5 6 7

13. 督導師的自我揭露使我了解自己身為治療師的遭遇與經驗是正常的。 1 2 3 4 5 6 7

14. 督導師協助我敞開心胸接受督導。 1 2 3 4 5 6 7

15. 與督導師分享自己的缺點及失敗，我感到坦然自在。 1 2 3 4 5 6 7

16. 督導幫助我發展特定治療技巧，成為更傑出的治療師。 1 2 3 4 5 6 7

17. 督導讓我更加了解並提升個案的治療成效。 1 2 3 4 5 6 7

18. 督導讓我對治療個案更有信心，更為自在。 1 2 3 4 5 6 7

19. 大體而言，我對督導感到滿意。 1 2 3 4 5 6 7

20. 督導對我治療個案的整體成效上具有貢獻。 1 2 3 4 5 6 7

附註：轉載自 V. E. Worthen 和 R. L. Isakson (2000), *Supervision Outcomes Survey*，版權 2000，所有人 V. E. Worthen，經同意轉載。

附錄 K

督導師回饋表（Supervisor Feedback）

Hall-Marley（2001）編製此表目的在於讓受督者根據其督導經驗給予督導師回饋；本表包含學習氣氛、督導風格、督導行為及督導衝擊。編者建議在訓練期間，受督者至少要使用本表四次（理想上應更多次），他認為本表能建立起受督者和督導師之間的對話及回饋圈，提升督導工作結盟關係，是受督者提供回饋給督導師的最佳工具。由於督導師和受督者之間存在的權力差異，使得回饋困難，因此使用評鑑工具來奠立對受督者回饋表達的興趣及開放態度，並深化督導的溝通。

督導師回饋表

本表為以下目的而設計：在學期初，欲提升督導關係的成效；提升治療中心或診所對個案家庭的服務品質；促使受督者再次評估自身的需求。表中各題代表督導的各種目標，請給予督導師誠實的回饋，用「v」表示在該項目上你得到足夠的協助，以「×」表示所得的幫助不夠，「？」表示不確定幫助是否足夠。填答完後，將本表交給督導師，並和他們討論。

學習氣氛

__________提升接納感及支持感。

__________建立清楚分明的專業界限（不是父母子女式的界限或同儕界限或治療關係的界限）。

__________能看出治療師（即受督者）的優點長處。

__________對治療師的表現訂立清楚合理的期望。

__________有興趣協助治療師來幫助個案。

__________有興趣協助治療師發展專業。

__________敏察於實習的壓力並能適應它。

__________把錯誤看成是學習契機。

__________明確處理正式評鑑過程。

督導風格

__________公開討論治療風格、方法及個案理解概念上的差異，並尊重這些差異。

__________用探索來平衡教導的強勢，以符合受督者需求的風格，使其遵循督導師指示。

__________鼓勵受督者提問、挑戰及質疑督導師的意見。

__________允許治療師（即受督者）安排會談的結構。

__________鼓勵受督者思考不同介入法的箇中涵義。

__________讓督導成為督導師及受督者共同合作的志業。

__________用尊敬的態度，提供一般性回饋或針對個案的關鍵性回饋。

__________公開處理督導關係中的衝突。

__________坦承錯誤或缺失，並未表現出不適當的防衛。

__________讓督導關係隨著時間演化——從提供建議到諮詢，再進展到同僚關係。

__________公開討論文化、種族及個人差異之不同，並尊重這些差異。

督導行為

__________出席預定的會議。

__________危機時刻能聯絡得上。

__________在適當情況下做出決定且負起責任。

__________需要時會給明確具體的建議。

________晤談時，能保持適當實用的重點。
________協助受督者構想出有理論基礎或動態有發展的個案規劃。
________能界定並澄清治療的問題。
________能舉出專業倫理及法律要考量的問題。
________能提供實用且有成效、以個案為中心的建議。
________所提供的建議適合受督者的程度。
________所做的建議，能舉出它背後的學理基礎。
________能幫助受督者整合不同的技巧。
________能處理受督者及個案間的反移情問題。
________能列舉出心理治療及心理學的專業知識。
________能提出文化及個人多元化的議題。

275

督導衝擊

________對受督者的教導能超越個別個案，推展到其他個案，增強受督者的廣泛技能層次。
________關於受督者的個人發展及實習表現。
________提升受督者身為專業治療師的自我了解。
________加強受督者對自己的信心，以接受嶄新的挑戰。
________協助受督者發展出更為具體的理論方向或專業認同。

其他意見：

附註：轉載自 S. Hall-Marley (2001), *Supervisor Feedback*，版權 2001，所有人 Hall-Marley，經同意轉載。

277

附錄 L

受督者評鑑檢核表（Therapist Evaluation Checklist）

Hall-Marley（2000）編製受督者評鑑檢核表，由督導師給受督者回饋，內含「受督者對治療團隊的貢獻」、「受督者專業技能發展」、「受督者心理治療的一般技能」（個案管理評估及介入）、「評鑑者的意見」等四大部分。它為受督者專業表現及能力評鑑提供了基本結構，結合督導評鑑及督導契約，並清楚明確地陳述出督導完成時的期望內容。

受督者評鑑檢核表

用以下等級來評量受督者每項技能的現有程度：

優：長處優點

合：現有能力與訓練層級符合

？：資訊不足無法做判斷

改：需要改進（須註明改進之內容及具體建議）

不：不適用

任何註明「需要改進」的項目，請評分者在意見欄寫下詳細具體的建議和評論，請盡量不要簡略回答。

I.受督者對治療團隊的貢獻

__________受督者十分負責用心，不須提醒就能有效率地完成任務。

__________受督者接納他人，與工作團隊合作無間，建立正面的人際關係。

__________受督者建立有效能的督導工作結盟關係。

__________受督者在尋求協助的判斷上正確適當。

__________受督者在獨立運作時，具有良好的判斷力。

__________受督者在會議凝聚力及工作圓滿達成上均有貢獻。

__________受督者的獨立性與日俱增。

__________受督者的表現讓外界對機構有好評。

II.受督者專業技能發展

__________受督者用開放合作的態度面對督導。

__________受督者認識到自身的情感及文化價值對治療工作之衝擊。

__________受督者適當地批評自己且對自我的評估正確。

__________受督者接受新的想法且接受批判的意見。

__________受督者學習動機弱（如找尋資訊及協助）。

__________受督者積極參與診斷團隊及研討會。

__________受督者適度地向同儕及督導師提出問題並挑戰他們的看法。

__________受督者展現技巧的提升及與日俱增的改進。

__________受督者的行為符合美國心理學會專業倫理規範及本州法律。

III.受督者心理治療一般技能

A.個案管理技能

__________受督者對所提供的心理服務保持完整精確的紀錄。

__________受督者有能力評估個案非心理層面的需求。

__________受督者在需要時，主動積極為個案尋求轉介。

__________受督者能及時完成工作。

__________受督者有能力與外界機構或其他服務提供者建立結盟關係並與之協調。

B.評估的技能

1.治療工作團隊

__________受督者表達溫暖、真誠及同理。

__________受督者具可靠性。

__________受督者能催化更深層的自我揭露。

__________受督者能與個案家庭全體成員建立關係。

__________受督者尊敬個案是一個有優點長處和需求的全人。

__________受督者保持客觀性。

__________受督者有能力在建立工作團隊關係時，把文化變數考量進去。

2.蒐集資料的技能

__________受督者了解自身行為與文化對個案行為之衝擊。

__________受督者了解個案表現裡所蘊藏的文化背景。

__________受督者能正確評估對自己及對他人的危險。

__________受督者能妥當處理兒童虐待問題。

__________受督者能認識並了解非語言溝通。

__________受督者能認識並了解隱喻式的溝通。

__________受督者能了解臨床歷程中發生的問題

279 3.診斷一分析技能

__________能以明確的理論觀點來理解資料及組織資訊。

__________能認識到多元文化變數對心理差異及對治療反應之衝擊。

__________能將文獻的實證發現融入診斷構思中。

__________將做出正確又有區別性的診斷。

__________能做出整體評估計畫，排除單個診斷。

__________能做出正確無誤的個案規劃，整合各種資料——包括發展資料、晤談過程資料、自陳式資料、主觀資料學。

__________能在個案報告上，以上述方式傳達所發現的事物。

__________能寫出正確適當的文字報告。

C.介入技能

1.與個案工作關係的維護

__________晤談中追蹤並反映個案的敘述，尤其是情感部分。

__________保持個案努力的動機（不讓他不知所措，也不讓他過於依賴）。

________使用追蹤來平衡引導功能並與理論觀點一致。

________展現多元文化專業技能。

________保持適當的個案數量。

2.治療重點

________規劃實際可行的短期及長期行為目標。

________規劃達到治療成果的方法及過程目標。

________與個案建立對過程目標及成果的共識。

________能穩固對希望的積極期待。

________能辨識出治療僵局。

________在評估進步及再評估上能實事求是，且依情況需要，修改規劃及診斷。

________使用與理論規劃一致的介入。

________使用符合文化及專業倫理的介入。

________使用能讓改變成為可能的介入法。

________能把重點放在晤談過程的問題上。

________使用規定、師出有名的介入法而非泛泛介入法。

________使用具有下列基礎知識的介入法：認知—行為、心理動力、短期治療、危機處理及系統處理。

280

3.了解人際互動過程議題

________利用對個案的個人回應來幫助評估人際互動歷程。

________能對正確的自我陳述、扭曲的自我陳述及個案回應做出選擇性的回應。

________能對非口語內容或隱喻做出適當回應。

________能辨識並彰顯隱藏在內容之外的情感、認知及主題。

________正確從直覺察知有文化意涵的行為。

4.心理評估

________能正確實施認知測驗。

________能正確為認知測驗計分。

__________能正確解釋認知測驗。
__________能正確實施人格測驗。
__________能正確為人格測驗計分。
__________能正確解釋人格測驗。
__________能正確地在綜合報告中彙整測驗結果。
__________能構建出人格功能動力理解概念。
__________能考慮文化適當的測驗及測驗解釋。
__________能依據測驗結果，提供適當的治療建議。

IV.評鑑者意見：

附註：轉載自 S. Hall-Marley (2000), *Therapist Evaluation Checklist*，版權 2000，所有人 S. Hall-Marley，經同意修改。

參考文獻

Abreu, J. M. (2001). Theory and research on stereotypes and perceptual bias: A didactic resource for multicultural counseling trainers. *The Counseling Psychologist*, *29*, 487–512.

Academy of Psychological Clinical Science. (2002). *Mission and Specific Goals*. Retrieved May 1, 2003, from http://psych.arizona.edu/apcs/purpose.html

Accreditation Council for Graduate Medical Education. (2000). ACGME *outcome project*. Retrieved May 1, 2003, from http://www.acgme.org/outcome/project/OutIntro.html

Ackerman, S. J., & Hilsenroth, M. J. (2001). A review of therapist characteristics and techniques negatively impacting the therapeutic alliance. *Psychotherapy: Theory/Research/Practice/Training*, *38*, 171–185.

Ackerman, S. J., & Hilsenroth, M. J. (2003). A review of therapist characteristics and techniques positively impacting the therapeutic alliance. *Clinical Psychology Review*, *23*,1–33.

Addis, M. E. (2002). Methods for disseminating research products and increasing evidence-based practice: Promises, obstacles, and future directions. *Clinical Psychology: Science & Practice*, 9, 367–378.

Allen, G. J., Szollos, S. J., & Williams, B. E. (1986). Doctoral students' comparative evaluations of best and worst psychotherapy supervision. *Professional Psychology: Research and Practice*, *17*, 91–99.

Allison, K. W., Crawford, I., Echemendia, R. J., Robinson, L., & Knepp, D. (1994). Human diversity and professional competence: Training in clinical and counseling psychology revisited. *American Psychologist*, *49*, 792–796.

Allison, K. W., Echemendia, R. J., Crawford, I., & Robinson, W. L. (1996). Predicting cultural competence: Implications for practice and training. *Professional Psychology: Research and Practice*, *27*, 386–393.

Almonte v. New York Medical College, 851 F.Supp.34 (D.Conn.1994).

Alonso, A., & Rutan, S. (1988). Shame and guilt in psychotherapy supervision. *Psychotherapy*, *25*, 576–581.

American Psychological Association. (1965a). Preconference materials prepared for the conference on the professional preparation of clinical psychologists. Washington, DC: Author.

American Psychological Association. (1965b, August–September). Professional preparation of clinical psychologists. *Proceedings of the Conference on the Preparation of Clinical Psychologists meeting at the Center for Continuing Education, Chicago*. Washington, DC: Author.

American Psychological Association. (1992). Ethical principles of psychologists and code of conduct. *American Psychologist*, *47*, 1597–1611.

American Psychological Association. (1993a). Guidelines for providers of psychological services to ethnic, linguistic, and culturally diverse populations. *American Psychologist*, *48*, 45–48.

American Psychological Association. (1993b). Recordkeeping guidelines. *American Psychologist*, *48*, 984–986.

American Psychological Association. (2000). Guidelines on multicultural education, training, research, practice, and organizational change for psychologists. Washington, DC: Author.

American Psychological Association. (2002a). *Ethical principles of psychologists and code of conduct 2002*. Retrieved May 1, 2003, from http://www.apa.org/ethics/code2002.html

American Psychological Association. (2002b). Guidelines for multicultural education, training, research, practice, and organizational change for psychologists. Washington, DC: Author.

American Psychological Association. (2002c). *PsycINFO*. Washington, DC: Author.

American Psychological Association. (2002d). *Yearly membership, American Psychological Association*. Archives of the American Psychological Association. Retrieved May 1, 2003, from http://www.apa.org/archives/yearlymembership.html#30

American Psychological Association, Committee on Accreditation. (2002). *Guidelines and principles for accreditation of programs in professional psychology*. Washington, DC: Author.

American Psychological Association, Committee on Training in Clinical Psychology. (1947). Recommended graduate training program in psychology. *American Psychologist*, *2*, 539–558.

American Psychological Association, Division 29, Task Force on Empirically Supported Therapy Relationships. (2002). *Empirically supported therapy relationships: Conclusions and recommendations of the Division 29 Task Force*. Washington, DC: Author.

American Psychological Association, Division 45, Society for the Psychological Study of Ethnic Minority Issues. (2001). *Guidelines for multicultural counseling proficiency for psychologists: Implications for education and training, research and clinical practice*. Washington, DC: Author.

American Society for Healthcare Education and Training. (1994). *Competency assessment allied health*. Chicago: American Hospital Association.

Americans With Disabilities Act of 1990, 42 U. S.C.A. §12101 *et seq.* (West, 1993).

Ancis, J., (Ed.). (2004). *Culturally responsive interventions: Innovative approaches to working with diverse populations*. New York: Brunner-Routledge.

Ancis, J. R., & Ladany, N. (2001). A multicultural framework for counselor supervision. In L. J. Bradley & N. Ladany (Eds.), *Counselor supervision: Principles, process, and practice* (3rd ed., pp. 63–90). Philadelphia: Brunner-Routledge.

Anderson, S. K., & Kitchener, K. S. (1996). Nonromantic, nonsexual posttherapy relationships between psychologists and former clients: An exploratory study of critical incidents. *Professional Psychology: Research and Practice*, *27*, 59–66.

Anderson, S. K., & Kitchener, K. S. (1998). Nonsexual posttherapy relationships: A conceptual framework to assess ethical risks. *Professional Psychology: Research and Practice*, *29*, 91–99.

Andrews v. United States, 732 F.2d 366 (4th Cir. 1984).

Andrusyna, T. P., Tang, T. Z., DeRubeis, R. J., & Luborsky, L. (2001). The factor structure of the working alliance inventory in cognitive–behavioral therapy. *Journal of Psychotherapy Practice and Research*, *10*, 173–178.

Arlow, J. A. (1963). The supervisory situation. *Journal of the American Psychoanalytic Association*, *11*, 576–594.

Arnoult, L. H., & Anderson, C. A. (1988). Identifying and reducing causal reasoning biases in clinical practice. In D. C. Turk & P. Salovey (Eds.), *Reasoning, inference, and judgment in clinical psychology* (pp. 209–232). New York: Free Press.

Aron, L. (1991). The patient's experience of the analyst's subjectivity. *Psychoanalytic Dialogues*, *1*, 29–51.

Aronson, D. E., Akamatsu, T. J., & Page, H. A. (1982). An initial evaluation of a clinical psychology practicum training program. *Professional Psychology*, *13*, 610–619.

Arredondo, P., & Glauner, T. (1992). *Personal dimensions of identity model*. Boston, MA: Empowerment Workshops.

Arredondo, P., Toporek, R., Brown, S. P., Jones, J., Locke, D. C., Sanchez, J., et al. (1996). Operationalization of the multicultural counseling competencies. *Journal of Multicultural Counseling and Development*, *24*, 42–78.

Asa, T. P., & Lambert, M. J. (2002). Therapist relational variables. In D. J. Cain (Ed.), *Humanistic psychotherapies: Handbook of research and practice* (pp. 531–557). Washington, DC: American Psychological Association.

Association for Counselor Education and Supervision. (1990). Standards for counseling supervisors. *Journal of Counseling and Development*, 69, 30–32.

Association for Counselor Education and Supervision. (1995). Ethical guidelines for counseling supervisors. *Counseling Education and Supervision, 34*, 270–276.

Association of Psychology Postdoctoral and Internship Centers. (2002). *2002 Competencies Conference. Future Directions in Education and Credentialing in Professional Psychology*. Scottsdale, AZ: Author.

Association of State and Provincial Psychology Boards, Task Force on Supervision Guidelines. (1998). *Final report of the ASPPB Task Force on Supervision Guidelines*. Montgomery, AL: Author.

Atkinson, D. R., Morten, G., & Sue, D. W. (Eds.). (1993). *Counseling American minorities: A cross-cultural perspective* (4th ed.). Dubuque, IA: Brown & Benchmark.

Atkinson, D. R., Thompson, C. E., & Grant, S. K. (1993). A three-dimensional model for counseling racial/ethnic minorities. *The Counseling Psychologist, 21*, 257–277.

Atwood, G. E., & Stolorow, R. D. (1984). *Structures of subjectivity: Explorations in psychoanalytic phenomenology*. Hillsdale, NJ: The Analytic Press.

Bachelor, A., & Horvath, A. (1999). The therapeutic relationship. In M. A. Hubble, B. L. Duncan, & S. D. Miller (Eds.), *The heart and soul of change. What works in therapy* (pp. 133–178). Washington, DC: American Psychological Association.

Bachelor, A., & Salame, R. (2000). Participants' perceptions of dimensions of the therapeutic alliance over the course of therapy. *Journal of Psychotherapy Practice and Research*, 9(1), 39–53.

Bahrick, A. (1989). *Working alliance inventory–training* (WAI-T). Unpublished dissertation, Ohio State University, Columbus.

Baker, R. (2000). Finding the neutral position: Patient and analyst perspectives. *Journal of the American Psychoanalytic Association*, 48(1), 129–153.

Barlow, D. H. (1981). On the relation of clinical research to clinical practice: Current issues, new directions. *Journal of Consulting and Clinical Psychology, 49*, 147–155.

Barret, B., Kitchener, K. S., & Burris, S. (2001). A decision model for ethical dilemmas in HIV-related psychotherapy and its application in the case of Jerry. In J. R. Anderson & B. Barret (Eds.), *Ethics in HIV-related psychotherapy: Clinical decision making in complex cases* (pp. 133–154). Washington, DC: American Psychological Association.

Bartell, P. A., & Rubin, L. J. (1990). Dangerous liaisons: Sexual intimacies in supervision. *Professional Psychology: Research and Practice, 21*, 442–450.

Baudry, F. D. (1993). The personal dimension and management of the supervisory situation with a special note on the parallel process. *Psychoanalytic Quarterly, 62*, 588–614.

Beauchamp, T. L, & Childress, J. F. (1979). *Principles of biomedical ethics*. Oxford, NY: Oxford University Press.

Beck, A. T. (1976). *Cognitive therapy and the emotional disorders*. New York: International Universities Press.

Beck, J. C. (1987). The potentially violent patient: Legal duties, clinical practice, and risk management. *Psychiatric Annals, 17*, 695–699.

Behnke, S. H., Preis, J., & Bates, R. T. (1998). *The essentials of California mental health law*. New York: Norton.

Beidel, D. C., Phillips, S. D., & Zotlow, S. (2003). The future of accreditation. In E. M. Altmaier (Ed.) *Setting standards in graduate education* (pp. 113–134). Washington, DC: American Psychological Association.

Belar, C. D., Brown, R. A., Hersch, L. E., Hornyak, L. M., Rozensky, R. H., Sheridan, E. P., et al. (2001). Self-assessment in clinical health psychology: A model for ethical expansion of practice. *Professional Psychology: Research and Practice, 32*, 135–141.

Belar, C. D., & Perry, N. W. (1992). The national conference on scientist–practitioner education and training for the professional practice of psychology. *American Psychologist, 47*, 71–75.

Benjamin, L. T. (2001). American psychology's struggles with its curriculum: Should a thousand flowers bloom? *American Psychologist, 56*, 735–742.

Bennett, B. E., Bryant, B. K., VandenBos, G. R., & Greenwood, A. (1990). *Professional liability and risk management*. Washington, DC: American Psychological Association.

Bent, R. J., Schindler, N., & Dobbins, J. E. (1991). Management and supervision competency. In R. Peterson (Ed.), *Core curriculum in professional psychology* (pp. 121–126). Washington, DC: American Psychological Association Press.

Bergin, A. E., & Garfield, S. L. (Eds.) (1994). *Handbook of psychotherapy and behavior change* (4th ed.). New York: Wiley.

Bernal, M. E., & Castro, F. G. (1994). Are clinical psychologists prepared for service and research with ethnic minorities? Report of a decade of progress. *American Psychologist, 49*, 797–805.

Bernard, J. L., & Jara, C. S. (1995). The failure of clinical psychology graduate students to apply understood ethical principles. In D. N. Bersoff (Ed.), *Ethical conflicts in psychology* (pp. 67–70). Washington, DC: American Psychological Association.

Bernard, J. L., Murphy, M., & Little, M. (1987). The failure of clinical psychologists to apply understood ethical principles. *Professional Psychology: Research and Practice, 18*, 489–491.

Bernard, J. M. (1994). Multicultural supervision: A reaction to Leong and Wagner, Cook, Priest, and Fukuyama. *Counselor Education and Supervision, 34*, 159–171.

Bernard, J. M. (1997). The discrimination model. In C. E. Watkins (Ed.), *Handbook of psychotherapy supervision* (pp. 310–327). New York: Wiley.

Bernard, J. M., & Goodyear, R. K. (1998). *Fundamentals of clinical supervision* (2nd ed.). Boston: Allyn & Bacon.

Bernstein, B. E., & Hartsell, T. L. (1998). *The portable lawyer for mental health professionals*. New York: Wiley.

Berry, J. (1990). Psychology of acculturation: Understanding individuals moving between cultures. In R. Brislin (Ed.), *Applied cross-cultural psychology* (pp. 232–253). Newbury Park, CA: Sage.

Bers, T. H. (2001). Measuring and reporting competencies. *New Directions for Institutional Research, 110*, 29–40.

Bersoff, D. N. (1995). *Ethical conflicts in psychology*. Washington, DC: American Psychological Association.

Betan, E. J., & Stanton, A. L. (1999). Fostering ethical willingness: Integrating emotional and contextual awareness with rational analysis. *Professional Psychology: Research and Practice, 30*, 295–301.

Beutler, L. E. (1979). Values, beliefs, religion and the persuasive influence of psychotherapy. *Psychotherapy: Theory, Research & Practice, 16*, 432–440.

Beutler, L. E. (1981). Convergence in counseling and psychotherapy: A current look. *Clinical Psychology Review, 1*, 79–101.

Beutler, L. E. (2000). David and Goliath: When empirical and clinical standards of practice meet. *American Psychologist, 55*, 997–1007.

Beutler, L. E., & Harwood, H. T. (2002). What is and can be attributed to the therapeutic relationship. *Journal of Contemporary Psychotherapy, 32*(1), 25–33.

Beutler, L. E., Machado, P. P. P., & Neufeldt, S. A. (1994). Therapist variables. In A. E. Bergin & S. L. Garfield (Eds.), *Handbook of psychotherapy and behavior change* (4th ed., pp. 229–269). New York: Wiley.

Bevan, W. (1991). Contemporary psychology: A tour inside the onion. *American Psychologist, 46*(5), 475–483.

Biaggio, M. K., Duffy, R., & Shaffelbach, D. F. (1998). Obstacles to addressing professional misconduct. *Clinical Psychology Review, 18*(3), 273–285.

Biaggio, M. K., Gasparikova-Krasnec, M., & Bauer, L. (1983). Evaluation of clinical psychology graduate students: The problem of the unsuitable student. *Professional Practice of Psychology, 4*(1), 9–20.

Biaggio, M. K., Paget, T. L., & Chenoweth, M. S. (1997). A model for ethical management of faculty-student dual relationships. *Professional Psychology: Research and Practice, 28*, 184–189.

Bidell, M. P., Turner, J. A., & Casas, J. M. (2002). First impressions count: Ethnic/racial and lesbian/gay/bisexual content of professional psychology application materials. *Professional Psychology: Research and Practice, 33*, 97–103.

Binder, J. L., & Strupp, H. H. (1997a). "Negative process": A recurrently discovered and underestimated facet of therapeutic process and outcome in the individual psychotherapy of adults. *Clinical Psychology: Science and Practice, 4*, 121–139.

Binder, J. L., & Strupp, H. H. (1997b). Supervision of psychodynamic therapies. In C. E. Watkins, Jr. (Ed.), *Handbook of psychotherapy supervision* (pp. 44–62). New York: Wiley.

Bingham, R. P., Porche-Burke, L., James, S., Sue, D. W., & Vasquez, M. J. T. (2002). Introduction: A report on the National Multicultural Conference and Summit II. *Cultural Diversity and Ethnic Minority Psychology, 8*(2), 75–87.

Blackshaw, S. L., & Patterson, P. G. R. (1992). The prevention of sexual exploitation of patients: Educational issues. *Canadian Journal of Psychology*, *37*, 350–353.

Blanchard, C. A., & Lichtenberg, J. W. (1998). Counseling psychologists' training to deal with their sexual feelings in therapy. *The Counseling Psychologist*, *26*, 624–639.

Board of Curators of the University of Missouri v. Horowitz, 430 U.S. 964 (1978).

Bob, S. (1999). Narrative approaches to supervision and case formulation. *Psychotherapy*, *36*(2), 146–153.

Bongar, B., & Harmatz, M. (1991). Clinical psychology graduate education in the study of suicide: Availability, resources, and importance. *Suicide and Life Threatening Behavior*, *21*, 231–244.

Borders, L. D. (1992). Learning to think like a supervisor. *Clinical Supervisor*, *10*, 135–148.

Borders, L. D., Bernard, J. J., Dye, H. A., Fong, M. L., Henderson, P., & Nance, D. W. (1991). Curriculum guide for training counseling supervisors: Rationale, development, and implementation. *Counselor Education and Supervision*, *31*, 58–82.

Borders, L. D., & Leddick, G. R. (1987). *Handbook of counseling supervision*. Alexandria, VA: American Association for Counseling and Development.

Borders, L. D., & Leddick, G. R. (1988). A nationwide survey of supervision training. *Counselor Education and Supervision*, *27*, 271–283.

Bordin, E. (1979). The generalizability of the psychoanalytic concept of the working alliance. *Psychotherapy*, *16*, 252–260.

Bordin, E. S. (1983). Supervision in counseling: II. Contemporary models of supervision: A working alliance based model of supervision. *The Counseling Psychologist*, *11*, 35–42.

Bordin, E. S. (1994). Theory and research in the therapeutic working alliance: New directions. In A. O. Horvath & L. S. Greenberg (Eds.), *The working alliance: Theory, research and practice* (pp. 13–37). New York: Wiley.

Borkovec, T. D., Echemendia, R. J., Ragusea, S. A., & Ruiz, M. (2001). The Pennsylvania Practice Research Network and future possibilities for clinically meaningful and scientifically rigorous psychotherapy effectiveness research. *Clinical Psychology: Science & Practice*, *8*(2), 155–167.

Borum, R. (1996). Improving the clinical practice of violence risk assessment: Technology, guidelines, and training. *American Psychologist*, *51*, 945–956.

Bouchard, M.-A., Normandin, L., & Seguin, M.-H. (1995). Countertransference as instrument and obstacle: A comprehensive and descriptive framework. *The Psychoanalytic Quarterly*, *64*, 717–745.

Boxley, R., Drew, C. R., & Rangel, D. M. (1986). Clinical trainee impairment in APA approved internship programs. *Clinical Psychologist*, *39*, 49–52.

Brady, M., Leuner, J. D., Bellack, J. P., Loquist, R. S., Cipriano, P. F., & O'Neil, E. H. (2001). A proposed framework for differentiating the 21 Pew competencies by level of nursing education. *Nursing Health Care Perspectives*, *21*(1), 30–35.

Brawer, P. A., Handal, P. J., Fabricatore, A. N., Roberts, R., & Wajda-Johnston, V. A. (2002). Training and education in religion/spirituality within APA-accredited clinical psychology programs. *Professional Psychology: Research and Practice*, *33*, 203–206.

Breunlin, D. C., Karrer, B. M., McGuire, D. E., & Cimmarusti, R. A. (1988). Cybernetics of videotape supervision. In H. A. Liddle, D. C. Breunlin, & R. C. Schwartz (Eds.), *Handbook of family therapy training and supervision* (pp. 194–206). New York: Guilford Press.

Breunlin, D. C., Rampage, C., & Eovaldi, M. L. (1995). Family therapy supervision: Toward an integrative perspective. In R. H. Mikesell, D.-D. Lusterman, & S. H. McDaniel (Eds.), *Integrating family therapy: Handbook of family psychology and systems theory* (pp. 547–560). Washington, DC: American Psychological Association.

Bridge, P., & Bascue, L. O. (1990). Documentation of psychotherapy supervision. *Psychotherapy in Private Practice*, *8*(1), 79–86.

Bridges, N. A. (2001). Therapist's self-disclosure: Expanding the comfort zone. *Psychotherapy: Theory, Research, Practice, Training*, *38*(1), 21–30.

Brislin, R. (2000). *Understanding culture's influence on behavior*. Fort Worth, TX: Harcourt College Publishers.

Brodsky, A. M. (1989). Sex between patient and therapist: Psychology's data and response. In G. O. Gabbard (Ed.), *Sexual exploitation in professional relationships* (pp. 15–25). Washington, DC: American Psychiatric Publishing.

Bromberg, P. M. (1982). The supervisory process and parallel process in psychoanalysis. *Contemporary Psychoanalysis*, *18*, 92–111.

Brown, M. T., & Landrum-Brown, J. (1995). Counselor supervision: Cross-cultural perspectives. In J. M. Casas & J. G. Ponterotto (Eds.), *Handbook of multicultural counseling* (pp. 263–286). Thousand Oaks, CA: Sage.

Brown, R. T., Freeman, W. S., Brown, R. A., Belar, C., Hersch, L., Hornyak, L. et al. (2002). The role of psychology in health care delivery. *Professional Psychology: Research and Practice*, *33*, 536–545.

Browning, D. (1987). *Religious thought and the modern psychologies*. Philadelphia: Fortress.

Bruss, K. V., Brack, C. J., Brack, G., Glickauf-Hughes, C., & O'Leary, M. (1997). A developmental model for supervising therapists treating gay, lesbian, and bisexual clients. *The Clinical Supervisor*, *15*(1), 61–73.

Bruyere, S. M. (2002). Disability nondiscrimination in the employment process: The role for testing professionals. In D. K. Smith (Ed.), *Assessing individuals with disabilities in educational, employment, and counseling settings* (pp. 205–220). Washington, DC: American Psychological Publishing.

Bugental, J. F. T. (1965). *Search for authenticity*. New York: Holt, Rinehart & Winston.

Buhrke, R. A., & Douce, L. A. (1991). Training issues for counseling psychologists in working with lesbian women and gay men. *Counseling Psychologist, 19*, 216–234.

Burian, B. K., & Slimp, A. O. (2000). Social dual-role relationships during internship: A decision-making model. *Professional Psychology: Research and Practice, 31*, 332–338.

Burke, W. R., Goodyear, R. K., & Guzzard, C. R. (1998). Weakenings and repairs in supervisory alliances. *American Journal of Psychotherapy, 52*, 450–463.

Campbell, C. D., & Gordon, M. C. (2003). Acknowledging the inevitable: Understanding multiple relationships in rural practice. *Professional Psychology: Research and Practice, 34*, 430–434.

Cape, J., & Barkham, M. (2002). Practice improvement methods: Conceptual base, evidence-based research, and practice-based recommendations. *British Journal of Clinical Psychology, 41*, 285–307.

Carifio, M. S., & Hess, A. K. (1987). Who is the ideal supervisor? *Professional Psychology: Research and Practice, 18*, 244–250.

Carney, C. G., & Kahn, K. B. (1984). Building competencies for effective cross-cultural counseling: A developmental view. *The Counseling Psychologist, 12*, 111–119.

Carroll, L., & Gilroy, P. J. (2002). Transgender issues in counselor preparation. *Counselor Education and Supervision, 41*, 233–242.

Carroll, M. (1999). Training in the tasks of supervision. In E. Holloway & M. Carroll (Eds.), *Training Counselling Supervisors* (pp. 44–66). London: Sage.

Carter, R. T. (2001). Back to the future in cultural competence training. *The Counseling Psychologist, 29*, 787–789.

Cauce, A. M., Domenech-Rodriguez, M., Paradise, M., Cochran, B. N., Shea, J. M., Srebnik, D., & Baydar, N. (2002). Cultural and contextual influences in mental health help seeking: A focus on ethnic minority youth. *Journal of Consulting and Clinical Psychology, 70*, 44–55.

Caudill, B. (2002). Risk management for psychotherapists: Avoiding the pitfalls. In L. VandeCreek & T. L. Jackson, (Eds.), *Innovations in clinical practice: A source book* (Vol. 20; p. 307) . Sarasota, FL: Professional Resource Press.

Celenza, A. (1995). Love and hate in the countertransference supervisory concerns. *Psychotherapy: Theory, Research, Practice, Training, 32*, 301–307.

Chambless, D. L., & Hollon, S. D. (1998). Defining empirically supported therapies. *Journal of Consulting and Clinical Psychology*, 66(1), 7–18.

Chenneville, V. (2000). HIV, confidentiality, and duty to protect: A decision-making model. *Professional Psychology: Research and Practice, 31*, 661–670.

Cherniss, C., & Equatios, E. (1977). Styles of clinical supervision in community mental health programs. *Journal of Consulting and Clinical Psychology, 45*, 1195–1196.

Chung, Y. B., Baskin, M. L., & Case, A. B. (1998). Positive and negative supervisory experiences reported by counseling trainees. *Psychological Reports, 82*, 752.

Church, A. H. (1997). Do you see what I see? An exploration of congruence in ratings from multiple perspectives. *Journal of Applied Social Psychology*, *27*, 983–1020.

Chused, J. (1991). The evocative power of enactments. *Journal of the American Psychoanalytic Association*, 39, 615–639.

Clark, R. A., Harden, S. L., & Johnson, W. B. (2000). Mentor relationships in clinical psychology doctoral training: Results of a national survey. *Teaching of Psychology*, *27*, 262–268.

Clement, P. W. (1999). *Outcomes and incomes: How to evaluate, improve, and market your psychotherapy practice by measuring outcomes*. New York: Guilford Press.

Clinical Treatment and Services Research Workgroup. (1998). *Bridging science and service*. Washington, DC: National Institute of Mental Health. Retrieved December 1, 2002 from http://www.nimh.nih.gov/research/bridge.htm

Cobia, D. C., & Boes, S. R. (2000). Professional disclosure statements and formal plans for supervision: Two strategies for minimizing the risk of ethical conflicts in post-master's supervision. *Journal of Counseling and Development*, *78*, 293–296.

Cohen v. State of New York, 382 N.Y.S. 2d 128 (1975).

Coleman, H. L. K. (1997). Portfolio assessment of multicultural counseling competence. In D. B. Pope-Davis & H. L. K. Coleman (Eds.), *Multicultural counseling competencies* (pp. 43–59). Thousand Oaks, CA: Sage.

Coleman, H. L. K. (1998). General and multicultural counseling competency: Apples and oranges? *Journal of Multicultural Counseling and Development*, 26, 147–156.

Cone, J. J. (2001). *Evaluating outcomes: Empirical tools for effective practice*. Washington, DC: American Psychological Association.

Conroe, R. M., & Schank, J. A. (1989). Sexual intimacy in clinical supervision: Unmasking the silence. In G. R. Schoener, J. H. Milgrom, J. C. Gonsiorek, E. T. Leupker, & R. M. Conroe (Eds.), *Psychotherapists' sexual involvement with clients: Intervention and prevention* (pp. 245–262). Minneapolis, MN: Walk-in Counseling Center.

Constantine, M. G. (1997). Facilitating multicultural competency in counseling supervision. In D. B. Pope-Davis & H. L. K. Coleman (Eds.), *Multicultural counseling competencies* (pp. 310–324). Thousand Oaks, CA: Sage.

Constantine, M. G. (2001). Predictors of observer ratings of multicultural counseling competence in Black, Latino, and White American trainees. *Journal of Counseling Psychology*, *48*, 456–462.

Constantine, M. G. (2002). Predictors of satisfaction with counseling: Racial and ethnic minority clients' attitudes toward counseling and ratings of their counselors' general and multicultural counseling competence. *Journal of Counseling Psychology*, 49, 255–263.

Constantine, M. G., & Kwan, K. K. (2003). Cross-cultural considerations of therapist self-disclosure. *JCLP/In Session*, 59, 581–588.

Constantine, M. G., & Ladany, N. (2000). Self-report multicultural counseling competence scales: Their relation to social desirability attitudes and multicultural case conceptualization ability. *Journal of Counseling Psychology*, *47*, 155–164.

Constantine, M. G., & Ladany, N. (2001). New visions for defining and assessing multicultural counseling competence. In J. G. Ponterotto, J. M. Casas, L. A. Suzuki, & C. M. Alexander (Eds.), *Handbook of multicultural counseling* (2nd ed., pp. 482–498). Thousand Oaks, CA: Sage.

Constantine, M. G., Ladany, N., Inman, A. G., & Ponterotto, J. G. (1996). Students' perceptions of multicultural training in counseling psychology program. *Journal of Multicultural Counseling and Development*, *24*, 241–253.

Cook, D. A. (1994). Racial identity in supervision. *Counselor Education and Supervision*, *34*, 132–138.

Cooper, S. H. (1998). Countertransference disclosure and the conceptualization of analytic technique. *The Psychoanalytic Quarterly*, *67*, 128–154.

Corey, G., Corey, M., & Callahan, P. (2003). *Issues and ethics in the helping professions*. Pacific Grove, CA: Brooks/Cole.

Cormier, L. S., & Bernard, J. M. (1982). Ethical and legal responsibilities of clinical supervisors. *The Personnel and Guidance Journal*, *60*, 486–491.

Coster, J. S., & Schwebel, M. (1997). Well-functioning in professional psychologists. *Professional Psychology: Research and Practice*, *28*, 5–13.

Creighton, A., & Kivel, P. (1992). *Helping teens stop violence: A practical guide for educators, counselors, and parents*. Alameda, CA: Hunter House.

Cummings, A. L. (2000). Teaching feminist counselor responses to novice female counselors. *Counselor Education and Supervision*, *40*, 47–57.

D'Andrea, M., & Daniels, J. (1991). Exploring the different levels of multicultural counseling training in counselor education. *Journal of Counseling and Development*, *70*, 78–85.

D'Andrea, M., & Daniels, J. (1997). Multicultural counseling supervision: Central issues, theoretical considerations, and practical strategies. In D. B. Pope-Davis & H. L. K. Coleman (Eds.), *Multicultural counseling competencies: Assessment, education and training, and supervision* (pp. 290–309). Thousand Oaks, CA: Sage.

D'Andrea, M., Daniels, J., & Heck, R. (1991). Evaluating the impact of multicultural counseling training. *Journal of Counseling and Development*, *70*, 143–150.

Daniels, T. G., Rigazio-Diglio, S. A., & Ivey, A. E. (1997). Microcounseling: A training and supervision paradigm for the helping profession. In C. E. Watkins, Jr. (Ed.), *Handbook of psychotherapy supervision* (pp. 277–295). New York: Wiley.

DeAngelis, T. (2002). A new generation of issues for LGBT clients. *American Psychological Association Monitor on Psychology*, *33*(2), 42–44.

deMayo, R. A. (1997). Patient sexual behavior and sexual harassment: a national survey of female psychologists. *Professional Psychology: Research and Practice*, *28*, 58–62.

deMayo, R. A. (2000). Patients' sexual behavior and sexual harassment: A survey of clinical supervisors. *Professional Psychology: Research and Practice, 31*, 706–709.

Dendinger, D. C., & Kohn, E. (1989). Assessing supervisory skills. *The Clinical Supervisor, 7*(1), 41–55.

Dewald, P. (1987). Learning process in psychoanalytic supervision: Complexities and challenges. Madison, CT: International Universities Press.

Dewald, P. A. (1997). The process of supervision in psychoanalysis. In C. E. Watkins, (Ed.), *Handbook of psychotherapy supervision* (pp. 31–43). New York: Wiley.

Dickinson, S. C., & Johnson, W. B. (2000). Mentoring in clinical psychology doctoral programs: A national survey of directors of training. *The Clinical Supervisor, 19*(1), 137–152.

Dienst, E. R., & Armstrong, P. M. (1988). Evaluations of students' clinical competence. *Professional Psychology: Research and Practice, 19*, 339–341.

Disney, M. J., & Stephens, A. M. (1994). *The ACA Legal Series (Vol. 10): Legal issues in clinical supervision*. Alexandria, VA: American Counseling Association.

Doehrman, M. J. (1976). Parallel processes in supervision and psychotherapy. *Bulletin of the Menninger Clinic, 40*, 9–104.

Duan, C., & Roehlke, H. (2001). A descriptive "snapshot" of cross-racial supervision in university counseling center internships. *Journal of Multicultural Counseling and Development, 29*, 131–146.

Dubin, S. S. (1972). Obsolescence or lifelong education: A choice for the profession. *American Psychologist, 27*, 486–498.

Dunn, J. (1995). Intersubjectivity in psychoanalysis: A critical review. *The International Journal of Psychoanalysis, 76*, 723–738.

Dye, H. A., & Borders, L. D. (1990). Counseling supervisors: Standards for preparation and practice. *Journal of Counseling and Development, 69*, 27–32.

Ebert, B. W. (2002). Dual-relationship prohibitions: A concept whose time never should have come. In A. A. Lazarus & O. Zur (Eds.), *Dual relationships and psychotherapy* (pp. 169–211). New York: Springer Publishing Company.

Eby, L. T., McManus, S. E., Simon, S. A., & Russell, J. E. A. (2000). The protégé's perspective regarding negative mentoring experiences: The development of a taxonomy. *Journal of Vocational Behavior, 57*, 1–21.

Efstation, J. F., Patton, M. J., & Kardash, C. M. (1990). Measuring the working alliance in counselor supervision. *Journal of Counseling Psychology, 37*, 322–329.

Egan, G. (1986). *The skilled helper: Models, skills and methods for effective helping* (3rd ed.). Monterey, CA: Brooks/Cole.

Ekstein, R., & Wallerstein, R. S. (1958). *The teaching and learning of psychotherapy*. New York: Basic Books.

Ekstein, R., & Wallerstein, R. S. (1972). *The teaching and learning of psychotherapy* (2nd ed.). New York: International Universities Press.

Ellis, M. V. (1991a). Critical incidents in clinical supervision and in supervisor supervision: Assessing supervisory issues. *Journal of Counseling Psychology*, *38*, 342–349.

Ellis, M. V. (1991b). Research in clinical supervision: Revitalizing a scientific agenda. *Counselor Education and Supervision*, *30*, 238–251.

Ellis, M. V. (2001). Harmful supervision, a cause for alarm: Comment on Gray et al. (2001) and Nelson and Friedlander (2001). *Journal of Counseling Psychology*, *48*, 401–406.

Ellis, M. V., & Dell, D. M. (1986). Dimensionality of supervisor roles: Supervisors' perceptions of supervision. *Journal of Counseling Psychology*, *33*, 282–291.

Ellis, M. V., & Douce, L. A. (1994). Group supervision of novice clinical supervisors: Eight recurring issues. *Journal of Counseling and Development*, *72*, 520–525.

Ellis, M. V., Krengel, M., & Beck, M. (2002). Testing self-focused attention theory in clinical supervision: Effects on supervisee anxiety and performance. *Journal of Counseling Psychology*, *49*, 101–116.

Ellis, M. V., & Ladany, N. (1997). Inferences concerning supervisees and clients in clinical supervision: An integrative review. In C. E. Watkins, Jr. (Ed.), *Handbook of psychotherapy supervision* (pp. 447–507). New York: Wiley.

Ellis, M. V., Ladany, N., Krengel, M., & Schult, D. (1996). Clinical supervision research from 1981 to 1993: A methodological critique. *Journal of Counseling Psychology*, *43*, 35–50.

Enns, C. Z. (1993). Twenty years of feminist counseling and therapy. *The Counseling Psychologist*, *21*, 3–87.

Enyedy, K. C., Arcinue, F., Puri, N. N., Carter, J. W., Goodyear, R. K., & Getzelman, M. A. (2003). Hindering phenomena in group supervision: Implications for practice. *Professional Psychology: Research and Practice*, *34*, 312–317.

Epstein, R. M., & Hundert, E. M. (2002). Defining and assessing professional competence. *Journal of the American Medical Association*, *287*, 226–235.

Falender, C. (1999). *Supervisor's maps*. Unpublished manuscript.

Falender, C. (2000, October). Education and training in the 21st century. *California Psychologist*, 18–20.

Falender, C. (2001). Development of supervisees during the training year. Unpublished manuscript.

Falender, C. (2003). *Supervision contract outline*. Unpublished measure.

Falender, C. A., Cornish, J. A. E., Goodyear, R., Hatcher, R., Kaslow, N. J., Leventhal, G., et al. (in press). Defining competencies in psychology supervision: A consensus statement. *Journal of Clinical Psychology*.

Falender, C. A., & Shafranske, E. P. (2004). 360-degree evaluation applied to psychology training. Manuscript in preparation.

Falicov, C. J. (1988). Learning to think culturally. In H. A. Liddle, D. C. Breunlin, & R. C. Schwartz (Eds.), *Handbook of family therapy training and supervision* (pp. 335–357). New York: Guilford Press.

Falicov, C. J. (1995). Training to think culturally: A multidimensional comparative framework. *Family Process, 34*, 373–388.

Falicov, C. J. (1998). *Latino families in therapy: A guide to multicultural practice*. New York: Guilford.

Falvey, J. E. (2002). Managing clinical supervision: Ethical practice and legal risk management. Pacific Grove, CA: Brooks/Cole.

Fantuzzo, J. W. (1984). Mastery: A competency-based training model for clinical psychologists. *The Clinical Psychologist, 37*(1), 29–30.

Fantuzzo, J. W., & Moon, G. W. (1984). Competency mandate: A model for teaching skills in the administration of the WAIS-R. *Journal of Clinical Psychology, 40*, 1053–1059.

Fantuzzo, J. W., Sisemore, T. A., & Spradlin, W. H. (1983). A competency-based model for teaching skills in the administration of intelligence tests. *Professional Psychology: Research and Practice, 14*, 224–231.

Fassinger, R. E., & Richie, B. S. (1997). Sex matters: Gender and sexual orientation in training for multicultural counseling competency. In D. B. Pope-Davis & H. L. K. Coleman (Eds.), *Multicultural counseling competencies: Assessment, education and training, and supervision* (pp. 83–110). Thousand Oaks, CA: Sage.

Finkelstein, H., & Tuckman, A. (1997). Supervision of psychological assessment: A developmental model. *Professional Psychology: Research and Practice, 28*, 92–95.

Fischer, A. R., Jome, L. M., & Atkinson, D. R. (1998). Reconceptualizing multicultural counseling: Universal healing conditions in a culturally specific context. *Counseling Psychologist, 26*, 525–588.

Fischer, C. T. (1998). Phenomenological, existential and humanistic foundations for psychology as a human-science. In M. Hersen & A. Bellack (Series Eds.), *Comprehensive clinical psychology*; C. E. Walker (Vol. Ed.). *Vol. 1: Foundations* (pp. 449–472). London: Elsevier Science.

Fly, B. J ., van Bark, W. P., Weinman, L., Kitchener, K. S., & Lang, P. R. (1997). Ethical transgression of psychology graduate students: Critical incidents with implications for training. *Professional Psychology: Research and Practice, 28*, 492–495.

Folman, R. Z. (1991). Therapist-patient sex: Attraction and boundary problems. *Psychotherapy, 28*, 168–173.

Ford, G. G. (2001). *Ethical reasoning in the mental health professions*. Boca Raton, FL: CRC Press.

Ford, M. P., & Hendrick, S. S. (2003). Therapists' sexual values for self and clients: Implications for practice and training. *Professional Psychology: Research and Practice, 34*, 80–87.

Forrest, L., Elman, N., Gizara, S., & Vacha-Haase, T. (1999). Trainee impairment: A review of identification, remediation, dismissal, and legal issues. *The Counseling Psychologist, 27*, 627–686.

Fosshage, J. L. (1997). Towards a model of psychoanalytic supervision from a self-psychology/intersubjective perspective. In M. H. Rock (Ed.), *Psychodynamic supervision* (pp. 189–212). Northvale, NJ: Jason Aronson.

Frame, M. W., & Stevens-Smith, P. (1995). Out of harm's way: Enhancing monitoring and dismissal processes in counselor education programs. *Counselor Education and Supervision*, *35*, 118–129.

Frank, J. D., & Frank, J. B. (1991). *Persuasion and healing* (3rd ed.). Baltimore: John Hopkins University Press. (Original work published 1961)

Franklin, G. (1990). The multiple meanings of neutrality. *Journal of the American Psychoanalytic Association*, *38*(1), 195–220.

Frawley-O'Dea, M. G., & Sarnat, J. E. (2001). *The supervisory relationship: A contemporary psychodynamic approach.* New York: Guilford Press.

Frazier, P., Dik, B. J., Glaser, T., Steward, J., & Tashiro, T. (2002). *Integrating science and practice in advanced practica.* Roundtable discussion at the Annual Meeting of the American Psychological Association, Chicago, IL.

Freud, S. (1910). The future prospects of psycho-analytic therapy. In J. Strachey (Ed. & Trans.), *Standard edition of the collected works of Sigmund Freud* (Vol. 10, pp. 139–151). London: Hogarth Press. (Original work published 1923)

Freud, S. (1912). Recommendations to physicians practicing psycho-analysis. In J. Strachey (Ed. & Trans.), *Standard edition of the collected works of Sigmund Freud* (Vol. 12, pp. 111–125). London: Hogarth Press. (Original work published 1923)

Friedberg, R. D., & Taylor, L. A. (1994). Perspectives on supervision in cognitive therapy. *Journal of Rational-Emotive & Cognitive Behavior Therapy*, *12*(3), 147–161.

Friedlander, M. L., Siegel, S., & Brenock, K. (1989). Parallel process in counseling and supervision: A case study. *Journal of Counseling Psychology*, *36*, 149–157.

Friedlander, M. L., & Ward, L. G. (1984). Development and validation of the supervisory styles inventory. *Journal of Counseling Psychology*, *31*, 541–557.

Friedman, D., & Kaslow, N. J. (1986). The development of professional identity in psychotherapists. In F. W. Kaslow (Ed.), *Supervision and training: Models, dilemmas, and challenges* (pp. 29–49). New York: Haworth Press.

Friedman, S. C., & Gelso, C. J. (2000). The development of the inventory of countertransference behavior. *Journal of Clinical Psychology*, *56*, 1221–1235.

Fruzzetti, A. E., Waltz, J. A., & Linehan, M. M. (1997). Supervision in dialectical behavior therapy. In C. E. Watkins, Jr. (Ed.), *Handbook of psychotherapy supervision* (pp. 84–100). New York: Wiley.

Fuertes, J. N. (2002). *Facilitating trainees' multicultural counseling competence.* Paper presented at the 110th Annual Convention of the American Psychological Association, Chicago, IL.

Fuertes, J. N., & Brobst, K. (2002). Clients' ratings of counselor multicultural competency. *Cultural Diversity & Ethnic Minority Psychology*, *8*(3), 214–223.

Fuertes, J. N., Mueller, L. N., Chauhan, R. V., Walker, J. A., & Ladany, N. (2002). An investigation of European American therapists' approach to counseling African American clients. *The Counseling Psychologist*, *30*, 763–788.

Fukuyama, M. A. (1994a). Critical incidents in multi-cultural counseling supervision: A phenomenological approach to supervision. *Counselor Education and Supervision: 34*, 142–151.

Fukuyama, M. A. (1994b). Multicultural training: If not now when? If not you who? *The Counseling Psychologist*, *22*, 296–299.

Fukuyama, M. A., & Ferguson, A. D. (2000). Lesbian, gay, and bisexual people of color: Understanding cultural complexity and managing multiple oppressions. In R. M. Perez, K. A. Debord, & K. Bieschke (Eds.), *Handbook of counseling and psychotherapy with lesbian, gay, and bisexual clients* (pp. 81–105). Washington, DC: American Psychological Association.

Fukuyama, M. A., & Sevig, T. D. (1999). *Integrating spirituality into multicultural counseling*. Thousand Oaks, CA: Sage.

Fuqua, D. R., Newman, J. L., Scott, T. B., & Gade, E. M. (1986). Variability across sources of performance ratings: Further evidence. *Journal of Counseling Psychology*, *33*, 353–356.

Gabbard, G. O. (2001). A contemporary psychoanalytic model of countertransference. *Journal of Clinical Psychology*, *57*, 983–991.

Gabbard, G., Horwitz, L., Frieswyk, S., Allen, J., Colson, D., Newsom, G., et al. (1988). The effect of therapist interventions on the therapeutic alliance with borderline patients. *Journal of the American Psychoanalytic Association*, *36*, 697–727.

Gabbard, G. O., & Wilkinson, S. M. (1994). *Management of countertransference with borderline patients*. Washington, DC: American Psychiatric Publishing.

Gadamer, H.-G. (1962/1976). On the problem of self understanding. In D. E. Linge (Ed. & Trans.), *Philosophical hermeneutics* (pp. 44–58). Berkeley, CA: University of California Press.

Gallessich, J., & Olmstead, K. M. (1987). Training in counseling psychology: Issues and trends in 1986. *The Counseling Psychologist*, *15*, 596–600.

Gallup, G., Jr., & Johnson, B. R. (2003, January 28). New index tracks "Spiritual State of the Union." The Gallup Organization. Retrieved February 2, 2003 from http://www.gallup.com/poll/tb/religValue/20030128.asp#rm

Gallup, G., Jr., & Jones, T. (2000). *The next American spirituality: Finding God in the twenty-first century*. Colorado Springs, CO: Cook Communications.

Gandolfo, R. L., & Brown, R. (1987). Psychology intern ratings of actual and ideal supervision of psychotherapy. *The Journal of Training and Practice in Professional Psychology*, *1*(1), 15–28.

Garamella, Conservator for the estate of Denny Almonte v. New York Medical College et al., CIV.NO.3:93CV116(HBF). United States District Court for the District of Connecticut, 23 F. Supp. 2d 167; 1998 U.S. Dist. Lexis 16696.

Garb, H. N. (1989). Clinical judgment, clinical training, and professional experience. *Psychological Bulletin, 105*, 387–396.

Garnets, L., Hancock, K. A., Cochran, S. D., Goodchilds, J., & Peplau, L. A. (1991). Issues in psychotherapy with lesbians and gay men: A survey of psychologists. *American Psychologist*, 46, 964–972.

Garrett, M. T., Borders, L. D., Crutchfield, L. B., Torres-Rivera, E., Brotherton, D., & Curtis, R. (2001). Multicultural superVISION: A paradigm of cultural responsiveness for supervisors. *Journal of Multicultural Counseling and Development*, 29, 147–159.

Gaston, L., Thomson, L., Gallagher, D., Cournoyer, L.-G., & Gagnon, R. (1998). Alliance, technique, and their interactions in predicting outcome of behavioral, cognitive, and brief dynamic therapy. *Psychotherapy Research*, 8, 190–209.

Gatmon, D., Jackson, D., Koshkarian, L., Martos-Perry, N., Molina, A, Patel, N., et al. (2001). Exploring ethnic gender and social orientation variables in supervision: Do they really matter? *Journal of Multicultural Counseling and Development*, 29, 102–113.

Gediman, H. K., & Wolkenfeld, F. (1980). The parallelism phenomenon in psychoanalysis and supervision: Its reconsideration as a triadic system. *Psychoanalytic Quarterly*, 49, 234–255.

Gelso, C. J., & Hayes, J. A. (2001). Countertransference management. *Psychotherapy*, 38, 418–422.

Gelso, C. J., Latts, M. G., Gomez, M. J., & Fassinger, R. E. (2002). Countertransference management and therapy outcome: An initial evaluation. *Journal of Clinical Psychology*, 58, 861–867.

Gergen, K. J. (1994). Exploring the postmodern: Perils or potentials? *American Psychologist*, 49, 412–416.

Gerson, B. (Ed.). (1996). *The therapist as a person: Life crises, life choices, life expectancies, and their effects on treatment*. Hillsdale, NJ: Analytic Press.

Gerson, S. (1996). Neutrality, resistance, and self-disclosure in an intersubjective psychoanalysis. *Psychoanalytic Dialogues*, 6, 623–645.

Getz, H. G. (1999). Assessment of clinical supervisor competencies. *Journal of* Counseling and Development, 77, 491–497.

Gill , M. (1994). *Psychoanalysis in transition: A personal view*. Hillsdale, NJ: Analytic Press.

Giorgi, A. (1970). *Psychology as a human science*. New York: Harper & Row.

Glaser, R. D., & Thorpe, J. S. (1986). Unethical intimacy: A survey of sexual contact and advances between psychology educators and female graduate students. *American Psychologist, 41*, 43–51.

Gold, J. H., & Nemiah, J. C. (Eds.). (1993). When the therapist's real life intrudes. In M. R. Goldfried & G. C. Davison (Eds.), *Clinical behavior therapy*. New York: Holt, Rinehart & Winston.

Gonsalvez, C. J., Oades, L. G., & Freestone, J. (2002). The objectives approach to clinical supervision: Towards integration and empirical evaluation. *Australian Psychologist, 37*(1), 68–77.

Goodman-Delahunty, J. (2000). Psychological impairment under the Americans With Disabilities Act: Legal guidelines. *Professional Psychology: Research and Practice*, *31*, 197–205.

Goodyear, R. K., & Bernard, J. M. (1998). Clinical supervision: Lessons from the literature. *Counselor Education and Supervision*, 38, 6–22.

Goodyear, R. K., & Guzzardo, C. R. (2000). Psychotherapy supervision and training. In S. D. Brown & R. W. Lent (Eds.), *Handbook of counseling psychology* (3rd ed., pp. 83–108). New York: Wiley.

Goodyear, R. K., & Nelson, M. L. (1997). The major formats of psychotherapy supervision. In C. E. Watkins, Jr. (Ed.), *Handbook of psychotherapy supervision* (pp. 328–344). New York: Wiley.

Goodyear, R. K., & Robyak, J. E. (1982). Supervisors' theory and experience in supervisory focus. *Psychological Reports*, *51*, 978.

Gottlieb, M. C. (1993). Avoiding exploitative dual relationships: A decision-making model. *Psychotherapy*, 30, 41–48.

Gould, L. J., & Bradley, L. J. (2001). Evaluation in supervision. In L. J. Bradley & N. Ladany (Eds.), *Counselor education: Principles, process, and practice* (pp. 271–303). Philadelphia: Brunner-Routledge.

Granello, D. H., Beamish, P. M., & Davis, T. E. (1997). Supervisee empowerment: Does gender make a difference? *Counselor Education and Supervision*, 36, 305–317.

Grater, H. A. (1985). Stages in psychotherapy supervision: From therapy skills to skilled therapist. *Professional Psychology: Research and Practice*, 5, 605–610.

Gray, L. A., Ladany, N., Walker, J. A., & Ancis, J. R. (2001). Psychotherapy trainees' experience of counterproductive events in supervision. *Journal of Counseling Psychology*, 48, 371–383.

Greben, S. E. (1985). Dear Brutus: Dealing with unresponsiveness through supervision. *Canadian Journal of Psychiatry*, 30, 48–53.

Greenberg, J. (1986). The problem of analytic neutrality. *Contemporary Psychoanalysis*, 22, 76–86.

Greenson, R. (1967). *The technique and practice of psychoanalysis*. New York: International Universities Press.

Greenwald, M., & Young, J. (1998). Schema-focused therapy: An integrative approach to psychotherapy supervision. *Journal of Cognitive Psychotherapy: An International Quarterly*, *12*(2), 109–125.

Grey, A. G., & Fiscalini, J. (1987). Parallel process as countertransference-countertransference interaction. *Psychoanalytic Psychology*, 4, 131–144.

Grote, C. L., Robiner, W. N., & Haut, A. (2001). Disclosure of negative information in letters of recommendation: Writers' intentions and readers' experiences. *Professional Psychology: Research and Practice*, 32, 655–661.

Guest, C. L., Jr., & Dooley, K. (1999). Supervisor malpractice: Liability to the supervisee in clinical supervision. *Counselor Education and Supervision, 38*, 269–279.

Guest, P. D., & Beutler, L. E. (1988). Impact of psychotherapy supervision on therapist orientation and values. *Journal of Consulting and Clinical Psychology, 56*, 653–658.

Gustafson, K. E., & McNamara, J. R. (1999). Confidentiality with minor clients: Issues and guidelines for therapists. In D. N. Bersoff (Ed.), *Ethical conflicts in psychology* (2nd ed., pp. 200–204). Washington, DC: American Psychological Association.

Gutheil, T. G., & Gabbard, G. O. (1993). The concept of boundaries in clinical practice: Theoretical and risk-management dimensions. *American Journal of Psychiatry, 150*, 188–196.

Gutheil, T. G., & Simon, R. I. (2002). Non-sexual boundary crossings and boundary violations: The ethical dimension. *Psychiatric Clinics of North America, 25*, 585–592.

Guthrie, R. V. (1998). *Even the rat was white: A historical view of psychology* (2nd ed.). Boston: Allyn & Bacon.

Guy, J. D., Brown, C. K., & Poelstra, P. L. (1992). Safety concerns and protective measures used by psychotherapists. *Professional Psychology: Research and Practice, 23*, 421–423.

Haas, L. J., & Malouf, J. L. (1989). *Keeping up the good work: A practitioner's guide to mental health ethics*. Sarasota, FL: Professional Resource Exchange.

Hahn, W. K. (2001). The experience of shame in supervision. *Psychotherapy, 38*, 272–282.

Hahn, W. K., & Molnar, S. (1991). Intern evaluation in university counseling centers. *The Counseling Psychologist, 19*, 414–430.

Hall-Marley, S. (2000). Therapist evaluation checklist. Unpublished measure.

Hall-Marley, S. (2001). Supervision feedback. Unpublished measure.

Hamacek, D. E. (1985). *Psychology in teaching, learning, and growth*. Boston: Allyn & Bacon.

Hamilton, J. C., & Spruill, J. (1999). Identifying and reducing risk factors related to trainee–client sexual misconduct. *Professional Psychology: Research and Practice, 30*, 318–327.

Hammel, G. A., Olkin, E., & Taube, D. O. (1996). Student-educator sex in clinical and counseling psychology doctoral training. *Professional Psychology: Research and Practice, 27*, 93–97.

Handelsman, M. M. (1986). Problems with ethics training by osmosis. *Professional Psychology: Research and Practice, 17*, 371–372.

Handelsman, M. M. (1990). Do written consent forms influence clients' first impressions of therapists? *Professional Psychology: Research and Practice, 21*, 451–454.

Handelsman, M. M., Gottlieb, M. C., & Knapp, S. (2002, August). *Training ethical psychologists: An acculturation model.* Paper presented at the American Psychological Association annual meeting, Chicago.

Handelsman, M. M., Kemper, M. B., Kesson-Craig, P., McLain, J., & Johnsrud, C. (1986). Use, content, and readability of written informed consent forms for treatment. *Professional Psychology: Research and Practice, 17*, 514–518.

Hanna, M. A., & Smith, J. (1998). Innovative Methods: Using rubrics for documentation of clinical work supervision. *Counselor Education and Supervision, 37*, 269–278.

Hansen, J. C. (1965). Trainees' expectations of supervision in the counseling program. *Counselor Education and Supervision, 2*, 75–80.

Hansen, N. D., & Goldberg, S. G. (1999). Navigating the nuances: A matrix of considerations for ethical-legal dilemmas. *Professional Psychology: Research and Practice, 30*, 495–503.

Hansen, N. D., Pepitone-Arreola-Rockwell, F., & Greene, A. F. (2000). Multicultural competence: Criteria and case examples. *Professional Psychology: Research and Practice, 31*, 652–660.

Harrar, W. R., VandeCreek, L., & Knapp, S. (1990). Ethical and legal aspects of clinical supervision. *Professional Psychology: Research and Practice, 21*, 37–41.

Harris, E. (2002). *Legal and ethical risk management in professional psychological practice—Sequence I.* Presentation sponsored by the APA Insurance Trust and the California Psychological Association, Los Angeles, CA.

Hayes, J. A., Riker, J. R., & Ingram, K. M. (1997). Countertransference behavior and management in brief counseling: A field study. *Psychotherapy Research, 7*, 145–153.

Hayman, P. M., & Covert, J. A. (1986). Ethical dilemmas in college counseling centers. *Journal of Counseling and Development, 64*, 318–320.

Hays, K. A., Rardin, D. K., Jarvis, P. A., Taylor, N. M., Moorman, A. S., & Armstead, C. D. (2002). An exploratory survey on empirically supported treatments: Implications for internship training. *Professional Psychology: Research and Practice, 33*, 207–211.

Hays, P. A. (2001). Addressing cultural complexities in practice: A framework for clinicians and counselors. Washington, DC: American Psychological Association Press.

Hedlund v. The Superior Court of Orange County. 34 Cal. 3d 695; 194 Cal. Rptr. 805, 669 P. 2d 41 (Sept. 1983).

Heimann, P. (1950). On counter-transference. *International Journal of Psychoanalysis, 31*, 81–84.

Helms, J. E. (1990). *Black and white racial identity: Theory, research, and practice.* Westport, CT: Greenwood Press.

Helms, J. E., & Richardson, T. Q. (1997). How "multiculturalism" obscures race and culture as differential aspects of counseling competency. In D. B. Pope-Davis, & H. L. K. Coleman (Eds.), *Multicultural counseling competencies: Assess-*

ment, education and training, and supervision (pp. 60–82).Thousand Oaks, CA: Sage.

Henderson, C. E., Cawyer, C. S., & Watkins, C. E., Jr. (1999). A comparison of student and supervisor perceptions of effective practicum supervision. *The Clinical Supervisor, 18*, 47–74.

Henggeler, S. W., & Schoenwald, S. K. (1998). *The MST supervisory manual: Promoting quality assurance at the clinical level.* Charleston, SC: MST Institute.

Henggeler, S. W., Schoenwald, S. K., Liao, J. G., Letourneau, E. J., & Edwards, D. L. (2002). Transporting efficacious treatments to field settings: The link between supervisory practices and therapist fidelity in MST programs. *Journal of Clinical Child Psychology, 31*(2), 155–167.

Heppner, P. P., & Roehlke, H. J. (1984). Differences among supervisees at different levels of supervision. *Journal of Consulting Psychology, 31*, 76–90.

Herlihy, B., & Sheeley, V. L. (1988). Counselor liability and the duty to warn: Selected cases, statutory trends, and implications for practice. *Counselor Education and Supervision, 27*, 203–215.

Herman, K. C. (1993). Reassessing predictors of therapist competence. *Journal of Counseling and Development, 72*, 29–32.

Herrmann, N. (1996). Supervisor evaluation: From theory to implementation. *Academic* Psychiatry, 20(4), 205–211.

Hernandez, A., & Lafromboise, T. D. (1983). *Cross-cultural counseling inventory*. Unpublished measure.

Hess, A. K. (Ed.), (1980a). *Psychotherapy supervision: Theory, research and practice*. New York: Wiley.

Hess, A. K. (1980b). Training models and the nature of psychotherapy supervision. In A. K. Hess (Ed.), *Psychotherapy supervision: Theory, research and practice* (pp. 15–28). New York: Wiley.

Hess, A. K. (1986). Growth in supervision: Stages of supervisee and supervisor development. *The Clinical Supervisor, 4*, 51–67.

Hess, A. K. (1987a). Advances in psychotherapy supervision: Introduction. *Professional Psychology: Research and Practice, 18*, 187–188.

Hess, A. K. (1987b). Psychotherapy supervision: Stages, Buber, and a theory of relationship. *Professional Psychology: Research and Practice, 18*, 251–259.

Hill, C. E., Helms, J. E., Tichenor, V., Spiegel, S. B., O'Grady, K. E., & Perry, E. S. (1988). The effects of therapist response modes in brief psychotherapy. *Journal of Counseling Psychology, 35*, 222–233.

Hill, C. E., & Knox, S. (2001). Self-disclosure. *Psychotherapy, 38*, 413–417.

Hill, C. E., Mahalik, J. R., & Thompson, B. J. (1989). Therapist self-disclosure. *Psychotherapy, 26*, 290–295.

Hill, C. E., Nutt-Williams, E., Heaton, K. J., Thompson, B. J., & Rhodes, R. H. (1996). Therapist retrospective recall of impasses in long-term psychotherapy: A qualitative study. *Journal of Counseling Psychology, 43*, 207–217.

Hird, J. S., Cavalieri, C. E., Dulko, J. P., Felice, A. A. D., & Ho, T. A. (2001). Visions and realities: Supervisee perspectives of multicultural supervision. *Journal of Multicultural Counseling and Development*, *29*, 114–130.

Hirsch, I. (1998). The concept of enactment and theoretical convergence. *Psychoanalytic Quarterly*, *67*, 78–101.

Hoch, E. L., Ross, A. O., & Winder, C. L. (Eds.). (1966). *Professional preparation of clinical psychologists*. Washington, DC: American Psychological Association.

Hoffman, I. (1983). The patient as interpreter of the analyst's experience. *Contemporary Psychoanalysis*, *19*, 389–422.

Hoffman, I. (1991). Discussion: Toward a social-constructivist view of the psychoanalytic situation. *Psychoanalytic Dialogues*, *1*, 74–105.

Hogan, R. A. (1964). Issues and approaches in supervision. *Psychotherapy: Theory, Research, and Practice*, *1*, 139–141.

Holloway, E. L. (1995). *Clinical supervision: A systems approach*. Thousand Oaks, CA: Sage.

Holloway, E. L. (1997). Structures for the analysis and teaching of supervision. In C. E. Watkins, Jr. (Ed.), *Handbook of psychotherapy supervision* (pp. 249–276). New York: Wiley.

Holloway, E. L. (1999). A framework for supervision training. In E. Holloway & M. Carroll (Eds.), *Training counselling supervisors* (pp. 8–43). London: Sage.

Holloway, E. L., & Carroll, M. (1996). Reaction to the special section on supervision research: Comment on Ellis et al. (1996), Ladany et al. (1996), Neufeldt et al. (1996), and Worthen & McNeill (1996). *Journal of Counseling Psychology*, *43*, 51–55.

Holloway, E. L., & Neufeldt, A. A. (1995). Supervision: Its contributions to treatment efficacy. *Journal of Consulting and Clinical Psychology*, *63*(2), 207–213.

Holloway, E. L., & Wolleat, P. L. (1994). Supervision: The pragmatics of empowerment. *Journal of Educational and Psychological Consultation*, *5*(1), 23–43.

Holmes, D. L., Rupert, P. A., Ross, S. A., & Shapera, W. E. (1999). Student perceptions of dual relationships between faculty and students. *Ethics and Behavior*, 9(2), 79–107.

Holroyd, J. C., & Brodsky, A. (1977). Psychologists' attitudes and practices regarding erotic and nonerotic physical contact with clients. *American Psychologist*, *32*, 843–849.

Horvath, A. O. (1994). Research on the alliance. In A. O. Horvath & L. S. Greenberg (Eds.), *The working alliance: Theory, research, and practice* (pp. 259–286). New York: Wiley.

Horvath, A. O. (2000). The therapeutic relationship: From transference to alliance. *Journal of Clinical Psychology/In Session: Psychotherapy in Practice*, *56(2)*, 163–173.

Horvath, A. O. (2001). The alliance. *Psychotherapy*, 38, 365–372.

Horvath, A. O., & Greenberg, L. S. (Eds.) (1994). *The working alliance: Theory, research, and practice*. New York: Wiley.

Horvath, A. O., & Symonds, D. B. (1991). Relationship between working alliance and outcome in psychotherapy: A meta-analysis. *Journal of Counseling Psychology*, *38*, 139–149.

Hoshmand, L. T. (1994). *Orientation to inquiry in a reflective professional psychology*. Albany: State University of New York Press.

Hoshmand, L. T., & Polkinghorne, D. E. (1992). Redefining the science-practice relationship and professional training. *American Psychologist*, *47*, 55–66.

Housman, L. M., & Stake, J. E. (1999). The current state of sexual ethics training in clinical psychology: Issues of quantity, quality, and effectiveness. *Professional Psychology: Research and Practice*, *30*, 302–311.

Hutt, C. H., Scott, J., & King, M. (1983). A phenomenological study of supervisees' positive and negative experiences in supervision. *Psychotherapy: Theory, Research, and Practice*, *20*(1), 118–123.

Ibrahim, F. A., & Kahn, H. (1987). Assessment of worldviews. *Psychological Reports*, *60*, 163–176.

Illfelder-Kaye, J. (2002). Tips for trainers: Implications of the new Ethical Principles of Psychologists and Code of Conduct on Internship and Post-Doctoral Training Program. *APPIC Newsletter*, *27*(2), 25.

Jablonski v. United States, 712 F.2d 391 (9th Cir. 1983).

Jackson, S. W. (1999). *Care of the psyche: A history of psychological healing*. New Haven, CT: Yale University Press.

Jacobs, T. (1986). On countertransference enactments. *Journal of the American Psychoanalytic Association*, *34*, 289–307.

Jaffee v. Redmond, 51 F.3d 1346, 1357 (7th Cir. 1995).

Johan, M. (1992). Enactments in psychoanalysis. *Journal of the American Psychoanalytic Association*, *40*, 827–841.

Johnson, W. B. (2002). The intentional mentor: Strategies and guidelines for the practice of mentoring. *Professional Psychology: Research and Practice*, *33*, 88–96.

Johnson, W. B., & Campbell, C. D. (2002). Character and fitness requirements for professional psychologists: Are there any? *Professional Psychology: Research and Practice*, *33*, 46–53.

Johnson, W. B., & Huwe, J. M. (2002). Toward a typology of mentorship dysfunction in graduate school. *Psychotherapy: Theory, Research, Practice, Training*, *39*(1), 44–55.

Johnson, W. B., Koch, C., Fallow, G. O., & Huwe, J. M. (2000). Prevalence of mentoring in clinical versus experimental doctoral programs: Survey findings, implications, and recommendations. *Psychotherapy*, *37*, 325–334.

Johnson, W. B., & Nelson, N. (1999). Mentor-protégé relationships in graduate training: Some ethical concerns. *Ethics and Behavior*, *9*, 189–210.

Jones, S. L. (1994). A constructive relationship for religion with the science and profession of psychology: Perhaps the boldest model yet. *American Psychologist*, *49*, 184–199.

Jury finds psychiatrist was negligent in pedophile case. (1998, October 9). *The New York Times*, p. B4.

Kadushin, A. (1968). Games people play in supervision. *Social Work, 13*, 23–32.

Kagan, H., & Kagan, N. (1997). Interpersonal process recall: Influencing human interaction. In C. E. Watkins, Jr. (Ed.), *Handbook of psychotherapy supervision* (pp. 296–309). New York: Wiley.

Kagan, N. (1980). Influencing human interaction—eighteen years with IPR. In A. K. Hess (Ed.), *Psychotherapy supervision: Theory, research, and practice* (pp. 262–286). New York: Wiley.

Kagan, N. I., & Kagan, H. (1990). IPR—A validated model for the 1990s and beyond. *The Counseling Psychologist, 18*, 436–440.

Kanfer, F. H. (1990). The scientist-practitioner connection: A bridge in need of constant attention. *Professional Psychology: Research and Practice, 21*, 264–270.

Kanz, J. E. (2001). Clinical-supervision.com: Issues in the provision of online supervision. *Professional Psychology: Research and Practice, 32*, 415–420.

Kaslow, N. J. (2002). Future directions in education and credentialing in Professional Psychology. Paper presented at the 2002 Competencies Conference, Scottsdale, AZ.

Kaslow, N. J., & Deering, C. G. (1994). A developmental approach to psychotherapy supervision of interns and postdoctoral fellows. *The Psychotherapy Bulletin, 28*(4), 20–23.

Kaslow, N. J., & Rice, D. G. (1985). Developmental stresses of predoctoral internship training: What training staff can do to help. *Professional Psychology: Research and Practice, 23*, 369–375.

Kauderer, S., & Herron, W. G. (1990). The supervisory relationship in psychotherapy over time. *Psychological Reports, 67*, 471–480.

Kelly, E. W. (1990). Counselor responsiveness to client religiousness. *Counseling & Values, 35*(1), 69–72.

Kemp, N. T., & Mallinckrodt, B. (1996). Impact of professional training on case conceptualization of clients with a disability. *Professional Psychology: Research and Practice, 27*, 378–385.

Kendall, P. C., & Southam-Gerow, M. A. (1995). Issues in the transportability of treatment: The case of anxiety disorders for youth. *Journal of Consulting and Clinical Psychology, 63*, 702–708.

Kennard, B. D., Stewart, S. M., & Gluck, M. R. (1987). The supervision relationship: Variables contributing to positive versus negative experiences. *Professional Psychology: Research and Practice, 18*, 172–175.

Kerl, S. B., Garcia, J. L., McCullough, C. S., & Maxwell, M. E. (2002). Systematic evaluation of professional performance: Legally supported procedure and process. *Counselor Education and Supervision, 41*, 321–334.

Kernberg, O. (1965). Notes on countertransference. *Journal of the American Psychoanalytic Association, 13*, 38–56.

Kiesler, D. J. (1996). *Contemporary interpersonal theory and research. Personality, psychopathology, and psychotherapy*. New York: Wiley.

Kitchener, K. S. (1984). Intuition, critical evaluation and ethical principles: The foundation for ethical decisions in counseling psychology. *The Counseling Psychologist, 12*, 43–56.

Kitchener, K. S. (1986). Teaching applied ethics in counselor education: An integration of psychological processes and philosophical analysis. *Journal of Counseling and Development, 64*, 306–310.

Kitchener, K. S. (1988). Dual role relationships: What makes them so problematic? *Journal of Counseling and Development, 67*, 217–221.

Kitchener, K. S. (1992). Psychologist as teacher and mentor: Affirming ethical values throughout the curriculum. *Professional Psychologist: Research and Practice, 23*, 190–195.

Kitchener, K. S. (2000). *Foundations of ethical practice, research, and teaching in psychology*. Mahwah, NJ: Erlbaum.

Kivlighan, D. M., Jr., & Quigley, S. T. (1991). Dimensions used by experienced and novice group therapists to conceptualize group process. *Journal of Counseling Psychology, 38*, 415–423.

Kivlighan, D. M., & Schmitz, P. J. (1992). Counselor technical activity in cases with improving working alliances and continuing-poor working alliances. *Journal of Counseling Psychology, 39*, 32–38.

Kleespies, P. (1993). The stress of patient suicidal behavior: Implications for interns and training programs in psychology. *Professional Psychology: Research and Practice, 24*, 477–482.

Kleespies, P., & Dettmer, E. L. (2000). The stress of patient emergencies for the clinician: Incident, impact, and means of coping. *Journal of Clinical Psychology*, 56, 1353–1369.

Kleespies, P., Penk, W., & Forsyth, J. (1993). The stress of patient suicidal behavior during clinical training: Incidence, impact, and recovery. *Professional Psychology: Research and Practice, 24*, 293–303.

Kleintjes, S., & Swartz, L. (1996). Black clinical psychology trainees at a "White" South African University: Issues for clinical supervision. *Clinical Supervisor, 14*(1), 87–109.

Knoff, H. M., & Prout, H. T. (1985). Terminating students from professional psychology programs: Criteria, procedures, and legal issues. *Professional Psychology*, 16, 789–797.

Kolb, D. A. (1984). *Experiential learning: Experience as the source of learning and development*. Englewood Cliffs, NJ: Prentice Hall.

Koocher, G. P. (2002). Mentor revealed: Masculinization of an early feminist construct. *Professional Psychology: Research and Practice, 33*, 509–510.

Koocher, G. P., & Keith-Spiegel, P. (1998). *Ethics in psychology: Professional standards and cases* (2nd ed.). New York: Oxford University Press.

Kratochwill, T. R., & Bergan, J. R. (1978). Training school psychologists: Some perspectives on a competency-based behavioral consultation model. *Professional Psychology: Research and Practice*, *13*, 71–82.

Kratochwill, T. R., Lepage, K. M., & McGivern, J. (1997). Child and adolescent psychotherapy supervision. In C. E. Watkins, Jr. (Ed.), *Handbook of psychotherapy supervision* (pp. 347–365). New York: Wiley.

Kratochwill, T. R., Van Someren, K. R., & Sheridan, S. M. (1989). Training behavioral consultants: A competency-based model to teach interview skills. *Professional School Psychology*, *4*, 41–58.

Kurpius, D., Gibson, G., Lewis, J., & Corbet, M. (1991). Ethical issues in supervising counseling practitioners. *Counselor Education and Supervision*, *31*(1). 48–57.

Kutz, S. L. (1986). Comment: Defining "impaired psychologist." *American Psychologist*, *41*, 220.

Ladany, N. (2002). Psychotherapy supervision: How dressed is the emperor? *Psychotherapy Bulletin*, *37*, 14–18.

Ladany, N., Constantine, M. G., Miller, K., Erickson, C. D., & Muse-Burke, J. L. (2000). Supervisor countertransference: A qualitative investigation into its identification and description. *Journal of Counseling Psychology*, *47*, 102–115.

Ladany, N., Ellis, M. V., & Friedlander, M. L. (1999). The supervisory working alliance, trainee self-efficacy, and satisfaction. *Journal of Counseling and Development*, *77*, 447–455.

Ladany, N., & Friedlander, M. L. (1995). The relationship between the supervisory working alliance and trainees' experience of role conflict and role ambiguity. *Counsel or Education and Supervision*, *34*, 220–231.

Ladany, N., Hill, C. E., Corbett, M. M., & Nutt, E. A. (1996). Nature, extent and importance of what psychotherapy trainees do not disclose to their supervisors. *Journal of Counseling Psychology*, 43, 10–24.

Ladany, N., Inman, A. G., Constantine, M. G., & Hofheinz, E. W. (1997). Supervisee multicultural case conceptualization ability and self-reported multicultural competence as functions of supervisee racial identity and supervisor focus. *Journal of Counseling Psychology*, 44, 284–293.

Ladany, N., & Lehrman-Waterman, D. (1999). The content and frequency of supervisor self-disclosures and their relationship to supervisor style and the supervisory working alliance. *Counselor Education and Supervision*, *38*, 143–160.

Ladany, N., Lehrman-Waterman, D., Molinaro, M., & Wolgast, B. (1999). Psychotherapy supervisor ethical practices: Adherence to guidelines, the supervisory working alliance, and supervisee satisfaction. *The Counseling Psychologist*, *27*, 443–475.

Ladany, N., & Melincoff, D. S. (1999). The nature of counselor supervisor nondisclosure. *Counselor Education and Supervision*, 38, 161–176.

Ladany, N., O'Brien, K. M., Hill, C. E., Melincoff, D. S., Knox, S., & Petersen, D. A. (1997). Sexual attraction towards clients, use of supervision, and prior training: A qualitative study of psychology predoctoral interns. *Journal of Counseling Psychology*, *44*, 413–424.

Ladany, N., & Walker, J. A. (2003). Supervisor self-disclosure: Balancing the uncontrollable narcissist with the indomitable altruist. *JCLP/In Session*, 59, 611–621.

LaFromboise, T. D., Coleman, H. L. K., & Hernandez, A. (1991). Development and factor structure of the Cross-Cultural Counseling Inventory—Revised. *Professional Psychology: Research and Practice*, *22*, 380–388.

Laliotis, D., & Grayson, J. (1985). Psychologist heal thyself: What is available to the impaired psychologist? *American Psychologist*, *40*, 84–96.

Lamb, D. H. (1999). Addressing impairment and its relationship to professional boundary issues. *The Counseling Psychologist*, *27*, 702–711.

Lamb, D. H. (2001). *Sexual and non-sexual dual relationship dilemmas with clients, supervisees, and students*. American Psychological Association Continuing Professional Education Pre-Convention Workshop. Chicago, IL.

Lamb, D. H., Anderson, S., Rapp, D., Rathnow, S., & Sesan, R. (1986). Perspectives on an internship: The passages of training directors during the internship year. *Professional Psychology: Research and Practice*, *17*, 100–105.

Lamb, D. H., Baker, J., Jennings, M., & Yarris, E. (1982). Passages of an internship in professional psychology. *Professional Psychology*, *13*, 661–669.

Lamb, D. H., & Catanzaro, S. J. (1998). Sexual and nonsexual boundary violations involving psychologists, clients, supervisees, and students: Implications for professional practice. *Professional Psychology: Research and Practice*, *29*, 498–503.

Lamb, D. H., Catanzaro, S. J., & Moorman, A. S. (2003). Psychologists reflect on their sexual relationships with clients, supervisees, and students: Occurrence, impact, rationales, and collegial intervention. *Professional Psychology: Research and Practice*, *34*, 102–107.

Lamb, D. H., Cochran, D. J., & Jackson, V. R. (1991). Training and organizational issues associated with identifying and responding to intern impairment. Professional impairment during the internship: Identification, due process, and remediation. *Professional Psychology: Research and Practice*, *18*, 597–603.

Lamb, D. H., Roehlke, H., & Butler, A. (1986). Passages of psychologists: Career stages of internship directors. *Professional Psychology: Research and Practice*, *17*, 158–160.

Lambert, M. J. (1982). *The effects of psychotherapy* (Vol. 2). New York: Human Sciences Library.

Lambert, M. J. (1983). Introduction to assessment of psychotherapy outcome: Historical perspective and current issues. In M. J. Lambert, E. R. Christiansen, & S. S. DeJulio (Eds.), *The assessment of psychotherapy outcome* (pp. 3–32). New York: Wiley.

Lambert, M. J., & Barley, D. E. (2001). Research summary on the therapeutic relationship and psychotherapy outcome. *Psychotherapy*, 38, 357–361.

Lambert, M. J., & Bergin, A. E. (1994). The effectiveness of psychotherapy. In A. E. Bergin & S. L. Garfield (Eds.), *Handbook of psychotherapy and behavior change* (4th ed., pp. 143–189). New York: Wiley.

Lambert, M. J., & Burlingame, G. M. (1996). *OQ-45*. Stevenson, MD: American Professional Credentialing Services, LLC.

Lambert, M. J., & Hawkins, E. J. (2001). Using information about patient progress in supervision: Are outcomes enhanced? *Australian Psychologist*, *36*, 131–138.

Lambert, M. J., & Ogles, B. M. (1997). The effectiveness of psychotherapy supervision. In C. E. Watkins, Jr. (Ed.), *Handbook of psychotherapy supervision* (pp. 421–446). New York: Wiley.

Lambert, M. J., Whipple, J. L., Smart, D. W., Vermeersch, D. A., Nielsen, S. L., & Hawkins, E. J. (2001). The effects of providing therapists with feedback on patient progress during psychotherapy: Are outcomes enhanced? *Psychotherapy Research, 11*(1), 49–68.

Lambert, M. J., Whipple, J. L., Vermeersch, D. A., Smart, D. W., Hawkins, E. J., Nielsen, S. L., et al. (2002). Enhancing psychotherapy outcomes via providing feedback on client progress: A replication. *Clinical Psychology and Psychotherapy*, *9*, 91–103.

Lanning, W. (1986). Development of the supervisor emphasis rating form. *Counselor Education and Supervision*, *33*, 294–304.

Layman, M. J., & McNamara, R. (1997). Remediation for ethics violations: Focus on psychotherapists' sexual contact with clients. *Professional Psychology: Research and Practice*, *28*, 281–292.

Lazarus, A. A., & Zur, O. (Eds.). (2002). *Dual relationships and psychotherapy*. New York: Springer.

Leach, D. C. (2002). Editorial: Competence is a habit. *Journal of the American Medical Association*, *287*, 243–244.

Leddick, G. R., & Dye, H. A. (1987). Effective supervision as portrayed by trainee expectations and preferences. *Counselor Education and Supervision*, *27*, 139–154.

Lee, R. M., Chalk, L., Conner, S. E., Kawasaki, N., Jannetti, A., LaRue, T., et al. (1999). The status of multicultural counseling training at counseling internship sites. *Journal of Multicultural Counseling and Development, 27*(2), 58–74.

Lefley, H. (1986). Mental health training across cultures. In P. Pedersen (Ed.), *Handbook of cross-cultural counseling and therapy* (pp. 256–266). Westport, CT: Greenwood Press.

Lehrman-Waterman, D., & Ladany, N. (2001). Development and validation of the evaluation process within supervision inventory. *Journal of Counseling Psychology*, *48*, 168–177.

Leong, F. T. L., & Wagner, N. M. (1994). Cross-cultural counseling supervision: What do we know? What do we need to know? *Counselor Education and Supervision*, *34*, 117–131.

Lerman, H., & Porter, N. (1990). The contribution of feminism to ethics in psychotherapy. In H. Lerman & N. Porter (Eds.) *Feminist ethics in psychotherapy* (pp. 5–13). New York: Springer Publishing Company.

Liddle, H. A., Becker, D., & Diamond, G. M. (1997). Family therapy supervision. In C. E. Watkins, Jr. (Ed.), *Handbook of psychotherapy supervision* (pp. 400–418). New York: Wiley.

Liddle, H. A., Breunlin, D. C., & Schwartz, R. C. (Eds.). (1988). *Handbook of family therapy training and supervision*. New York: Guilford Press.

Liddle, H. A., Davidson, G. S., & Barrett, M. J. (1988). Outcomes of live supervision: Trainee perspectives. In H. A. Liddle, D. C. Breunlin, & R. C. Schwartz (Eds.), *Handbook of family therapy training and supervision* (pp. 386–398). New York: Guilford Press.

Liese, B. S., & Beck, J. S. (1997). Cognitive therapy supervision. In C. E. Watkins, Jr. (Ed.), *Handbook of psychotherapy supervision* (pp. 114–133). New York: Wiley.

Lipovsky, Julie A. (1988). Internship year in clinical psychology training as a professional adolescence. *Professional Psychology: Research and Practice*, *19*, 606–608.

Littrell, J. M., Lee-Borden, N., & Lorenz, J. (1979). A developmental framework for counseling supervision. *Counselor Education and Supervision*, *19*, 129–136.

Lloyd, D. N., & Newbrough, J. R. (1966). Previous conferences on graduate education in psychology: A summary and review. In E. L. Hoch, A. O. Ross, & C. L. Winder (Eds.), *Professional preparation of clinical psychologists* (pp. 122–139). Washington, DC: American Psychological Association.

Lochner, B. T., & Melchert, T. P. (1997). Relationship of cognitive style and theoretical orientation to psychology interns' preferences for supervision. *Journal of Counseling Psychology*, *44*, 256–260.

Loganbill, C., Hardy, E., & Delworth, U. (1982). Supervision: A conceptual model. *The Counseling Psychologist*, *10*, 3–42.

London, P. (1964). *The modes and morals of psychotherapy*. New York: Holt, Rinehart and Winston.

Long, J. R. (2001). Goal agreement and early therapeutic change. *Psychotherapy*, *38*, 219–232.

Lopez, S. J., Oehlert, M. E., & Moberly, R. L. (1996). Selection criteria for APA-accredited internship programs: A survey of training directors. *Professional Psychology: Research and Practice*, *27*, 518–520.

Luborsky, L. (1994). Therapeutic alliances as predictors of psychotherapy outcomes: Factors explaining the predictive success. In A. O. Horvath & L. S. Greenberg, (Eds.), The *working alliance: Theory, research, and practice* (pp. 38–49). New York: Wiley.

Lynn, D. J., & Vaillant, G. E. (1998). Anonymity, neutrality, and confidentiality in the actual methods of Sigmund Freud: A review of 43 cases, 1907–1939. *American Journal of Psychiatry*, *155*(2), 163–171.

Lyotard, J.-F. (1984). *The postmodern condition: A report on knowledge* (G. Bennington & B. Massumi, Trans.). Minneapolis, MN: University of Minnesota Press.

Magnuson, S., Wilcoxon, S. A., & Norem, K. (2000). A profile of lousy supervision: Experienced counselors' perspectives. *Counselor Education and Supervision*, 39, 189–202.

Mahalik, J. R., Worthington, R. L., & Crump. S. (1999). Influence of racial/ethnic membership and "therapist culture" on therapists' worldview. *Journal of Multicultural Counseling and Development*, 27, 2–17.

Mahrer, A. R. (1996). *The complete guide to experiential psychotherapy*. New York: Wiley.

Mahrer, A. R., & Boulet, D. B. (1997). The experiential model of on-the-job teaching. In C. E. Watkins, Jr. (Ed.), *Handbook of psychotherapy supervision* (pp. 164–183). New York: Wiley.

Makari, G. J. (1997). Current conceptions of neutrality and abstinence. *Journal of the American Psychoanalytic Association*, 45, 1231–1239.

Mannheim, C. I., Sancilio, M., Phipps-Yonas, S., Brunnquell, D., Somers, P., Farseth, G., et al. (2002). Ethical ambiguities in the practice of child clinical psychology. *Professional Psychology: Research and Practice*, 33, 24–29.

Marcus, H. E., & King, D. A. (2003). A survey of group psychotherapy training during predoctoral psychology internship. *Professional Psychology: Research and Practice*, 34, 203–209.

Marikis, D. A., Russell, R. K., & Dell, D. M. (1985). Effects of supervisor experience level on planning and in-session supervisor verbal behavior. *Journal of Counseling Psychology*, 32, 410–416.

Martin, D. J., Garske, J. P., & Davis, M. K. (2000). Relation of the therapeutic alliance with outcome and other variables: A meta-analytic review. *Journal of Consulting & Clinical Psychology*, 68(3), 438–450.

Martin, J. S., Goodyear, R. K., & Newton, F. B. (1987). Clinical supervision: An intensive case study. *Professional Psychology: Research and Practice*, 18, 225–235.

Mayfield, W. A., Kardash, C. M., & Kivlighan, D. M. (1999). Differences in experienced and novice counselors' knowledge structures about clients: Implications for case conceptualization. *Journal of Counseling Psychology*, 46, 504–514.

McCann, A. L., Babler, W. J., & Cohen, P. A. (1998). Lessons learned from the competency-based curriculum initiative at Baylor College of Dentistry. *Journal of Dental Education*, 62, 197–207.

McCarthy, P., DeBell, C., Kanuha, V., & McLeod, J. (1988). Myths of supervision: Identifying the gaps between theory and practice. *Counselor Education and Supervision*, 28, 22–28.

McCarthy, P., Kulakowski, D., & Kenfield, J. A. (1994). Clinical supervision practices of licensed psychologists. *Professional Psychology: Research and Practice*, 25, 177–181.

McCarthy, P., Sugden, S., Koker, M., Lamendola, F., Maurer, S., & Renninger, S. (1995). A practical guide to informed consent in clinical supervision. *Counselor Education and Supervision*, *35*, 130–138.

McClelland, D. C. (1998). Identifying competencies with behavioral-event interviews. *Psychological Science*, *9*, 331–339.

McConnaughy, E. A., Prochaska, J. O., & Velicer, W. F. (1983). Stages of change in psychotherapy: Measurement and sample profiles. *Psychotherapy: Theory, Research and Practice*, *20*, 368–375.

McLaughlin, J. (1987). The play of transference: Some reflections on enactment in the psychoanalytic situation. *Journal of the American Psychoanalytic Association*, *35*, 557–582.

McLaughlin, J. T. (1991). Clinical and theoretical aspects of enactment. *Journal of the American Psychoanalytic Association*, *39*, 595–614.

McNamara, J. R. (1975). An assessment proposal for determining the competence of professional psychologists. *Professional Psychology*, 6(2), 135–139.

McNeill, B. W., Hom, K. L., & Perez, J. A. (1995). The training and supervisory needs of social/ethnic minority students. *Journal of Multicultural Counseling and Development*, *23*, 246–258.

McNeill, B. W., Stoltenberg, C. D., & Romans, J. S. (1992). The Integrated Developmental Model of supervision: Scale development and validation procedures. *Professional Psychologist: Research and Practice*, *23*, 504–508.

McNeill, B. W., & Worthen, V. (1989). The parallel process in psychotherapy supervision. *Professional Psychology: Research and Practice*, *20*(5), 329–333.

McRoy, R. G., Freeman, E. M., Logan, S. L., & Blackmon, B. (1986). Cross-cultural field supervision: Implications for social work education. *Journal of Social Work Education*, *22*, 50–56.

Meara, N. M., Schmidt, L. D., & Day, J. D. (1996). Principles and virtues: A foundation for ethical decisions, policies, and character. *The Counseling Psychologist*, *24*, 4–77.

Mearns, J., & Allen, G. J. (1991). Graduate students' experiences in dealing with impaired peers, compared with faculty predictions: An exploratory study. *Ethics and Behavior*, *1*, 191–202.

Meissner, W. (1998). Neutrality, abstinence, and the therapeutic alliance. *Journal of the American Psychoanalytic Association*, 46, 1089–1128.

Miller, C. D., & Oetting, E. R. (1966). Students react to supervision. *Counselor Education and Supervision*. 6(1), 73–74.

Miller, G. M., & Larrabee, M. J. (1995). Sexual intimacy in counselor education and supervision: A national survey. *Counselor Education & Supervision*, *34*, 332–343.

Miller, L., & Twomey, J. E. (1999). A parallel without a process: A relational view of a supervisory experience. *Contemporary Psychoanalysis*, *35*, 557–580.

Miller, M. (2002). The psychologist as defendant. In "Psychology in Litigation and Legislation," Presented at annual meeting of APA and reported by Eric Harris,

2002, Legal and ethical risk management in professional psychological practice: Sequence 1. APA Insurance Trust and California Psychological Association, Los Angeles.

Miller, R. K., & Van Rybroek, G. J. (1988). Internship letters of recommendation: Where are the other 90%? *Professional Psychology: Research and Practice, 19*, 115–117.

Milne, D. L., & James, I. A. (2000). A systematic review of effective cognitive-behavioural supervision. *British Journal of Clinical Psychology*, *39*, 111–129.

Milne, D. L., & James, I. A. (2002). The observed impact of training on competence in clinical supervision. *British Journal of Clinical Psychology, 41*, 55–72.

Milne, D. L., James, I. A., Keegan, D., & Dudley, M. (2002). Teacher's PETS: A new observational measure of experiential training interactions. *Clinical Psychology & Psychotherapy*, 9, 187–199.

Milne, D. L., & Oliver, V. (2000). Flexible formats of clinical supervision: Description, evaluation and implementation. *Journal of Mental Health*, 9, 291–304.

Mintz, L. B., Bartels, K. M., & Rideout, C. A. (1995). Training in counseling ethnic minorities and race-based availability of graduate school resources. *Professional Psychology: Research and Practice*, *26*, 316–321.

Mission Bay conference resolutions for professional psychology programs. (1987). In E. F. Bourg, R. J. Bent, J. E. Callan, N. F. Jones, J. McHolland, & G. Stricker (Eds.), *Standards and evaluation in the education and training of professional psychologists: Knowledge, attitudes, and skills* (pp. 25–29). Norman, OK: Transcript Press.

Mitnick, M. K. (2002). Internships and the law: Disability issues in internships and postdoctoral fellowships. *APPIC Newsletter*, *26*(3), 21.

Mohr, J. J. (2002). Heterosexual identity and the heterosexual therapist: An identity perspective on sexual orientation dynamics in psychotherapy. *The Counseling Psychologist*, *30*, 532–566.

Molinari, V., Karen, M., Jones, S., Zeiss, A., Cooley, S. G., Wray, L., et al., (2003). Recommendations about the knowledge and skills required of psychologists working with older adults. *Professional Psychology: Research and Practice*, *34*, 435–443.

Moline, M. E., Williams, G. T., & Austin, K. M. (1998). *Documenting psychotherapy*. Thousand Oaks, CA: Sage.

Montgomery, L. M., Cupit, B. E., & Wimberley, T. K. (1999). Complaints, malpractice, and risk management: Professional issues and personal experiences. *Professional Psychology: Research and Practice*, *30*, 402–410.

Moore, E. R. (1984). Competency-based training evaluation. *Training and Development Journal*, *38*(11), 92–94.

Morrison, A., O'Connor, L., & Williams, B. (1991). National Council of Schools of Professional Psychology core curriculum survey. In R. Peterson, R. J. McHolland, E. Bent, E. Davis-Russell, G. E. Edwall, K. Polite, et al. (Eds.), *The core curriculum in professional psychology* (pp. 49–55). Washington, DC: American Psychological Association.

Morrissey, J., & Tribe, R. (2001). Parallel process in supervision. *Counseling Psychology Quarterly, 14*(2), 103–110.

Mosher, P. W., & Squire, P. P. (2002). The ethical and legal implications of Jaffee v Redmond and the HIPAA medical privacy rule for psychotherapy and general psychiatry. *Psychiatric Clinics of North America, 25*, 575–584.

Moskowitz, S. A., & Rupert, P. A. (1983). Conflict resolution within the supervisory relationship. *Professional Psychology: Research and Practice, 14*, 632–641.

Mothersole, G. (1999). Parallel process: A review. *Clinical Supervisor, 18*(2), 107–121.

Muran, J. C., Segal, Z. V., Samstag, L. W., & Crawford, C. E. (1994). Patient pretreatment interpersonal problems and the therapeutic alliance in short-term cognitive therapy. *Journal of Consulting & Clinical Psychology*, 62(1), 185–190.

Muratori, M. C. (2001). Examining supervisor impairment from the counselor trainee's perspective. *Counselor Education and Supervision, 41*, 41–56.

Murphy, J. A., Rawlings, E. I., & Howe, S. R. (2002). A survey of clinical psychologists on treating lesbian, gay, and bisexual clients. *Professional Psychology: Research and Practice, 33*, 183–189.

Myers, H. F., Echemendia, R. J., & Trimble, J. E. (1991). The need for training ethnic minority psychologists. In H. F. Myers, P. Wohlford, L. P. Guzman, & R. J. Echemendia (Eds.), *Ethnic Minority Perspectives on Clinical Training and Services in Psychology* (pp. 3–11). Washington, DC: American Psychological Association.

Nathanson, D. L. (1992). *Shame and pride: Affect, sex and the birth of the self.* New York: Norton.

Natterson, J. (1991). *Beyond countertransference.* Northvale, NJ: Jason Aronson, Inc.

Neimeyer, R. A., & Mahoney, M. J. (Eds.). (1995). *Constructivism in psychotherapy.* Washington, DC: American Psychological Association.

Nelson, E. C., Batalden, P. B., & Ryer, J. C. (1998). *Clinical improvement guide.* Chicago: Joint Commission on Accreditation of Healthcare Organizations.

Nelson, G. L. (1978). Psychotherapy supervision from the trainee's point of view: A survey of preferences. *Professional Psychology, 9*, 539–550.

Nelson, M. L., & Friedlander, M. L. (2001). A close look at conflictual supervisory relationships: The trainee's perspective. *Journal of Counseling Psychology, 48*, 384–395.

Nelson, M. L., Gray, L. A., Friedlander, M. L., Ladany, N., & Walker, J. A. (2001). Toward relationship-centered supervision: Reply to Veach (2001) and Ellis (2001). *Journal of Counseling Psychology, 48*, 407–409.

Nelson, M. L., & Holloway, E. L. (1990). Relation of gender to power and involvement in supervision. *Journal of Counseling Psychology, 37*, 473–481.

Nerdrum, P., & Ronnestad, M. H. (2002). The trainees' perspective: A qualitative study of learning empathic communication in Norway. *The Counseling Psychologist*, *30*, 609–629.

Neufeld, V. R. (1985). An introduction to measurement properties. In V. R. Neufeld & G. R. Norman (Eds.), *Assessing clinical competence* (pp. 39–50). New York: Springer Publishing Company.

Neufeldt, S. A. (1999a). Reflective processes in supervision. In E. Holloway & M. Carroll (Eds.), *Training counselling supervisors* (pp. 92–105). London: Sage.

Neufeldt, S. A. (1999b). *Supervision strategies for the first practicum* (2nd ed.). Alexandria, VA: American Counseling Association.

Neufeldt, S. A., Beutler, L. E., & Banchero, R. (1997). Research on supervisor variables in psychotherapy supervision. In C. E. Watkins, Jr. (Ed.), *Handbook of psychotherapy supervision* (pp. 508–524). New York: Wiley.

Neufeldt, S. A., Karno, M. P., & Nelson, M. L. (1996). A qualitative study of experts' conceptualization of supervisee reflectivity. *Journal of Counseling Psychology*, *43*, 3–9.

Neville, H. A., Heppner, M. J., Louie, C. E., Thompson, C. E., Brooks, L., & Baker, C. E. (1996). The impact of multicultural training on white racial identity attitudes and therapy competencies. *Professional Psychology: Research and Practice*, *27*, 83–89.

Newman, A. S. (1981). Ethical issues in the supervision of psychotherapy. *Professional Psychology: Research and Practice*, *12*, 690–695.

Newman, J. L., & Scott, T. B. (1988). The construct problem in measuring counseling performance. *Counselor Education and Supervision*, *28*, 71–79.

Nicolai, K. M., & Scott, N. A. (1994). Provision of confidentiality information and its relation to child abuse reporting. *Professional Psychology: Research and Practice*, *25*, 154–160.

Nilsson, J. E., Berkel, L. A., Flores, L. Y., Love, K. M., Wendler, A. M., & Mecklenburg, E. C. (2003). An 11-year review of professional psychology: Research and practice content and sample analysis with an emphasis on diversity. *Professional Psychology: Research and Practice*, *34*, 611–616.

Norcross, J. C., & Halgin, R. P. (1997). Integrative approaches to psychotherapy supervision. In C. E. Watkins, Jr. (Ed.), *Handbook of psychotherapy supervision* (pp. 203–222). New York: Wiley.

Norcross, J. C., Hedges, M., & Castle, P. H. (2002). Psychologists conducting psychotherapy in 2001: A study of the Division 29 membership. *Psychotherapy: Theory/Research/Practice*, *39*(1), 97–102.

Norcross, J. C., Hedges, M., & Prochaska, J. O. (2002). The face of 2010: A Delphi poll on the future of psychotherapy. *Professional Psychology: Research & Practice*, *33*, 316–322.

Norcross, J. C., & Stevenson, J. F. (1984). How shall we judge ourselves? Training evaluation in clinical psychology programs. *Professional Psychology: Research and Practice*, *15*, 497–508.

Norcross, J. C., Stevenson, J. F., & Nash, J. M. (1986). Evaluation of internship training: Practices, problems, and prospects. *Professional Psychology: Research and Practice, 17*, 280–282.

Norman, G. R. (1985). Defining competence: A methodological review. In W. R. Neufeld & G. R. Norman (Eds.), *Assessing clinical competence* (pp. 15–35). New York: Springer Publishing Company.

Nwachuku, U. T., & Ivey, A. E. (1991). Culture-specific counseling: An alternative training model. *Journal of Counseling and Development, 70*, 106–111.

O'Donohue, W. (1989). The (even) bolder model: The clinical psychologist as metaphysician-scientist-practicitioner. *American Psychologist, 44*, 1460–1468.

Ogden, T. H. (1988). On the dialectical structure of experience: Some clinical and theoretical implications. *Contemporary Psychoanalysis, 24*, 17–45.

Ogden, T. H. (1994). The analytic third: working with intersubjective clinical facts. *International Journal of Psycho-analysis, 75*, 3–20.

Olk, M., & Friedlander, M. L. (1992). Trainees' experiences of role conflict and role ambiguity in supervisory relationships. *Journal of Counseling Psychology, 39*, 389–397.

Olkin, R. (2002). Could you hold the door for me? Including disability in diversity. *Cultural Diversity and Ethnic Minority Psychology*, 8(2), 130–137.

Olkin, R., & Gaughen, S. (1991). Evaluation and dismissal of students in master's level clinical programs: Legal parameters and survey results. *Counselor Education and Supervision*, 30(4), 276–288.

Omer, H. (1994). *Critical interventions in psychotherapy: From impasse to turning point.* NY: Norton.

Omer, H. (2000). Troubles in the therapeutic relationship: A pluralistic perspective. *Journal of Clinical Psychology/InSession: Psychotherapy in Practice*, 56(2), 201–210.

Orlinsky, D. E., Grawe, K., & Parks, B. K. (1994). Process and outcome in–psychotherapy—Noch einmal. In A. E. Bergin & S. L. Garfield (Eds.), *Handbook of psychotherapy and behavior change* (4th ed., pp. 270–376). New York: Wiley.

Osborne, C. J., & Davis, T. E. (1996). The supervision contract: Making it perfectly clear. *The Clinical Supervisor, 14*(2), 121–134.

Overholser, J. C., & Fine, M. A. (1990). Defining the boundaries of professional competence: Managing subtle cases of clinical incompetence. *Professional Psychology: Research and Practice, 21*, 462–469.

Patrick, K. D. (1989). Unique ethical dilemmas in counselor training. *Counselor Education and Supervision, 28*, 337–341.

Patterson, C. S. (1997). Client-centered supervision. In C. E. Watkins, Jr. (Ed.), *Handbook of psychotherapy supervision* (pp. 134–146). New York: Wiley.

Patton, M. J., & Kivlighan, D. M. J. (1997). Relevance of the supervisory alliance to the counseling alliance and to treatment adherence in counselor training. *Journal of Counseling Psychology*, 44, 108–111.

Pearlman, L., & Maclan, P. (1995). Vicarious traumatization: An empirical study of the effects of trauma work on trauma therapists. *Professional Psychology: Research and Practice*, 26, 558–565.

Peck v. The Counseling Service of Addison County, 499 A.2d 422 (Vt. 1985).

Pedersen, P. B. (2002). Ethics, competence, and other professional issues in culture-centered counseling. In P. B. Pedersen, J. G. Draguns, W. J. Lonner, & J. E. Trimble (Eds.), *Counseling across cultures* (2nd ed., pp. 3–27), Thousand Oaks: Sage.

Perris, C. (1994). Supervising cognitive psychotherapy and training supervisors. *Journal of Cognitive Psychotherapy*, 8(2), 83–103.

Peterson, D. R. (1991). Connection and disconnection of research and practice in the education of professional psychologists. *American Psychologist*, 46, 422–429.

Peterson, D. R. (2000). Scientist-practitioner or scientific practitioner. *American* Psychologist, 55, 252–253.

Peterson, D. R., & Bry, B. H. (1980). Dimensions of perceived competence in professional psychology. *Professional Psychology*, *11*(6), 965–971.

Peterson, F. K. (1991). Issues of race and ethnicity in supervision: Emphasizing who you are, not what you know. In T. H. Peake & J. Ball (Eds.), *Psychotherapy training: Contextual and developmental influence in settings, stages, and mind sets* (pp. 15–31). New York: Haworth Press.

Peterson, R. L., McHolland, J. D., Bent, R. J., Davis-Russell, E., Edwall, G. E., Polite, K., et al. (Eds.). (1991). *The core curriculum in professional psychology*. Washington, DC: American Psychological Association.

Peterson, R. L., Peterson, D. R., Abrams, J. C., & Stricker, G. (1997). The National Council of Schools and Programs of Professional Psychology education model. *Professional Psychology: Research & Practice*, 28, 373–386.

Phillips, J. C. (2000). Training issues and considerations. In R. M. Perez, K. A. DeBord, & K. Bieschke (Eds.), *Handbook of counseling and psychotherapy with lesbian, gay, and bisexual clients* (pp. 337–358). Washington, DC: American Psychological Association.

Phillips, J. C., & Fischer, A. R. (1998). Graduate students' training experiences with lesbian, gay, and bisexual issues. *The Counseling Psychologist*, 26, 712–734.

Phinney, J. S. (1996). When we talk about American ethnic groups, what do we mean? *American Psychologist*, *51*, 918–927.

Plante, T. G. (1995). Training child clinical predoctoral interns and postdoctoral fellows in ethics and professional issues: An experiential model. *Professional Psychology: Research and Practice*, 26, 616–619.

Poland, W. (1984). On the analyst's neutrality. *Journal of the American Psychoanalytic Association*, 32, 283–299.

Polanski, P. J. (2003). Spirituality in supervision. *Counseling & Values*, 47, 131–141.

Polite, K., & Bourg, E. (1991). Relationship competency. In R. Peterson (Ed.), *Core curriculum in professional psychology* (pp. 83–88). Washington, DC: American Psychological Association Press.

Polkinghorne, D. E. (1988). *Narrative knowing and the human sciences.* Albany, NY: State University of New York Press.

Ponterotto, J. G., Alexander, C. M., & Grieger, I. (1995). A multicultural competency checklist for counseling training programs. *Journal of Multicultural Counseling and Development, 23*, 11–20.

Ponterotto, J. G., & Casas, J. M. (1987). In search of multicultural competence within counselor education programs. *Journal of Counseling and Development, 65*, 430–434.

Ponterotto, J. G., Fuertes, J. N., & Chen, E. C. (2000). Models of multicultural counseling. In S. D. Brown, & R. W. Lent (Eds.), *Handbook of Counseling Psychology* (3rd ed., pp. 639–669). New York: Wiley.

Ponterotto, J. G., & Furlong, M. J. (1985). Evaluating counselor effectiveness: A critical review of rating scale instruments. *Journal of Counseling Psychology, 32*, 597–616.

Ponterotto, J. G., Gretchen, D., Utsey, S. O., Rieger, B. P., & Austin, R. (2002). A construct validity study of the Multicultural Counseling Awareness Scale (MCAS). *Journal of Multicultural Counseling and Development, 30*, 153–180.

Ponterotto, J. G., Rieger, B. P., Barrett, A., & Sparks, R. (1994). Assessing multicultural counseling competence: A review of instrumentation. *Journal of Counseling and Development, 72*, 316–322.

Pope, K. S. (1999). Dual relationships in psychotherapy. In D. N. Bersoff (Ed.), *Ethical conflicts in psychology* (2nd ed., pp. 231–234). Washington DC: American Psychological Association.

Pope, K. S., & Bajt, T. R. (1988). When laws and values conflict: A dilemma for psychologists. *American Psychologist, 43*, 828–829.

Pope, K. S., & Feldman-Summers, S. (1992). National survey of psychologists' sexual and physical abuse history and their evaluation of training and competence in these areas. *Professional Psychology: Research and Practice, 23*, 353–361.

Pope, K. S., Keith-Spiegel, P., & Tabachnick, B. G. (1986). Sexual attraction to clients: The human therapist and the (sometimes) inhuman training system. *American Psychologist, 41*, 147–158.

Pope, K. S., Levenson, H., & Schover, L. R. (1979). Sexual intimacy in psychology training: Results and implications of a national survey. *American Psychologist, 34*, 682–689.

Pope, K. S., Schover, L. R., & Levenson, H. (1980). Sexual behavior between clinical supervisors and trainees: Implications for professional standards. *Professional Psychology, 11*, 157–162.

Pope, K. S., Sonne, J. L., & Holroyd, J. (1993). *Sexual feelings in psychotherapy: Explorations for therapists and therapists in training.* Washington, DC: American Psychological Association.

Pope, K. S., & Tabachnick, B. G. (1993). Therapists' anger, hate, fear, and sexual feelings: National survey of therapist responses, client characteristics, critical events, formal complaints, and training. *Professional Psychology: Research and Practice, 24*, 142–152.

Pope, K. S., & Vasquez, M. J. T. (1998). *Ethics in psychotherapy and counseling*, (2nd ed.). San Francisco: Jossey-Bass.

Pope, K. S., & Vasquez, M. J. T. (1999). Ethics in psychotherapy and counseling: A practical guide for psychologists. In D. N. Bersoff (Ed.), *Ethical conflicts in psychology* (2nd ed., pp. 240–243). Washington DC: American Psychological Association.

Pope, K. S., & Vetter, V. A. (1992). Ethical dilemmas encountered by members of the American Psychological Association: A national survey. *American Psychologist, 47*, 397–411.

Pope-Davis, D. B., Liu, W. M., Toporek, R. L., & Brittan-Powell, C. S. (2001). What's missing from multicultural competency research: Review, introspection, and recommendations. *Cultural Diversity and Ethnic Minority Psychology, 7*(2), 121–138.

Pope-Davis, D. B., Reynolds, A. L., Dings, J. G., & Nielson, D. (1995). Examining multicultural counseling competencies of graduate students in psychology. *Professional Psychology: Research and Practice, 26*, 322–329.

Pope-Davis, D. B., Reynolds, A. L., Dings, J. G., & Ottavi, T. M. (1994). Multicultural competencies of doctoral interns at university counseling centers: An exploratory investigation. *Professional Psychology: Research and Practice, 25*, 466–470.

Pope-Davis, D. B., Toporek, R. L., Ortega-Villalobos, L., Ligiero, D. P., Brittan-Powell, C. S., Liu, W. M., et al. (2002). Client perspectives of multicultural counseling competence: A qualitative examination. *The Counseling Psychologist, 30*, 355–393.

Porter, N. (1985). New perspectives on therapy supervision. In L. B. Rosewater, & L. E.Walker (Eds.), *Handbook of feminist therapy: Women's issues in psychotherapy* (pp. 332–343). New York: Springer Publishing Company.

Porter, N. (1995). Therapist self-care: A proactive ethical approach. In E. J. Rave, & C. C. Larsen (Eds.). *Ethical decision making in therapy: Feminist perspectives* (pp. 247–266). New York: Guilford.

Porter, N., & Vasquez, M. (1997). Covision: Feminist supervision, process, and collaboration. In J. Worell & N. G. Johnson (Eds.), *Shaping the future of feminist psychology* (pp. 155–171). Washington, DC: American Psychological Association.

Powell, M., Leyden, G., & Osborne, E. (1990). A curriculum for training in supervision. *Educational and Child Psychology, 7*(3), 44–52.

Priest, R. (1994). Minority supervisor and majority supervisee: Another perspective of clinical reality. *Counselor Education and Supervision, 34*, 152–158.

Prilleltensky, I. (1997). Values, assumptions, and practices: Assessing the moral implications of psychological discourse and action. *American Psychologist, 52*, 517–535.

Procidano, M. E., Busch-Rossnagel, N. A., Reznikoof, M., & Geisinger, K. F. (1995). Responding to graduate students' professional deficiencies: A national survey. *Journal of Clinical Psychology*, *51*, 426–433.

Proctor, B. (1997). Contracting in supervision. In C. Sills (Ed.), *Contracts in counselling* (pp. 191–206). London: Sage.

Prouty, A. (2001). Experiencing feminist family therapy supervision. *Journal of Feminist Family Therapy*, *12*(4), 171–203.

Pulakos, J. (1994). Incidental encounters between therapists and clients: A client's perspective. *Professional Psychology: Research and Practice*, *25*, 300–303.

Putney, M. W., Worthington, E. L., Jr., & McCullough, M. E. (1992). Effects of supervisor and supervisee theoretical orientation and supervisor–supervisee matching on interns' perceptions of supervision. *Journal of Counseling Psychology*, *39*, 258–265.

Qualls, S. H., Segal, D. L., Norman, S., Niederehe, G., & Gallagher-Thompson, D. (2002). Psychologists in practice with older adults: Current patters, sources of training, and need for continuing education. *Professional Psychology: Research and Practice*, *33*, 435–442.

Quintana, S. M., & Atkinson, D. R. (2002). A multicultural perspective on principles of empirically supported interventions. *Counseling Psychologist*, *30*, 281–291.

Quintana, S. M., & Bernal, M. E. (1995). Ethnic minority training in counseling psychology: Comparisons with clinical psychology and proposed standards. *The Counseling Psychologist*, *23*, 102–121.

Racker, H. (1953). A contribution to the problem of counter-transference. *International Journal of Psychoanalysis*, *34*, 313–324.

Raimy, V. C. (1950). *Training in clinical psychology*. New York: Prentice Hall.

Ramos-Sanchez, L., Esnil, E., Goodwin, A., Riggs, S., Touster, L. O., Wright, L. K., et al. (2002). Negative supervisory events: Effects on supervision satisfaction and supervisory alliance. *Professional Psychology: Research and Practice*, *33*, 197–202.

Ramsbottom-Lucier, M. T., Gillmore, G. M., Irby, D. M., & Ramsey, P. G. (1994). Evaluation of clinical teaching by general internal medicine faculty in outpatient and inpatient settings. *Academic Medicine*, 69(2), 152–154.

Range, L. M., Menyhert, A., Walsh, M. L., Hardin, K. N., Craddick, R., & Ellis, J. B. (1991). Letters of recommendation: Perspectives, recommendations, and ethics. Professional Psychology: Research and Practice, 22, 389–392.

Reichelt, S., & Skjerve, J. (2002). Correspondence between supervisors and trainees in their perception of supervision events. *Journal of Clinical Psychology*, 58, 759–772.

Renik, O. (1993). Analytic interaction: Conceptualizing technique in light of the analyst's irreducible subjectivity. *Psychoanalytic Quarterly*, *62*, 553–571.

Renik, O. (1995). The ideal of the anonymous analyst and the problem of self-disclosure. *Psychoanalytic Quarterly*, *64*, 466–495.

Renik, O. (1996). The perils of neutrality. *Psychoanalytic Quarterly*, *65*, 495–517.

Renninger, S. M., Veach, P. M., & Bagdade, P. (2002). Psychologists' knowledge, opinions, and decision-making processes regarding child abuse and neglect reporting laws. *Professional Psychology: Research and Practice*, *33*, 19–23.

Rest, J. R. (1984). Research on moral development: Implications for training counseling psychologists. *The Counseling Psychologist*, *12*, 19–29.

Reynolds, A. L., & Hanjorgiris, W. F. (2000). Coming out: Lesbian, gay, and bisexual identity development. In R. M. Perez, K. A. Debord, & K. Bieschke (Eds.), *Handbook of counseling and psychotherapy with lesbian, gay, and bisexual clients* (pp. 35–55). Washington, DC: American Psychological Association.

Rhodes, R., Hill, C., Thompson, B., & Elliott, R. (1994). Client retrospective recall of resolved and unresolved misunderstanding events. *Counseling Psychologist*, *41*, 473–483.

Richardson, T. Q., & Molinaro, K. L. (1996). White counselor awareness: A prerequisite for multicultural competence. *Journal of Counseling and Development*, *74*, 238–242.

Ridley, C. R., Liddle, M. C., Hill, C. L., & Li, L. C. (2001). Ethical decision making in multicultural counseling. In J. G. Ponterotto, J. M. Casas, L. A. Suzuki, & C. M. Alexander (Eds.), *Handbook of multicultural counseling* (2nd ed., pp. 165–188). Thousand Oaks, CA: Sage.

Ridley, C. R., Mendoza, D. W., & Kanitz, B. E. (1994). Multicultural training: Reexamination, operationalization, and integration. *The Counseling Psychologist, 22*, 76–102.

Riva, M. T., & Cornish, J. A. E. (1995). Group supervision practices at psychology predoctoral internship programs: A national survey. *Professional Psychology: Research and Practice*, *26*, 523–525.

Robiner, W. N., Fuhrman, M., & Ristvedt, S. (1993). Evaluation difficulties in supervising psychology interns. *The Clinical Psychologist*, *46*(1), 3–13.

Robiner, W. N., Saltzman, S. R., Hoberman, H. M., & Schirvar, J. A. (1997). Psychology supervisors' training, experiences, supervisory evaluation and self-rated competence. *The Clinical Supervisor*, *16*(1), 117–144.

Robiner, W. N., Saltzman, S. R., Hoberman, H. M., Semrud-Clikeman, M., & Schirvar, J. A. (1997). Psychology supervisors' bias in evaluations and letters of recommendation. *The Clinical Supervisor*, *16*(2), 49–72.

Robinson, T. L. (1999). The intersections of dominant discourses across race, gender, and other identities. *Journal of Counseling and Development*, *77*, 73–79.

Robinson, W. L., & Reid, P. T. (1985). Sexual intimacies in psychology revisited. *Professional Psychology: Research and Practice*, *16*, 512–520.

Rock, M. H. (Ed.). (1997). *Psychodynamic supervision: Perspectives of the supervisor and the supervisee*. Northvale, NJ: Jason Aronson.

Rodenhauser, P. (1997). Psychotherapy supervision: Prerequisites and problems in the process. In C. E. Watkins, Jr. (Ed.), *Handbook of psychotherapy supervision* (pp. 527–548). New York: Wiley.

Rodenhauser, P., Rudisill, J. R., & Painter, A. F. (1989). Attributes conducive to learning in psychotherapy supervision. *American Journal of Psychotherapy, 43*(3), 368–377.

Rodolfa, E. R., Hall, T., Holms, V., Davena, A., Komatz, D., Antunez, M., et al. (1994). The management of sexual feelings in therapy. *Professional Psychology: Research and Practice, 25*, 168–172.

Rodolfa, E. R., Haynes, S., Kaplan, D., Chamberlain, M., Goh, M., Marquis, P., et al. (1998). Supervisory practices of psychologists psychologists—Does time since licensure matter? *The Clinical Supervisor, 17*(2), 177–183.

Rodolfa, E. R., Kitzrow, M., Vohra, S., & Wilson, B. (1990). Training interns to respond to sexual dilemmas. *Professional Psychology: Research and Practice, 21*, 313–315.

Rodolfa, E. R., Kraft, W. A., & Reilley, R. R. (1988). Stressors of professionals and trainees at APA-approved counseling and VA medical center internship sites. *Professional Psychology: Research and Practice, 26*, 396–400.

Roe, R. A. (2002). What makes a competent psychologist? *European Psychologist, 7*(3), 192–202.

Rogers, C. R. (1951). *Client-centered therapy*. Boston: Houghton Mifflin.

Rogers, C. R. (1957). The necessary and sufficient conditions of therapeutic personality change. *Journal of Consulting Psychology, 22*, 95–103.

Romans, J. S. C., Boswell, D. L., Carlozzi, A. F., & Ferguson, D. B. (1995). Training and supervision practices in clinical, counseling, and school psychology programs. *Professional Psychology: Research and Practice, 26*, 407–412.

Ronnestad, M. H., & Skovholt, T. M. (1993). Supervision of beginning and advanced graduate students of counseling and psychotherapy. *Journal of Counseling and Development, 71*, 396–405.

Rorty, R. (1991). *Objectivity, relativism, and truth*. New York: Cambridge University Press.

Rosenau, P. M. (1992). *Post-modernism and the social sciences*. Princeton, NJ: Princeton University Press.

Rosenbaum, M., & Ronen, T. (1998). Clinical supervision from the standpoint of cognitive–behavior therapy. *Psychotherapy: Theory, Research, Practice, Training, 35*(2), 220–230.

Rosenberg, J. I. (1999). Suicide prevention: An integrated training model using affective and action-based intervention. *Professional Psychology: Research and Practice, 30*, 83–87.

Rotholz, T., & Werk, A. (1984). Student supervision: An educational process. *Clinical Supervisor, 2*, 15–27.

Roughton, R. E. (1993). Useful aspects acting out: Repetition, enactment, actualization. *Journal of the American Psychoanalytic Association, 41*, 443–472.

Roysircar-Sodowsky, G., & Maestas, M. V. (2000). Acculturation, ethnic identity, and acculturative stress: Evidence and measurement. In R. H. Dana, (Ed.), *Handbook of cross-cultural and multicultural personality assessment* (pp. 131–172). Mahwah, NJ: Erlbaum.

Rupert, P., Kozlowski, N. F., Hoffman, L A., Daniels, D. D., & Piette, J. M. (1999). Practical and ethical issues in teaching psychological testing. *Professional Psychology: Research and Practice*, *30*, 209–214.

Russell, R. K., & Petrie, T. (1994). Issues in training effective supervisors. *Applied and Preventative Psychology*, *3*, 27–42.

Ryan, A. S., & Hendricks, C. O. (1989). Culture and communication: Supervising the Asian and Hispanic social worker. *Clinical Supervisor*, *7*(1), 27–40.

Sabnani, H. B., Ponterotto, J. G., & Borodovsky, L. G. (1991). White racial identity development and cross-cultural counselor training: A stage model. *The Counseling Psychologist*, *19*, 76–102.

Saccuzzo, D. P. (2002). Liability for failure to supervise adequately: Let the master beware. *The National Register of Health Service Providers in Psychology: The Psychologist's Legal Update*, *13*, 1–14.

Safran, J. D. (1993a). Breaches in the therapeutic alliance: An arena for negotiating authentic relatedness. *Psychotherapy: Research, Theory, and Practice*, *30*, 11–24.

Safran, J. D. (1993b). The therapeutic alliance as a transtheoretical phenomenon: Definitional and conceptual issues. *Journal of Psychotherapy Integration*, *3*, 33–49.

Safran, J. D., & Muran, J. C. (1994). Toward a working alliance between research and practice. In P. F. Talley, H. H. Strupp, & S. F. Butler (Eds.), *Psychotherapy research and practice: Bridging the gap* (pp. 206–226). New York: Basic Books.

Safran, J. D., & Muran, J. C. (Eds.) (1995). The therapeutic alliance [Special issue]. *In Session: Psychotherapy in Practice*, *1*, 1–2.

Safran, J. D., & Muran, J. C. (1996). The resolution of therapeutic of ruptures in the therapeutic alliance. *Journal of Consulting and Clinical Psychology*, *64*, 447–458.

Safran, J. D., & Muran, J. C. (Eds.). (1998). *The therapeutic alliance in brief psychotherapy*. Washington, DC: American Psychological Association.

Safran, J. D., & Muran, J. C. (2000a). Introduction. *Journal of Clinical Psychology/In Session: Psychotherapy in Practice*, 56(2), 159–161.

Safran, J. D., & Muran, J. C. (2000b). *Negotiating the therapeutic relationship*. New York: Guilford Press.

Safran, J. D., & Muran, J. C. (2000c). Resolving therapeutic alliance ruptures: Diversity and integration. *Journal of Clinical Psychology/In Session: Psychotherapy in Practice*, 56(2), 233–243.

Safran, J. D., Muran, J. C., & Samstag, L. W. (1994). Resolving therapeutic alliance ruptures: A task analytic investigation. In A. O. Horvath & L. S. Greenberg (Eds.), *The working alliance: Theory, research, and practice* (pp. 225–255). New York: Wiley.

Safran, J. D., Muran, J. C., Samstag, L. W., & Stevens, C. (2001). Repairing alliance ruptures. *Psychotherapy:Theory/Research/Practice/Training*, *38*(4), 406–412.

Sala, F., & Dwight, S. A. (2002). Predicting executive performance with multirater surveys: Whom you ask makes a difference. *Consulting Psychology Journal: Practice and Research*, *54*(3), 166–172.

Samuel, S. E., & Gorton, G. E. (1998). National survey of psychology internship directors regarding education for prevention of psychologist–patient sexual exploitation. *Professional Psychology: Research and Practice*, *29*, 86–90.

Sandler, J. (1976). Countertransference and role responsiveness. *International Review of Psycho-analysis*, *3*, 43–47.

Sansbury, D. L. (1982). Developmental supervision from a skills perspective. *Counseling Psychology*, *10*(1), 53–57.

Santisteban, D. A., & Mitrani, V. B. (2003). The influence of acculturation processes on the family. In K. M. Chun, P. B. Organista, & G. Marin (Eds.), *Acculturation: Advances in Theory, Measurement, and Applied Research* (pp. 121–135). Washington, DC: American Psychological Association.

Scanlon, C. (2002). Group supervision of individual cases in the training of counselors and psychotherapists: Towards a group-analytic model? *British Journal of Psychotherapy*, *19*(2), 219–233.

Schank, J. A., & Skovholt, T. M. (1997). Dual-relationship dilemmas of rural and small- community psychologists. *Professional Psychology: Research and Practice*, *28*, 44–49.

Schneider, K., Bugental, J. F. T., & Pierson, J. F. (Eds.). (2001). *The handbook of humanistic psychology*. Thousand Oaks, CA: Sage.

Schön, D. A. (1983). *The reflective practitioner: How professionals think in action*. New York: Basic Books.

Schön, D. A. (1987). *Educating the reflective practitioner*. San Francisco: Jossey-Bass.

Schön, D. A. (1995). The new scholarship requires a new espistemology. *Change*, *27*(6), 26–35.

Schulte, D. L., Skinner, T. A., & Claiborn, C. D. (2002). Religious and spiritual issues in counseling psychology training. *The Counseling Psychologist*, *30*, 118–134.

Scofield, M. E., & Yoxtheimer, L. L. (1983). Psychometric issues in the assessment of clinical competencies. *Journal of Counseling Psychology*, *30*, 413–420.

Scott, K. J., Ingram, K. M., Vitanza, S. A., & Smith, N. G. (2000). Training in supervision: A survey of current practices. *The Counseling Psychologist*, *28*, 403–422.

Searles, H. F. (1955). The informational value of supervisor's emotional experience. *Psychiatry*, *18*, 135–146.

Seligman, M. E. P. (2002). *Authentic happiness: Using the new positive psychology to realize your potential for lasting fulfillment*. New York: Free Press.

Sells, J., Goodyear, R., Lichtenberg, J., & Polkinghorne, D. (1997). Relationship of supervisor and trainee gender to in-session verbal behavior and ratings of trainee skills. *Journal of Counseling Psychology*, *44*, 1–7.

Sexton, H. C., Hembre, K., & Kvarme, G. (1996). The interaction of the alliance and therapy microprocess: A sequential analysis. *Journal of Consulting and Clinical Psychology*, *64*(3), 471–480.

Shafranske, E. P. (in press). Psychology of religion in clinical and counseling psychology. In R. Paloutzian & C. Park, (Eds.), *Handbook of the psychology of religion*. New York: Guilford Press.

Shafranske, E. P., & Falender, C. A. (2004). Addressing religious and spiritual issues in clinical supervision. Manuscript in preparation.

Shakow, D. (1976). What is clinical psychology? *American Psychologist*, *31*, 553–560.

Shanfield, S. B., Hetherly, V. V., & Matthews, K. L. (2001). Excellent supervision: The residents' perspective. *Journal of Psychotherapy Practice and Research*, *10*, 23–27.

Shanfield, S. B., Matthews, K. L., & Hetherly, V. (1993). What do excellent psychotherapy supervisors do? *American Journal of Psychiatry*, *150*(7), 1081–1084.

Shanfield, S. B., Mohl, P. C., Matthews, K. L., & Hetherly, V. (1992). Quantitative assessment of the behavior of psychotherapy supervisors. *American Journal of Psychiatry*, *149*, 352–357.

Shapiro, T. (1984). On neutrality. *Journal of the American Psychoanalytic Association*, *32*(2), 269–282.

Sharkin, B. S., & Birky, I. (1992). Incidental encounters between therapists and their clients. *Professional Psychology: Research and Practice*, *23*, 326–328.

Shaw, B. F., & Dodson, K. S. (1988). Competency judgments in the training and evaluation of psychotherapists. *Journal of Consulting and Clinical Psychology*, 56, 666–672.

Sherman, M. D., & Thelen, M. H. (1998). Distress and professional impairment among psychologists in clinical practice. *Professional Psychology: Research and Practice*, *29*, 79–85.

Sherry, P. (1991). Ethical issues in the conduct of supervision. *The Counseling Psychologist*, *19*, 566–584.

Sinclair, C., Simon, N. P., & Pettifor, J. L. (1996). The history of ethical codes and licensure. In L. J. Bass, S. T. DeMers, J. R. P. Ogloff, C. Peterson, J. L. Pettifor, R. P. Reaves, et al. (Eds.), *Professional conduct and discipline in psychology* (pp. 1–15). Washington, DC: American Psychological Association and Association of State and Provincial Psychology Boards.

Skorina, J., Bissell, L., & DeSoto, C. (1990). Alcoholic psychologists: Route to recovery. *Professional Psychology: Research and Practice*, *21*, 248–251.

Slimp, P. A. O., & Burian, B. K. (1994). Multiple role relationships during internship: Consequences and recommendations. *Professional Psychology: Research and Practice*, *25*, 39–45.

Slovenko, R. (1980). Legal issues in psychotherapy supervision. In A. K. Hess (Ed.), *Psychotherapy supervision: Theory, research and practice* (pp. 453–473). New York: Wiley.

Smith, D., & Fitzpatrick, M. (1995). Patient–therapist boundary issues: An integrative review of theory and research. *Professional Psychology: Research and Practice, 26*, 499–505.

Smith, T. S., McGuire, J. M., Abbott, D. W., & Blau, B. I. (1991). Clinical ethical decision making: An investigation of the rationales used to justify doing less than one believes one should. *Professional Psychology: Research and Practice, 22*, 235–239.

Snyder, C. R., Michael, S. T., & Cheavens, J. S. (1999). Hope as a psychotherapeutic foundation of common factors, placebos, and expectancies. In M. A. Hubble, B. L. Duncan, & S. D. Miller (Eds.), *The heart and soul of change: What works in therapy* (pp. 179–200). Washington, DC: American Psychological Association.

Sodowsky, G. R., Kuo-Jackson, P. Y., Richardson, M. F., & Corey, A. T. (1998). Correlates of self-reported multicultural competencies: Counselor multicultural social desirability, race, social inadequacy, locus of control, racial ideology, and multicultural training. *Journal of Counseling Psychology, 45*, 256–264.

Sodowsky, G. R., Kwan, K. L. K., & Pannu, R. (1995). Ethnic identity of Asians in the United States: Conceptualization and illustrations. In J. Ponterotto, M. Casas, L. Suzuki, & C. Alexander (Eds.), *Handbook of multicultural ounseling* (pp. 123–154). Newbury Park, CA: Sage.

Sodowsky, G. R., Taffe, R. C., Gutkin, T. B., & Wise, S. L. (1994). Development of the multicultural counseling inventory: A self-report measure of multicultural competencies. *Journal of Counseling Psychology, 41*, 137–148.

Sonne, J. L. (1999). Multiple relationships: Does the new ethics code answer the right questions. In D. N. Bersoff (Ed.), *Ethical conflicts in psychology* (pp. 227–230). Washington, DC: American Psychological Association.

Sperry, L., & Shafranske, E. (in press). *Spiritual-oriented psychotherapy: Contemporary approaches*. Washington, DC: American Psychological Association.

Stadler, H. A., Willing, K. L., Eberhage, M. G., & Ward, W. H. (1988). Impairment: Implications for the counseling profession. *Journal of Counseling and Development, 66*, 258–260.

Stedman, J. M., Neff, J. A., Donohoe, C. P., Kopel, K., & Hayes, J. R. (1995). Applicant characteristics of the most desirable internship training program. *Professional Psychology: Research and Practice, 26*, 396–400.

Stein, D. M., & Lambert, M. J. (1995). Graduate training in psychotherapy: Are therapy outcomes enhanced? *Journal of Counseling and Clinical Psychology, 63*, 182–196.

Steinhelber, J., Patterson, V., Cliffe, K., & LeGoullon, M. (1984). An investigation of some relationships between psychotherapy supervision and patient change. *Journal of Clinical Psychology, 40*, 1346–1352.

Sterba, R. (1934). The fate of the ego in analytic therapy. *International Journal of Psychoanalysis*, *15*, 117–126.

Sterling, M., & Bugental, J. F. (1993). The meld experience in psychotherapy supervision. *Journal of Humanistic Psychology*, *33*(2), 38–48.

Stevens, S. E., Hynan, M. T., & Allen, M. (2000). A meta-analysis of common factor and specific treatment effects across the outcome domains of the phase model of psychotherapy. *Clinical Psychology: Science & Practice*, *7*(3), 273–290.

Stevens-Smith, P. (1995). Gender issues in counselor education: Current status and challenges. *Counselor Education and Supervision*, *34*, 283–293.

Steward, R. J., Wright, D. J., Jackson, J. D., & Jo, H. I. (1998). The relationship between multicultural counseling training and the evaluation of culturally sensitive and culturally insensitive counselors. *Journal of Multicultural Counseling and Development*, *26*, 205–217.

Stigall, T. T., Bourg, E. F., Bricklin, P. M., Kovacs, A. L., Larsen, K. G., Lorion, R. P., et al. (Eds.). (1990). *Report of the Joint Council on Professional Education in Psychology*. Baton Rouge, LA: Joint Council on Professional Education in Psychology.

Stolorow, R. D., Atwood, G. E., & Orange, D. M. (2002). *Worlds of experience: Interweaving philosophical and clinical dimensions in psychoanalysis*. New York: Basic Books.

Stoltenberg, C. D. (1981). Approaching supervision from a developmental perspective: The counselor complexity model. *Journal of Counseling Psychology*, *28*, 59–65.

Stoltenberg, C. D., & Delworth, U. (1987). *Supervising counselors and therapists*. San Francisco: Jossey-Bass.

Stoltenberg, C. D., & McNeill, B. W. (1997). Clinical supervision from a developmental perspective: Research and practice. In C. E. Watkins, Jr. (Ed.), *Handbook of psychotherapy supervision* (pp. 184–202). New York: Wiley.

Stoltenberg, C. D., McNeill, B. W., & Crethar, H. C. (1994). Changes in supervision as counselors and therapists gain experience: A review. *Professional Psychology: Research and Practice*, *25*, 416–449.

Stoltenberg, C. D., McNeill, B. W., & Delworth, U. (1998). *IDM Supervision: An integrated developmental model for supervising counselors and therapists*. San Francisco: Jossey-Bass.

Stone, G. L. (1980). Effects of experience on supervisor planning. *Journal of Counseling Psychology*, *27*, 84–88.

Stone, G. L. (1997). Multiculturalism as a context for supervision. In D. B. Pope-Davis & H. L. K. Coleman (Eds.), *Multicultural counseling competencies: Assessment, education and anecdotal training* (pp. 263–289). Thousand Oaks, CA: Sage.

Storm, C. L., Todd, T. C., Sprenkle, D. H., & Morgan, M. M. (2001). Gaps between MFT supervision assumptions and common practice: Suggested best practices. *Journal of Marital and Family Therapy*, *27*(2), 227–239.

Stout, C. E. (1987). The role of ethical standards in the supervision of psychotherapy. *The Clinical Supervisor*, *5*(1), 89–97.

Stratford, R. (1994). A competency approach to educational psychology practice: The implications for quality. *Educational and Child Psychology*, *11*, 21–28.

Stricker, G. (1990). Self-disclosure and psychotherapy. In G. Stricker & M. Fisher (Eds.), *Self-disclosure in the therapeutic relationship* (pp. 277–289). New York: Plenum Press.

Stricker, G., & Trierweiler, S. J. (1995). The local clinical scientist: A bridge between science and practice. *American Psychologist*, *50*, 995–1002.

Stromberg, C. D., Haggarty, D. J., Leibenleft, R. F., McMillian, M. H., Mishkin, B., Rubin, B. L., et al. (1988). *The psychologists' legal handbook*. Washington, DC: Council for the National Register of Health Service Providers in Psychology.

Strupp, H. H. (1980). Success and failure in time-limited psychotherapy: Further evidence (Comprison 4). *Archives of General Psychiatry*, *37*, 947–954.

Sue, D. W. (2001). Multidimensional facets of cultural competence. *The Counseling Psychologist*, *29*, 790–821.

Sue, D. W., Arredondo, P., & McDavis, R. J. (1992). Multicultural counseling competencies and standards: A call to the profession. *Journal of Counseling and Development*, *70*, 477–486.

Sue, D. W., Bernier, J. E., Durran, A., Feinberg, L., Pedersen, P., Smith, E. J., & Vasquez-Nuttall, E. (1982). Position paper: Cross-cultural counseling competencies. *The Counseling Psychologist*, *10*, 45–52.

Sue, D. W., & Sue, D. (1990). *Counseling the culturally different: Theory and practice*. New York: Wiley.

Sue, S., Zane, N., & Young, K. (1994). Research on psychotherapy with culturally diverse populations. In A. E. Bergin & S. L. Garfield (Eds.), *Handbook of psychotherapy and behavior change* (4th ed., pp. 783–817). New York: Wiley.

Sullivan, H. S. (1954). *The psychiatric interview*. New York: Norton.

Sullivan, J. R., Ramirez, E., Rae, W. A., Razo, N. P., & George, C. A. (2002). Factors contributing to breaking confidentiality with adolescent clients: A survey of pediatric psychologists. *Professional Psychology: Research and Practice*, *33*, 396–401.

Sumerall, S. W., Lopez, S. J., & Oehlert, M. E. (2000). *Competency-based education and training in psychology*. Springfield, IL: Charles C. Thomas.

Sutter, E., McPherson, R. H., & Geeseman, R. (2002). Contracting for supervision. *Professional Psychology: Research and Practice*, *33*, 495–498.

Suzuki, L. A., McRae, M. B., & Short, E. L. (2001). The facets of cultural competence: Searching outside the box. *The Counseling Psychologist*, *29*, 842–849.

Taibbi, R. (1995). *Clinical supervision*. Milwaukee, WI: Families International, Inc.

Takushi, R., & Uomoto, J. M. (2001). The clinical interview from a multicultural perspective. In L. A. Suzuki, J. G. Ponterotto, & P. J. Meller (Eds.). *Handbook of multicultural assessment: Clinical, psychological, and educational applications*, (2nd ed., pp. 47–66). San Francisco: Jossey-Bass.

Talbert, F. S., & Pipes, R. B. (1988). Informed consent for psychotherapy: Content analysis of selected forms. *Professional Psychology: Research and Practice*, *19*, 131–132.

Talbot, N. L. (1995). Unearthing shame in the supervisory relationship. *American Journal of Psychotherapy*, *49*(3), 338–349.

Talen, M. R., & Schindler, N. (1993). Goal-directed supervision plans: A model for trainee supervision and evaluation. *The Clinical Supervisor*, *11*(2), 77–88.

Tarasoff v. Regents of the University of California, 13 Cal.3d 177, 529 P.2d 533 (1974), vacated, 17 Cal.3d 425, 551 P.2d 334 (1976).

Task Force on Promotion and Dissemination of Psychological Procedures. (1995). Training in and dissemination of empirically-validated psychological treatments. *The Clinical Psychologist*, *48*(1), 3–23.

Taylor, C. (1989). *Sources of self: The making of the modern identity*. Cambridge, MA: Harvard University Press.

Taylor, L., & Adelman, H. S. (1995). Reframing the confidentiality dilemma to work in children's best interests. In D. N. Bersoff (Ed.), *Ethical conflicts in psychology* (pp. 198–201). Washington, DC: American Psychological Association.

Tedesco, J. F. (1982). Premature termination of psychology interns. *Professional Psychology:Research and Practice*, *13*, 695–698.

Teitelbaum, S. H. (1990). Supertransference: The role of the supervisor's blind spots. *Psychoanalytic Psychology*, *7*, 243–258.

Tepper, B. J. (2000). Consequences of abusive supervision. *Academy of Management Journal*, *43*, 178–190.

Thompson, M. G. (1996). Freud's concept of neutrality. *Contemporary Psychoanalysis*, *32*, 25–42.

Tipton, R. M. (1996). Education and training. In L. J. Bass, S. T. DeMers, J. R. P. Ogloff, C. Peterson, J. L. Pettifor, R. P. Reaves, et al. (Eds.), *Professional conduct and discipline in psychology* (pp. 17–37). Washington, DC: American Psychological Association and Association of State and Provincial Psychology Boards.

Tishler, C. L., Gordon, L B., & Landry-Meyer, L. (2000). Managing the violent patient: A guide for psychologists and other mental health professionals. *Professional Psychology: Research and Practice*, *31*, 34–41.

Tjeltveit, A. C. (1986). The ethics of value conversion in psychotherapy: Appropriate and inappropriate therapist influence on client values. *Clinical Psychology Review*, 6, 515–537.

Tomlinson-Clarke, S. (2000). Assessing outcomes in a multicultural training course: A qualitative study. *Counseling Psychology Quarterly*, 13*(2)*, 221–231.

Torres-Rivera, E., Phan, L. T., Maddux, C., Wilbur, M. P., & Garrett, M. T. (2001). Process versus content: Integrating personal awareness and counselling skills to meet the multicultural challenge of the twenty-first century. *Counselor Education and Supervision, 41*, 28.

Trimble, J. E. (1991). The mental health service and training needs of American Indians. In H. F. Myers, P. Wohlford, L. P. Guzman, & R. J. Echemendia (Eds.), *Ethnic minority perspectives on clinical training and services in psychology* (pp. 43–48). Washington, DC: American Psychological Association.

Trimble, J. E. (2003). Introduction: Social change and acculturation. In K. M. Chun, P. B. Organista, & G. Marin (Eds.), *Acculturation: Advances in theory, measurement, and applied research* (pp. 3–13). Washington, DC: American Psychological Association.

Tryon, G. S., & Winograd, G. (2002). Goal consensus and collaboration. In J. C. Norcross (Ed.), *Psychotherapy relationships that work* (pp. 106–122). New York: Oxford University Press.

Tyler, J. D., Sloan, L. L., & King, A. R. (2000). Psychotherapy supervision practices of academic faculty: A national survey. *Psychotherapy: Theory, Research, Practice, 17*(1), 98–101.

Tymchuk, A. J. (1981). Ethical decision making and psychological treatment. *Journal of Psychiatric Treatment and Evaluation*, 3, 507–513.

Tymchuk, A. J. (1986). Guidelines for ethical decision-making. *Canadian Psychology, 27*, 36–43.

Tymchuk, A. J., Drapkin, R., Major-Kingsley, S., Ackerman, A. B., Coffman, E. W., & Baum, M. S. (1995). Ethical decision making and psychologists' attitudes toward training in ethics. In D. N. Bersoff (Ed.), *Ethical conflicts in psychology* (pp. 94–98). Washington, DC: American Psychological Association.

Tyson, R., & Renik, O. (1986). Countertransference in theory and practice. *Journal of the American Psychoanalytic Association, 34*, 699–708.

Ulman, K. H. (2001). Unwitting exposure of the therapist. *Journal of Psychotherapy Practice Research, 10*(1), 14–22.

Urch, G. E. (1975). A philosophical perspective on competency-based education. In R. T. Utz & L. D. Leonard (Eds.), *The foundations of competency-based education* (pp. 30–47). Dubuque, IA: Kendall/Hunt Publishing.

U.S. Department of Education, National Center for Education Statistics. (2002). *Defining and assessing learning: Exploring competency-based initiatives*, NCES 2002–159, prepared by E. A. Jones and R. A. Voorhees, with K. Paulson, for the Council of the National Postsecondary Education Cooperative Working Group on Competency-Based Initiatives. Washington, DC: Author

U.S. Department of Health and Human Services. (1999). *Mental Health: A Report of the Surgeon General—Executive Summary*. Rockville, MD: U.S. Department of Health and Human Services, Substance Abuse and Mental Health Services Administration, Center for Mental Health Services, National Institutes of Health, National Institute of Mental Health.

U.S. Equal Employment Opportunity Commission. Executive Summary: Compliance Manual, Section 902, Definition of "Disability". Retrieved February 16, 2004, from http://www.eeoc./gov/policy/docs/902sum.html

Vacha-Haase, T. (1995). *Impaired graduate students in APA-accredited clinical, counseling, and school psychology programs.* Unpublished doctoral dissertation, Texas A&M University, College Station, Texas.

VandeCreek, L., & Knapp, S. (1993). *Tarasoff and beyond: Legal and clinical considerations in the treatment of life-endangering patients* (rev. ed.). Sarasota, FL: Professional Resource Press.

VandeCreek, L., & Knapp, S. (2001). *Tarasoff and beyond: Legal and clinical considerations in the treatment of life-endangering patients* (3rd ed.). Sarasota, FL: Professional Resource Press.

VanWagoner, S. L., Gelso, C. J., Hayes, J. A., & Diemer, R. A. (1991). Countertransference and the reputedly excellent therapist. *Psychotherapy, 28*, 411–421.

Vasquez, M. J. T. (1988). Counselor–client sexual contact: Implications for ethics training. *Journal of Counseling and Development, 67*, 238–241.

Vasquez, M. J. T. (1992). Psychologist as clinical supervisor: Promoting ethical practice. *Professional Psychology: Research and Practice, 23*, 196–202.

Veach, P. M. (2001). Conflict and counterproductivity in supervision—When relationships are less than ideal: Comment on Nelson and Friedlander (2001) and Gray et al. (2001). *Journal of Counseling Psychology, 48*, 396–400.

Vespia, K. M., Heckman-Stone, C., & Delworth, U. (2002). Describing and facilitating effective supervision behavior in counseling trainees. *Psychotherapy: Theory, Research, Practice, Training, 39*(1), 56–65.

Voorhees, A. B. (2001). Creating and implementing competency-based learning models. *New Directions for Institutional Research, 110*, 83–95.

Voorhees, R. A. (2001a). Competency-based learning models: A necessary future. *New Directions for Institutional Research, 110*, 5–13.

Voorhees, R. A. (Ed.). (2001b). Measuring what matters: Competency-based learning models in higher education. *New Directions for Institutional Research, 110*, 1–116.

Ward, L. G., Friedlander, M. L., Schoen, L. G., & Klein, J. G. (1985). Strategic self-presentation in supervision. *Journal of Counseling Psychology, 32*, 111–118.

Warech, M. A., Smither, J. W., Reilly, R. R., Millsap, R. E., & Reilly, S. P. (1998). Self-monitoring and 360-degree ratings. *Leadership Quarterly, 9*(4), 449–473.

Watkins, C. E., Jr. (1990). Development of the psychotherapy supervisor. *Psychotherapy, 27*, 553–560.

Watkins, C. E., Jr. (1990). The effects of counselor self-disclosure: A research review. *The Counseling Psychologist, 18*, 477–500.

Watkins, C. E., Jr. (1992). Reflections on the preparation of psychotherapy supervisors. *Journal of Clinical Psychology, 48*, 145–147.

Watkins, C. E., Jr. (1993). Development of the psychotherapy supervisor: Concepts, assumptions, and hypotheses of the supervisor complexity model. *American Journal of Psychotherapy, 47*, 58–74.

Watkins, C. E., Jr. (1995a). Psychotherapy supervision in the 1990's: Some observations and reflections. *American Journal of Psychotherapy, 49*, 568–581.

Watkins, C. E., Jr. (1995b). Psychotherapy supervisor and supervise: Developmental models and research nine years later. *Clinical Psychology Review, 15*(7), 647–680.

Watkins, C. E., Jr. (1997a). Defining psychotherapy supervision and understanding supervision functioning. In C. E. Watkins, Jr. (Ed.), *Handbook of psychotherapy supervision* (pp. 3–10). New York: Wiley.

Watkins, C. E., Jr. (Ed.). (1997b). *Handbook of psychotherapy supervision*. New York: Wiley.

Watkins, C. E., Jr. (1997c). The ineffective psychotherapy supervisor: Some reflections about bad behaviors, poor process, and offensive outcomes. *The Clinical Supervisor, 16*(1), 163–180.

Watkins, C. E., Jr. (1997d). Some concluding thoughts about psychotherapy supervision. In C. E. Watkins, Jr. (Ed.), *Handbook of psychotherapy supervision*. New York: Wiley.

Watson, J. C., & Greenberg, L. S. (2000). Alliance ruptures and repairs in experiential therapy. *Journal of Clinical Psychology/In Session: Psychotherapy in Practice*, 56(2), 175–186.

Weiss, B. J. (1991). Toward a competency-based core curriculum in professional psychology: A critical history. In R. Peterson (Ed.), *Core curriculum in professional psychology* (pp. 13–21). Washington, DC: American Psychological Association.

Weiss, J., Sampson, H., & Mount Zion Psychotherapy Research Group. (1986). *The psychoanalytic process*. New York: Guilford Press.

Weisz, J. R., & Weiss, B. (1991). Studying the "referability" of child clinical problems. *Journal of Consulting and Clinical Psychology, 59*, 266–273.

Welch, B. L. (2000). Preface. In Hedges, L. E., *Facing the challenge of liability in psychotherapy* (pp. xiv). Northvale, NJ: Jason Aronson.

Welfel, E. R. (1992). Psychologist as ethics educator: Successes, failures, and unanswered questions. *Professional Psychology: Research and Practice, 23*, 182–189.

Welfel, E. R. (1995). Psychologist as ethics educator: Successes, failures, and unanswered questions. In D. N. Bersoff (Ed.), *Ethical conflicts in psychology* (pp. 113–114). Washington, DC: American Psychological Association.

Wells, M. G., Burlingame, G. M., Lambert, M. J., Hoag, M. J., & Hope, C. A. (1996). Conceptualization and measurement of patient change during psychotherapy: Development of the outcome questionnaire and youth outcome questionnaire. *Psychotherapy: Theory, Research, Practice, Training, 33*(2), 275–283.

Werstlein, P. O., & Borders, L. D. (1997). Group process variables in group supervision. *Journal for Specialists in Group Work, 22*, 120–136.

Wester, S. R., & Vogel, D. L. (2002). Working with the masculine mystique: Male gender role conflict, counseling self-efficacy, and the training of male psychologists. *Professional Psychology: Research and Practice, 33*, 370–376.

Whaley, A. L. (2001). Cultural mistrust: An important psychological construct for diagnosis and treatment of African Americans. *Professional Psychology: Research and Practice, 32*, 555–562.

Whiston, S. C., & Emerson, S. (1989). Ethical implications for supervisors in counseling of trainees. *Counselor Education and Supervision, 28*, 319–325.

Williams, E. N., Judge, A. B., Hill, C. E., & Hoffman, M. A. (1997). Experiences of novice therapists in prepracticum: Trainees', clients', and supervisors' perceptions of therapists' personal reactions and management strategies. *Journal of Counseling Psychology*. *44*, 390–399.

Williams, E. N., Polster, D., Grizzard, M. B., Rockenbaugh, J., & Judge, Ann B. (2003). What happens when therapists feel bored or anxious? A qualitative study of distracting self-awareness and therapists' management strategies. *Journal of Contemporary Psychotherapy, 33*(1), 5–18.

Williams, J. R., & Johnson, M. A. (2000). Self-supervisor agreement: The influence of feedback seeking on the relationship between self and supervisor ratings of performance. *Journal of Applied Social Psychology, 30*(2), 275–292.

Wise, P. S., Lowery, S., & Silverglade, L. (1989). Personal counseling for counselors in training: Guidelines for supervisors. *Counselor Education & Supervision, 28*(4), 326–336.

Wisnia, C. S., & Falender, C. (1999). Training in cultural competence. *APPIC Newsletter Journal of Training*, 12.

Wisnia, C. S., & Falender, C. A. (2004). Training in cultural competency. Manuscript in preparation.

Wong, L. C. J., & Wong, P. T. P. (2002). *What helps and what hinders in multicultural supervision: From the perspective of supervisors*. Paper presented at the convention of the American Psychological Association during the roundtable discussion "Hot Topics in Clinical Supervision and Training," Chicago, IL.

Wood, B. J., Klein, S., Cross, H., Lammers, C. J., & Elliott, J. K. (1985). Impaired practitioners: Psychologists' options about prevalence, and proposals for intervention. *Professional Psychology, 16*, 843–850.

Woods, P. J., & Ellis, A. (1997). Supervision in rational emotive behavior therapy. In C. E. Watkins, Jr. (Ed.), *Handbook of psychotherapy supervision* (pp. 101–113). New York: Wiley.

Woody, R. H. (1999). Domestic violations of confidentiality. *Professional Psychology: Research and Practice, 30*, 607–610.

Worthen, V. E., & Isakson, R. L. (2000). *Supervision Outcomes Survey*. Unpublished scale.

Worthen, V. E., & Isakson, R. L. (2002). *Using client outcome data in supervision*. Paper presented at the annual meeting of the American Psychological Association, Chicago, IL.

Worthen, V. E., & McNeill, B. W. (1996). A phenomenological investigation of "good" supervision events. *Journal of Counseling Psychology, 43*, 25–34.

Worthington, E. L. (1984a). Empirical investigations of supervision of counselors as they gain experience. *Journal of Counseling Psychology, 31*, 63–75.

Worthington, E. L. (1984b). Use of trait labels in counseling supervision by experienced and inexperienced supervisors. *Professional Psychology: Research and Practice, 15*, 457–461.

Worthington, E. L. (1987). Changes in supervision as counselors and supervisors gain experience: A review. *Professional Psychology: Research and Practice, 4*, 189–208.

Worthington, E. L., & Roehlke, H. J. (1979). Effective supervision as perceived by beginning counselors-in-training. *Journal of Counseling Psychology, 26*, 64–73.

Worthington, R. L., Mobley, M., Franks, R. P., Tan, J. A., & Andreas, J. (2000). Multicultural counseling competencies: Verbal content, counselor attributions, and social desirability. *Journal of Counseling Psychology, 47*, 460–468.

Worthington, R. L., Tan, J. A., & Poulin, K. (2002). Ethically questionable behaviors among supervisees: An exploratory investigation. *Ethics & Behavior, 12*, 323–351.

Wulf, J., & Nelson, M. L. (2000). Experienced psychologists' recollections of internship supervision and its contributions to their development. *The Clinical Supervisor, 19*(2), 123–145.

Yourman, D. B., & Farber, B. A. (1996). Nondisclosure and distortion in psychotherapy supervision. *Psychotherapy, 33*, 567–575.

Yutrzenka, B. A. (1995). Making a case for training in ethnic and cultural diversity in increasing treatment efficacy. *Journal of Consulting & Clinical Psychology, 63*(2), 197–206.

Zane, N., & Sue, S. (1991). Culturally responsive mental health services for Asian Americans: Treatment and training issues. In H. F. Myers, P. Wohlford, L. P. Guzman, & R. J. Echemendia (Eds.), *Ethnic minority perspectives on clinical training and services in psychology* (pp. 49–58). Washington, DC: American Psychological Association.

Zetzel, E. R. (1956). Current concepts of transference. *International Journal of Psychoanalysis, 37*, 369–376.

Zimmerman, T. S., & Haddock, S. A. (2001). The weave of gender and culture in the tapestry of a family therapy training program: Promoting social justice in the practice of family therapy. *Journal of Feminist Family Therapy, 12*(2–3), 1–31.

索引

（正文頁邊數字係原文書旁碼，供索引檢索之用）

國家圖書館出版品預行編目資料

臨床督導：專業知能本位督導模式／ Carol A. Falender,
Edward P. Shafranske 著；高慧芬譯.--初版.--
臺北市：心理, 2007.11
面； 公分. --（心理治療；88）
參考書目：面
含索引
譯自：Clinical supervision: a competency-based approach

ISBN 978-986-191-093-2（平裝）

1.臨床心理學 2.諮商技巧 3.心理輔導

178 96021424

心理治療 88 **臨床督導：專業知能本位督導模式**

作　　者：Carol A. Falender & Edward P. Shafranske
譯　　者：高慧芬
執行編輯：林怡倩
總 編 輯：林敬堯
發 行 人：洪有義
出 版 者：心理出版社股份有限公司
社　　址：台北市和平東路一段 180 號 7 樓
總　　機：(02) 23671490　傳　真：(02) 23671457
郵　　撥：19293172 心理出版社股份有限公司
電子信箱：psychoco@ms15.hinet.net
網　　址：www.psy.com.tw
駐美代表：Lisa Wu　tel: 973 546-5845　fax: 973 546-7651
登 記 證：局版北市業字第 1372 號
電腦排版：辰皓國際出版製作有限公司
印 刷 者：東縉彩色印刷有限公司
初版一刷：2007 年 11 月

定價：新台幣 450 元　
ISBN 978-986-191-093-2

讀者意見回函卡

No. ______　　　　　　　　　　　　　　填寫日期：　年　月　日

感謝您購買本公司出版品。為提升我們的服務品質，請惠填以下資料寄回本社【或傳真(02)2367-1457】提供我們出書、修訂及辦活動之參考。您將不定期收到本公司最新出版及活動訊息。謝謝您！

姓名：____________　性別：1□男　2□女

職業：1□教師 2□學生 3□上班族 4□家庭主婦 5□自由業 6□其他____

學歷：1□博士 2□碩士 3□大學 4□專科 5□高中 6□國中 7□國中以下

服務單位：__________ 部門：______ 職稱：______

服務地址：______________ 電話：______ 傳真：______

住家地址：______________ 電話：______ 傳真：______

電子郵件地址：______________________

書名：______________________

一、您認為本書的優點：（可複選）

❶□內容 ❷□文筆 ❸□校對 ❹□編排 ❺□封面 ❻□其他____

二、您認為本書需再加強的地方：（可複選）

❶□內容 ❷□文筆 ❸□校對 ❹□編排 ❺□封面 ❻□其他____

三、您購買本書的消息來源：（請單選）

❶□本公司 ❷□逛書局⇨______書局 ❸□老師或親友介紹

❹□書展⇨____書展 ❺□心理心雜誌 ❻□書評 ❼其他________

四、您希望我們舉辦何種活動：（可複選）

❶□作者演講 ❷□研習會 ❸□研討會 ❹□書展 ❺□其他_____

五、您購買本書的原因：（可複選）

❶□對主題感興趣 ❷□上課教材⇨課程名稱______________

❸□舉辦活動　❹□其他____________

（請翻頁繼續）

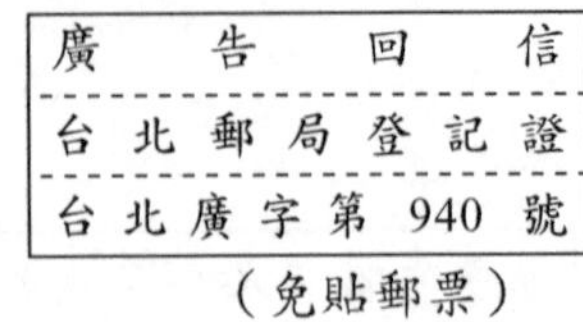

（免貼郵票）

心理出版社股份有限公司

台北市106和平東路一段180號7樓

TEL: (02) 2367-1490
FAX: (02) 2367-1457
EMAIL:psychoco@ms15.hinet.net

沿線對折訂好後寄回

六、您希望我們多出版何種類型的書籍

❶□心理 ❷□輔導 ❸□教育 ❹□社工 ❺□測驗 ❻□其他

七、如果您是老師，是否有撰寫教科書的計劃：□有□無

書名／課程：________________

八、您教授／修習的課程：

上學期：________________

下學期：________________

進修班：________________

暑　假：________________

寒　假：________________

學分班：________________

九、您的其他意見

____

謝謝您的指教！

22088